NOMOSSTUDIUM

Prof. Dr. Dieter Gieseler
Universität Düsseldorf
Vorsitzender Richter am Oberlandesgericht a.D.

Benedikt Berthold
Universität zu Köln
Wissenschaftlicher Mitarbeiter

Examinatorium Sachenrecht

3. Auflage

Die Deutsche Nationalbibliothek verzeichnet diese Publikation in
der Deutschen Nationalbibliografie; detaillierte bibliografische
Daten sind im Internet über http://dnb.d-nb.de abrufbar.

ISBN 978-3-8487-6478-5 (Print)
ISBN 978-3-7489-0523-3 (ePDF)

3. Auflage 2020
© Nomos Verlagsgesellschaft, Baden-Baden 2020. Gedruckt in Deutschland. Alle Rechte, auch die des Nachdrucks von Auszügen, der fotomechanischen Wiedergabe und der Übersetzung, vorbehalten.

Vorwort zur dritten Auflage

Die neue Auflage berücksichtigt im Rahmen der Überarbeitung die zwischenzeitlich ergangene höchstrichterliche Rechtsprechung zu verschiedenen Themenkomplexen, soweit sie im Sinne einer weiteren Vertiefung und Verständlichkeit ausbildungs- und prüfungsrelevant ist. Hierzu zählt insbesondere die umstrittene Frage, ob auf den Herausgabeanspruch aus § 985 BGB neben den Spezialregelungen der §§ 987 ff. BGB die Vorschriften der §§ 280 Abs. 1, 3, 281 BGB über den Schadensersatz statt der Leistung ergänzend anwendbar sind. Änderungen und Ergänzungen erfolgten dort, wo es im Rahmen des Repetitoriums sinnvoll erschien.

Auch wenn auf Anregung des Verlages nunmehr das Werk mit einem Stichwortverzeichnis abschließt, bleibt das schon in der 1. Auflage angestrebte Grundprinzip des konzentrierten und zielgerichteten Repetitoriums erhalten, dessen gewünschter Zweck am ehesten mittels einer gänzlichen Durcharbeitung erreicht werden kann.

Möge die 3. Auflage den Studierenden – auch im Rahmen der Referendarausbildung – bei der Vorbereitung und Wiederholung der sicherlich komplexen Materie hilf- und erfolgreich zur Seite stehen.

Düsseldorf, im Februar 2020　　　　　　　　　Dieter Gieseler und Benedikt Berthold

Vorwort zur ersten Auflage: Prinzip des Fallrepetitoriums

Dieses Repetitorium, welches auf einer entsprechenden, von mir seit vielen Jahren durchgeführten Veranstaltung basiert, vermittelt in der für die Vorbereitung auf die erste juristische Staatsprüfung gehörigen konzentrierten Form mittels einer gezielten Wiederholung und Vertiefung das für diese Prüfung erforderliche Wissen im Bereich des Mobiliar- und Immobiliarsachenrechts. Dabei werden die prüfungsrelevanten Schwerpunkte unmittelbar anhand von zehn beispielhaften Fällen erläutert sowie zusätzlich einzelne Themengebiete systematisch aufbereitet.

Den Fallbesprechungen sind die jeweiligen Themenschwerpunkte zur besseren Orientierung vorangestellt. Außerdem werden die Falllösungen zur Erzielung eines größeren Lerneffekts um Prüfungsschemata und systematische Erläuterungen ergänzt. Zusammen mit den zusätzlich aufbereiteten und dargestellten Themengebieten, angereichert durch eine große Zahl von Beispielsfällen, decken diese Fälle den gesamten examensrelevanten Lernstoff ab. Der an den Schluss des Buches gestellte Katalog von Wiederholungsfragen und Antworten dient der Überprüfung des Verständnisses und damit der Selbstkontrolle.

Auf die Erstellung eines Stichwortverzeichnisses wurde bewusst verzichtet, da das Examinatorium nicht als Nachschlagewerk verstanden werden soll, vielmehr dem erstrebten Zweck nur dadurch gerecht werden kann, dass das Werk als Ganzes zur Examensvorbereitung durchgearbeitet wird. Ungeachtet dessen steht dem Leser ein detailliertes Inhaltsverzeichnis mit einer Konkretisierung der jeweiligen Schwerpunkte der aufgezeigten Fälle zur Verfügung.

Auch für das Sachenrecht gilt der Grundsatz: Entscheidend ist die Beherrschung der Prinzipien, Grundbegriffe und Zusammenhänge für die im Examen geforderte erfolgreiche Bewältigung auch unbekannter Fragestellungen, Problemfelder und Sachverhalte. Das vorliegende, auf Anregung vieler Studierenden konzipierte Repetitorium möge dabei eine wertvolle Hilfestellung leisten. Darüber hinaus dürfte es auch im Rahmen der Referendarausbildung von Nutzen sein.

Bei der Konzeption und Erstellung des Repetitoriums hat mich Herr Dipl.-Rechtspfleger (FH) cand.iur. *Benedikt Berthold* stets tatkräftig und sachkundig unterstützt. Hierfür sage ich ihm besonderen Dank. Auch Frau cand.iur. *Jil Larissa Famili* hat mir bei Korrekturen und Ergänzungen, bei der Erstellung des Literaturverzeichnisses und Aktualisierung der Fußnoten hilfreich zur Seite gestanden. Auch dafür bin ich ihr sehr dankbar.

Düsseldorf, im Oktober 2013   Dieter Gieseler

Inhalt

Vorwort   5

Erster Teil: Mobiliarsachenrecht

§ 1 Einführungsfall „Gemälde Ostpreußen"   13
Abgrenzung Besitzdiener und Besitzmittler; possessorischer und petitorischer Besitzschutz; sachenrechtliche und bereicherungsrechtliche Herausgabeansprüche; Verfügung eines Nichtberechtigten: Gutgläubiger Erwerb und bereicherungsrechtlicher Anspruch aus § 816 Abs. 1 S. 1

    I. Schwerpunkte   13
    II. Sachverhalt   13
    III. Lösungsvorschlag   13

§ 2 Zweiter Fall „Zeichnungen"   24
Freiwillige Besitzaufgabe; Eigentumsverlust durch Dereliktion; Anfechtung der Dereliktion; Zurückbehaltungsrecht aus § 1000 als Recht zum Besitz

    I. Schwerpunkte   24
    II. Sachverhalt   24
    III. Lösungsvorschlag   24
    IV. Vertiefende Hinweise   29

§ 3 Gesetzlicher Eigentumserwerb: Verarbeitung, Verbindung und Vermischung (§§ 946–950)   30

    I. Problemstellung   30
    II. Verarbeitung, § 950   30
    III. Verbindung mit einem Grundstück, § 946   32
    IV. Verbindung von beweglichen Sachen mit beweglichen Sachen, § 947   33
    V. Vermischung von beweglichen Sachen, § 948   34
    VI. Ausgleich für den Rechtsverlust, § 951   35

§ 4 Überblick über die sonstigen gesetzlichen Erwerbstatbestände   38

    I. Eigentumserwerb an Erzeugnissen (sog. Fruchterwerb) und Bestandteilen, §§ 953 ff.   38
    II. Ersitzung, § 937   39
    III. Aneignung herrenloser Sachen, §§ 958 ff.   39

Inhalt

§ 5	Dritter Fall „Waschsalon" mit Exkurs zum Pfandrecht an beweglichen Sachen	40
	Eigentumsvorbehalt; Eigentumsverlust durch Verbindung mit einem Grundstück; Pfandrecht als Recht zum Besitz; Gutgläubiger Erwerb gesetzlicher Pfandrechte; Anwartschaftsrecht als wesensgleiches Minus zum Eigentum	
	I. Schwerpunkte	40
	II. Sachverhalt	40
	III. Lösungsvorschlag	40
§ 6	Rechtsgeschäftlicher Eigentumserwerb vom Berechtigten, §§ 929–931	48
	I. Grundlagen	48
	II. Grundtatbestand des § 929 S. 1	48
	III. Übereignung nach § 929 S. 2	52
	IV. Übereignung durch Besitzkonstitut, §§ 929 S. 1, 930	52
	V. Übereignung durch Übertragung des mittelbaren Besitzes, §§ 929 S. 1, 931	54
§ 7	Gutgläubiger Erwerb beweglicher Sachen, §§ 932 ff.	56
	I. Der gute Glaube, § 932 Abs. 2	56
	II. Die einzelnen gutgläubigen Erwerbstatbestände	59
	III. Ausschluss des gutgläubigen Erwerbs nach § 935	64
	IV. Schuldrechtlicher Ausgleich, § 816 Abs. 1	66
	V. Gutgläubiger lastenfreier Erwerb, § 936	66
§ 8	Vierter Fall „Maschinen"	69
	Gutgläubiger Erwerb beweglicher Sachen nach §§ 933, 934; Problem des Nebenbesitzes; Eigentumsvorbehalt; Exkurs zum Anwartschaftsrecht; Sicherungsübereignung	
	I. Schwerpunkte	69
	II. Sachverhalt	69
	III. Lösungsvorschlag	69
§ 9	Fünfter Fall „Doppelverkauf"	76
	Schutz vor Zwischenverfügungen bei der bedingten Übereignung; Anwartschaftsrecht als Recht zum Besitz; gutgläubiger lastenfreier Erwerb	
	I. Schwerpunkte	76
	II. Sachverhalt	76
	III. Lösungsvorschlag zur Ausgangsfrage	76
	IV. Lösungsvorschlag zur Abwandlung	78

§ 10 Der veränderte Eigentumsvorbehalt — 80
   I. Der verlängerte Eigentumsvorbehalt — 80
   II. Der erweiterte Eigentumsvorbehalt — 81

§ 11 Besitzschutz, §§ 858 ff. — 83
   I. Grundlagen — 83
   II. Die possessorischen Ansprüche aus §§ 861 ff. — 84
   III. Vertiefende Hinweise — 86

§ 12 Das Eigentümer-Besitzer-Verhältnis (EBV), §§ 985–1003 — 87
   I. Herausgabeanspruch des Eigentümers, §§ 985, 986 — 87
   II. Nebenansprüche des Eigentümers — 89
   III. Anwendbarkeit des allgemeinen Leistungsstörungsrechts auf § 985 — 95
   IV. Verwendungsersatzanspruch des Besitzers, §§ 994, 996 — 96

§ 13 Sechster Fall „Professor" — 98
Nebenansprüche aus dem EBV; Konkurrenzprobleme im EBV; Exkurs zum Fundrecht
   I. Schwerpunkte — 98
   II. Sachverhalt — 98
   III. Lösungsvorschlag — 98

§ 14 Siebter Fall „Restaurant" — 104
Nebenansprüche aus dem EBV; Zurechnung der Bösgläubigkeit einer Hilfsperson beim Besitzerwerb
   I. Schwerpunkte — 104
   II. Sachverhalt — 104
   III. Lösungsvorschlag — 104

§ 15 Die Abwehrrechte des Eigentümers, §§ 1004, 906 — 109
   I. Voraussetzungen des § 1004 — 109
   II. Rechtsfolge des § 1004 — 112

ZWEITER TEIL: IMMOBILIARSACHENRECHT

§ 16 Übertragung und Belastung von Grundstücksrechten und Belastung von Grundstücken mit einem Recht, §§ 873 ff. — 114
   I. Einigung — 114
   II. Eintragung — 116
   III. Die Unrichtigkeit des Grundbuchs und ihre Folgen — 117

§ 17	Die Vormerkung, §§ 883 ff.	122
I.	Erstbestellung einer Vormerkung, §§ 883, 885	123
II.	Zweiterwerb der Vormerkung, §§ 398, 401	123
III.	Wirkungen der Vormerkung, §§ 883 Abs. 2, 888	124
IV.	Gutgläubiger Erwerb der Vormerkung	125
V.	Zusammenfassung: Grundsätze zur Vormerkung	127
§ 18	Grundlagen des Hypotheken- und Grundschuldrechts: Bestellung und Übertragung	128
I.	Grundlagen	128
II.	Bestellung und Übertragung einer Hypothek	129
III.	Bestellung und Übertragung einer Grundschuld	131
§ 19	Verwertung der Hypothek und der Grundschuld	133
I.	Anspruch auf Duldung der Zwangsvollstreckung, § 1147	133
II.	Umfang der Haftung des Grundstücks (Haftungsverband der Hypothek/Grundschuld)	133
III.	Zwangsverwaltung	136
§ 20	Rechtsfolgen der Erfüllung bei Hypothek und Grundschuld	137
I.	Erfüllung bei der Hypothek	137
II.	Erfüllung bei der Grundschuld	138
§ 21	Achter Fall „Zahlung auf die Grundschuld"	141
	Rechtsfolgen einer Zahlung auf die Grundschuld durch einen Nichteigentümer; Übergang der Grundschuld; Ausgleichsansprüche des zahlenden Nichteigentümers; Haftungsverband der Grundschuld	
I.	Schwerpunkte	141
II.	Sachverhalt	141
III.	Lösungsvorschlag zum Ausgangsfall	142
IV.	Lösungsvorschlag zur ersten Abwandlung	146
V.	Lösungsvorschlag zur zweiten Abwandlung	147
§ 22	Schutz des öffentlichen Glaubens bei Grundpfandrechten	148
I.	Konstellationen zu §§ 892 Abs. 1 S. 1, 1138	148
II.	Die Bedeutung des Hypotheken-/Grundschuldbriefs für den öffentlichen Glauben, §§ 1140, 1155	150
III.	Beispiel zum Verständnis	152

§ 23	Neunter Fall „Unrichtiger Erbschein"	154
	Zusammenspiel zwischen öffentlichem Glauben des Erbscheins und des Grundbuchs	
	I. Schwerpunkte	154
	II. Sachverhalt	154
	III. Lösungsvorschlag	154
§ 24	Zehnter Fall „Onkel Born" mit Exkurs zu den Einwendungen und Einreden gegen Grundpfandrechte	157
	Schuldrechtliche Einwendungen und Einreden gegenüber dem Zessionar und dingliche Einwendungen und Einreden gegenüber dem Zweiterwerber einer Hypothek; Exkurs zu Einwendungen und Einreden gegen Grundpfandrechte	
	I. Schwerpunkte	157
	II. Sachverhalt	157
	III. Lösungsvorschlag	157

Dritter Teil: Wiederholung und Vertiefung

§ 25	Wiederholungsfragen	163
	I. Mobiliarsachenrecht	163
	II. Immobiliarsachenrecht	164
§ 26	Antworten und Hinweise zum Nachschlagen	166
	I. Mobiliarsachenrecht	166
	II. Immobiliarsachenrecht	172
Literaturverzeichnis		177
Stichwortverzeichnis		179

Erster Teil:
Mobiliarsachenrecht

§ 1 Einführungsfall „Gemälde Ostpreußen"

I. Schwerpunkte

Der erste Fall dient zur Einführung in die sachenrechtliche Fallbearbeitung. Darüber hinaus werden folgende Themengebiete behandelt:

- Abgrenzung von Besitzdiener und Besitzmittler
- Possessorischer (§ 861 BGB[1]) und petitorischer (§ 1007) Besitzschutz
- Sachenrechtliche Herausgabeansprüche (§§ 861, 985, 1007) und bereicherungsrechtlicher Herausgabeanspruch (§ 812 Abs. 1 S. 1, 2. Var.)
- Verfügung eines Nichtberechtigten: Gutgläubiger Erwerb nach §§ 929 S. 1, 932 und bereicherungsrechtlicher Anspruch aus § 816 Abs. 1 S. 1

II. Sachverhalt[2]

E ist Eigentümer eines Gemäldes. Um es vor Kriegsschäden zu schützen, bringt er es 1944 auf sein Gut nach Ostpreußen. In den Wirren der Flucht nimmt es dort der Verwalter V an sich und bringt es nach Bremen, wo er nach der Flucht sesshaft wird. V bietet das Bild im Sommer 1949 dem Kunsthändler K an, der von alledem nichts weiß. K nimmt es in Kommission. Von ihm erwirbt es der Galerist G für umgerechnet 12.000 EUR Ende 1949. Von dem Kaufpreis behält K 2.000 EUR als Provision und zahlt dem V 10.000 EUR aus.

Auf einer Ausstellung der Galerie sieht E im Sommer 1960 „sein" Bild. Da V inzwischen mittellos ist, will E sich an G und K halten. Wie ist die Rechtslage?

III. Lösungsvorschlag

A. Ansprüche E gegen G

Vorüberlegung: E verlangt von G die Herausgabe des Gemäldes, ohne dass zwischen beiden vertragliche oder quasi-vertragliche Verbindungen bestehen. Somit ist auf *sachenrechtliche Herausgabeansprüche* (§§ 861, 985, 1007) abzustellen. Zwischen diesen besteht Anspruchskonkurrenz, ohne eine zwingende Prüfungsreihenfolge. Allerdings ist es häufig zweckmäßig, mit dem *possessorischen Anspruch* nach § 861 zu beginnen, der aus dem Besitz selbst erwächst, so dass ausschließlich auf die tatsächliche Besitzlage abzustellen ist. Im Übrigen leitet sich das Herausgabeverlangen aus einem Recht zum Besitz ab *(petitorische Ansprüche)*.

---

1 Alle nachfolgend nicht näher gekennzeichneten Paragraphen sind solche des BGB.
2 *Eckert/Hattenhauer*, 75 Klausuren aus dem BGB, Fall 48.

I. § 861 Abs. 1

E könnte gegen G einen Anspruch auf Herausgabe des Gemäldes gemäß § 861 Abs. 1 haben.

Prüfungsschema possessorischer Anspruch nach § 861

1. Besitzentzug beim Anspruchsteller mittels verbotener Eigenmacht (§ 858 Abs. 1)

   Verbotene Eigenmacht = Jede gesetzlich nicht besonders gestattete (damit rechtswidrige, nicht notwendig schuldhafte) Beeinträchtigung des unmittelbaren Besitzes ohne Einverständnis des Besitzers.[3]
   Beachte: Es ist also unerheblich, ob der eigenmächtig Handelnde ein Recht zum Besitz hat.[4] Auch der Vermieter darf den Mieter nach Ablauf der Mietzeit nicht eigenmächtig aus der Wohnung entfernen. Ebenso wenig darf der Käufer dem Verkäufer die gekaufte Sache wegnehmen.

2. Keine gesetzliche Rechtfertigung des eigenmächtigen Handelns

   – Dieser Punkt ist nur anzusprechen, soweit dafür Anhaltspunkte bestehen. –
   In Betracht kommen:
   - *§ 859 Abs. 2, 3 (Besitzkehr)*
   - *§ 227 (Notwehr)*
   - *§ 904 (Aggressivnotstand)*
   - *§ 228 (Defensivnotstand)*
   - *§ 229 (Selbsthilfe)*

3. Fehlerhaftigkeit des Besitzes des Anspruchsgegners (§ 858 Abs. 2)

   Grds.: § 858 Abs. 2 S. 1: Besitz durch verbotene Eigenmacht = fehlerhafter Besitz
   Aber: § 858 Abs. 2 S. 2: Bei Besitznachfolger nur, wenn dieser Erbe des fehlerhaften Besitzers ist oder die Fehlerhaftigkeit des Besitzes seines Vorgängers bei dem Erwerb kannte.

4. Geltendmachung binnen Jahresfrist (§ 864) nach der verbotenen Eigenmacht

   Beachte: § 864 Abs. 1 ist keine Verjährungsregelung; der Jahresablauf führt zum Erlöschen des Anspruchs aus § 861 Abs. 1 und hindert nicht bloß dessen Durchsetzbarkeit.

5. Kein Ausschluss nach § 861 Abs. 2

   Voraussetzung für einen Ausschluss des Anspruchs gemäß § 861 Abs. 2 ist, dass der entzogene Besitz des Anspruchstellers gegenüber dem gegenwärtigen Besitzer oder dessen Rechtsvorgänger selbst fehlerhaft iSv § 858 Abs. 2 war. Das ist der Fall, wenn der Anspruchsteller den Besitz selbst durch verbotene Eigenmacht vom Anspruchsgegner oder dessen Rechtsvorgänger erlangt hat.
   Dies gilt gemäß § 861 Abs. 2 aE allerdings nur, wenn die Entziehung durch den früheren Besitzer (Anspruchsteller) innerhalb des letzten Jahres vor der Entziehung durch den gegenwärtigen Besitzer stattgefunden hat.
   Hintergrund dieser Regelung ist der eigene possessorische Besitzschutzanspruch des Anspruchsgegners gemäß § 861 Abs. 1. Dieser erlischt aber nach § 864 Abs. 1, wenn der fehlerhafte Besitz über ein Jahr lang hingenommen wird.

---

[3] MüKo BGB/*Joost*, § 858 Rn. 2.
[4] RGZ 146, 182 (186); BGH WM 1971, 943 (944); Staudinger BGB/*Gutzeit*, § 858 Rn. 28.

§ 1 Einführungsfall „Gemälde Ostpreußen"

1. Besitzentzug mittels verbotener Eigenmacht

Dazu müsste dem E der Besitz am Gemälde durch verbotene Eigenmacht entzogen worden sein. Verbotene Eigenmacht ist gemäß § 858 Abs. 1 jede ohne besondere gesetzliche Gestattung vorgenommene, damit rechtswidrige Beeinträchtigung des unmittelbaren Besitzes.

Hier hat E den unmittelbaren Besitz dadurch verloren, dass V das Bild in den Kriegswirren an sich genommen hat. Die genauen Umstände des Besitzverlustes sind offenbar nicht sicher zu klären und auch von der besonderen historischen Situation beeinflusst. Die Frage, ob V verbotene Eigenmacht im Sinne des § 858 Abs. 1 ausgeübt hat, muss jedoch nicht näher geklärt werden, falls diese dem G ohnehin nicht zugerechnet werden kann.

2. Fehlerhaftigkeit des Besitzes von G

G, der das Bild durch ein Rechtsgeschäft mit K erworben hat, hat das Gemälde ersichtlich nicht durch verbotene Eigenmacht iSv § 858 Abs. 1 erlangt und ist daher nicht fehlerhafter Besitzer nach § 858 Abs. 2 S. 1.

Er muss sich allenfalls die etwaige Fehlerhaftigkeit des Besitzes seines Rechtsvorgängers nach § 858 Abs. 2 S. 2, 2. Var. entgegenhalten lassen, soweit er diese kannte. Bei – wie hier – mehrfacher Besitznachfolge muss der Besitz aller Vorbesitzer fehlerhaft gewesen sein und der Rechtsnachfolger diesen Umstand kennen.[5] Vorliegend hatte jedenfalls G keine Kenntnis von den Vorgängen um das Gemälde während des Krieges; mithin war er gutgläubig und damit auch kein fehlerhafter Besitzer nach § 858 Abs. 2 S. 2.

Ergebnis

E hat gegen G keinen Herausgabeanspruch aus § 861 Abs. 1.

II. § 985

Das Herausgabeverlangen des E könnte aber gemäß § 985 berechtigt sein. Das setzt das Vorliegen einer Vindikationslage zwischen E und G voraus.

> **Prüfungsschema des Herausgabeanspruches nach §§ 985, 986 (sog. Vindikationslage)**
>
> *Beachte: Die* **Vindikationslage** *ist ebenfalls Voraussetzung für alle Ansprüche aus §§ 987 ff.*[6]
>
> 1. Anspruchsgegner ist Besitzer
>
>   *Problem: Herausgabeanspruch gegen den* **mittelbaren** *Besitzer*
>   *HM:*[7] *Der Anspruchsberechtigte hat ein Wahlrecht zwischen*
>   *a) der Abtretung des Herausgabeanspruchs des mittelbaren Besitzers gegen den unmittelbaren Besitzer (§§ 870, 398) und*
>   *b) der Herausgabe des unmittelbaren Besitzes vom mittelbaren Besitzer, obwohl dieser die Sache nicht in der Hand hat (ggfs. Vollstreckung nach §§ 886, 829, 835 f. ZPO).*

---

5 Palandt/*Herrler*, § 858 Rn. 7.
6 *Wellenhofer*, SachenR, § 22 Rn. 3.
7 Jauernig/*Berger*, § 985 Rn. 5; *Wellenhofer*, SachenR, § 21 Rn. 19.

> **Prüfungsschema des Herausgabeanspruches nach §§ 985, 986 (sog. Vindikationslage)**
>
> *Beachte: Die **Vindikationslage** ist ebenfalls Voraussetzung für alle Ansprüche aus §§ 987 ff.*
>
> 2. Anspruchsberechtigter ist Eigentümer
>   – Im Zweifel gelten die Vermutungsregelungen des § 1006 für Mobilien, anknüpfend an den Eigenbesitz, und des § 891 für Immobilien, anknüpfend an die Eintragung im Grundbuch. –
> 3. Besitzer hat gegenüber dem Eigentümer kein Recht zum Besitz, § 986
>
>   *In Betracht kommen:*
>   – *Rechte aus schuldrechtlichen Verträgen, zB Kauf, Miete, Pacht, Leihe*
>   – *Dingliche Rechte, zB Pfandrecht, Nießbrauch (§ 1036)*
>   – *Anwartschaftsrecht, als quasi dingliches Recht*
>   – *Gesetzliche Besitzrechte, zB § 148 Abs. 1 InsO*
>   – *Streitig: Zurückbehaltungsrecht aus § 273 oder § 1000*
>
>   *HM:[8] (-), arg. ex § 274 Abs. 1: Bei einem Recht zum Besitz würde ein Anspruch aus § 985 gar nicht bestehen; das Zurückbehaltungsrecht ist aber eine Einrede, die zu einer Zug-um-Zug Verurteilung führt und nicht den Anspruch in seiner Entstehung zerstört.*
>
>   *A.A.: Der BGH[9] erkennt ein Zurückbehaltungsrecht als ein Recht zum Besitz iSv § 986 an, kommt im Ergebnis aber auch zu einer Zug-um-Zug Verurteilung.*

14 1. G ist **Besitzer** des Gemäldes iSv § 854 Abs. 1.

2. Fraglich ist, ob E dessen **Eigentümer** ist. **Ursprünglich** hatte E das Eigentum an dem Gemälde inne.

a) Verlust durch den Kommissionsvertrag zwischen V und K

15 E könnte das Eigentum durch den Abschluss des Kommissionsvertrages zwischen V und K verloren haben. Ein Kommissionär schließt jedoch gemäß § 383 HGB lediglich **Kaufverträge** im Auftrag des Kommittenten in eigenem Namen für fremde Rechnung ab. Der Kommissionsvertrag hat daher **keine dingliche Wirkung**, so dass durch den Vertrag zwischen V und K das Eigentum des E nicht verloren gegangen ist.

b) Verlust durch Übereignung von K an G

16 E könnte das Eigentum an dem Gemälde allerdings nach §§ 929 S. 1, 185 Abs. 1 durch eine wirksame Übereignung von K an G verloren haben.

---

8 Jauernig/*Berger*, § 986 Rn. 8; Palandt/*Herrler*, § 986 Rn. 5; *Wellenhofer*, SachenR, § 21 Rn. 28; *Lüke*, SachenR, § 7 Rn. 281.
9 BGHZ 64, 122 (124).

> **Prüfungsschema Übereignung nach § 929 S. 1**
> 1. Dingliche Einigung
> 2. Übergabe
> 3. Berechtigung des Veräußerers
>   *Bei fehlender Berechtigung: Ggfs. Wirksamkeit nach § 185 oder gutgläubiger Erwerb nach §§ 929 S. 1, 932.*

K und G haben sich darüber geeinigt, dass G das Gemälde erwerben sollte. Auch hat K dem G das Gemälde übergeben. Allerdings war K als bloßer Kommissionär nicht Eigentümer des Gemäldes. Nach § 185 Abs. 1 ist die Verfügung eines Nichtberechtigten wirksam, wenn sie mit Einwilligung des Berechtigten erfolgt. In einem Kommissionsvertrag ist zwar regelmäßig eine solche Einwilligung des Kommittenten zur Veräußerung enthalten, allerdings war der Kommittent V nicht der Berechtigte iSv § 185 Abs. 1. Somit hat E das Eigentum nicht nach §§ 929 S. 1, 185 Abs. 1 durch eine Übereignung zwischen K und G verloren.

c) Verlust durch gutgläubigen Erwerb des G von K

G könnte aber das Gemälde gemäß §§ 929 S. 1, 932 von K gutgläubig erworben haben.

> **Prüfungsschema des gutgläubigen Erwerbs nach §§ 929 S. 1, 932**
> 1. Übereignung nach § 929 S. 1 durch Einigung und Übergabe *(= Besitzverschiebung als Anknüpfungspunkt des guten Glaubens)*
> 2. Fehlende Berechtigung des Veräußerers
> 3. Gutgläubigkeit des Erwerbers, § 932 Abs. 2
>   *Grds. ist der gute Glaube an das Eigentum des Veräußerers erforderlich. Der gute Glaube an dessen Verfügungsbefugnis reicht nicht aus.*
>   *Ausn.: Nach § 366 HGB genügt der gute Glaube an die Verfügungsbefugnis.*
> 4. Kein Abhandenkommen, § 935
>   *Abhandenkommen liegt vor, wenn der unmittelbare Besitz des Eigentümers oder seines Besitzmittlers unfreiwillig verloren geht, § 935 Abs. 1 S. 1, 2.*[10]

aa) Einigung und **Übergabe** sind zwischen K und G erfolgt. Außerdem war K **Nichtberechtigter**.

bb) Gutgläubigkeit des G

Des Weiteren müsste G bezüglich des fehlenden Eigentums des K gutgläubig im Sinne des § 932 Abs. 2 gewesen sein. G wusste jedoch, dass K lediglich Kommissionär und nicht Eigentümer war, so dass grundsätzlich ein gutgläubiger Erwerb ausgeschlossen wäre.

Etwas anderes könnte sich allerdings aus § 366 Abs. 1 HGB ergeben, der den Gutglaubensschutz für Handelsgeschäfte dahin gehend erweitert, dass dieser sich nur auf die Verfügungsbefugnis des Veräußerers beziehen muss.

---

10 Jauernig/*Berger*, § 935 Rn. 3; Schulze ua/*Schulte-Nölke*, § 935 Rn. 1, 3.

24 Vorliegend ist K Kommissionär iSv § 383 HGB, so dass er ein Handelsgewerbe betreibt und damit gemäß § 1 Abs. 1 HGB als Kaufmann anzusehen ist. § 366 Abs. 1 HGB setzt zu seiner Anwendbarkeit nur die Kaufmannseigenschaft des Verfügenden voraus, ein beiderseitiges Handelsgeschäft ist nicht erforderlich. Die Kaufmannseigenschaft des G kann folglich offen bleiben.

25 G hielt den K für einen zur Veräußerung des Gemäldes berechtigten Kommissionär und war damit gutgläubig im Sinne des § 366 HGB.

cc) Kein Abhandenkommen, § 935

26 Ein gutgläubiger Erwerb des G ist jedoch ausgeschlossen, wenn dem E das Gemälde gemäß § 935 abhanden gekommen ist. Ein solches Abhandenkommen ist gegeben, wenn der unmittelbare Besitz des Eigentümers oder seines Besitzmittlers – aus der Sicht des jeweiligen unmittelbaren Besitzers – unfreiwillig verloren geht (§ 935 Abs. 1 S. 1, 2).

27 Vorliegend hat K den unmittelbaren Besitz durch eine **gewollte** Übergabe von V erlangt. Sofern V **Besitzmittler** des E gewesen ist, gilt § 935 Abs. 1 S. 2. In diesem Falle hätte V das Gemälde als unmittelbarer Besitzer freiwillig übergeben, so dass es dem Eigentümer E nicht abhanden gekommen wäre.

28 Anders läge der Fall, wenn V lediglich **Besitzdiener** des E war, weil dann nur E unmittelbaren Besitz an dem Gemälde innehatte. Dieser unmittelbare Besitz wäre durch die Hergabe von V an K unfreiwillig verloren gegangen, so dass das Gemälde gemäß § 935 Abs. 1 S. 1 abhanden gekommen wäre.

29 Es stellt sich daher die Frage, ob V als Besitzmittler oder als Besitzdiener im Sinne des § 855 einzustufen ist.

30 | **Abgrenzung Besitzdiener und Besitzmittler** |
| --- |
| *Besitzdiener* stehen zu dem sogenannten Besitzherrn in einem **sozialen Abhängigkeitsverhältnis** und sind dessen **Weisungen unterworfen.**[11] Die tatsächliche Sachherrschaft des Besitzdieners über eine Sache wird dem Besitzherrn als unmittelbarer Besitz zugerechnet.[12] |
| *Besitzmittler* (§ 868) üben dagegen selbst den unmittelbaren Besitz aufgrund eines Besitzmittlungsverhältnisses aus.[13] Voraussetzungen dafür sind:[14]
1. Das Bestehen eines Besitzmittlungsverhältnisses iSd § 868
2. Der Besitzmittlungswille des Besitzmittlers
3. Ein Herausgabeanspruch des mittelbaren Besitzers |

31 Hier war V ursprünglich als weisungsgebundener Verwalter des E tätig und hat in dieser Zeit daher das Gemälde als Besitzdiener für E besessen. In Bremen hat er spätestens durch Eingehung des Kommissionsgeschäfts mit K deutlich gemacht, dass er fortan nicht mehr für E als Besitzdiener, sondern als Eigenbesitzer (§ 872) handelt.

---

11 Jauernig/*Berger*, § 855 Rn. 1; *Lüke*, SachenR, § 2 Rn. 70 f.; *Wellenhofer*, SachenR, § 4 Rn. 28.
12 Beck-OK/*Fritzsche*, § 855 Rn. 18; Staudinger/*Gutzeit*, § 855 Rn. 24.
13 Staudinger/*Gutzeit*, § 868 Rn. 13 f.; *Wellenhofer*, SachenR, § 4 Rn. 19.
14 Jauernig/*Berger*, § 868 Rn. 2 f.; *Wellenhofer*, SachenR, § 4 Rn. 21.

Dies geschah ohne Einverständnis des E, dem daher durch das eigenmächtige Verhalten seines früheren Besitzdieners V das Gemälde nach § 935 Abs. 1 S. 1 abhanden gekommen ist.

Folglich scheitert ein gutgläubiger Erwerb des G gemäß §§ 929 S. 1, 932 am Abhandenkommen der Sache gemäß § 935 Abs. 1 S. 1. E hat sein Eigentum nicht auf diese Weise verloren.

d) Gesetzlicher Eigentumserwerb des G durch Ersitzung gemäß § 937 Abs. 1

Voraussetzungen der Ersitzung, § 937
1. Bewegliche Sache
2. Eigenbesitz, § 872 *Es genügt auch mittelbarer Eigenbesitz, zB nach einem fehlgeschlagenen Eigentumserwerb gemäß § 933.*
3. Bei Besitzerwerb Gutgläubigkeit iSv 932 Abs. 2 und keine nachträgliche Kenntnis des fremden Eigentums, § 937 Abs. 2 *Entsprechend den zu § 932 geltenden Grundsätzen wird der gute Glaube des Eigenbesitzers vermutet, sein Prozessgegner muss den Mangel dieser Voraussetzung darlegen und beweisen. Den Eigenbesitzer trifft aber regelmäßig eine sekundäre Darlegungslast über die Umstände des Besitzerwerbs.[15]*
4. Ablauf der 10 Jahre Ersitzungsfrist unter Berücksichtigung der §§ 938 ff.

G könnte das Eigentum am Gemälde gemäß § 937 Abs. 1 durch Ersitzung erlangt haben, falls er es über 10 Jahre gutgläubig im Eigenbesitz gemäß § 872 gehabt hätte. Hier besaß G das Bild von 1949–1960 und ging in diesen 11 Jahren immer davon aus, Eigentümer geworden zu sein. Mithin hat er das Bild hinreichend lange als Eigenbesitzer besessen und damit Eigentum durch Ersitzung nach § 937 Abs. 1 erlangt.

Ergebnis

Also hat E sein Eigentum an G verloren und damit keinen Herausgabeanspruch gemäß § 985.

III. § 1007

*§ 1007 regelt den Anspruch des früheren Besitzers auf Herausgabe gegen den aktuellen Besitzer, wobei der Grundsatz gilt, dass das **jeweils bessere Recht zum Besitz maßgebend ist**[16] (petitorischer Anspruch).*

*Beachte: **In § 1007 Abs. 1 und 2 sind zwei selbstständige Anspruchsgrundlagen** geregelt.*

---

15 BGH MDR 2019, 1191 f.
16 Jauernig/*Berger*, § 1007 Rn. 1, 6; Schulze ua/*Schulte-Nölke*, § 1007 Rn. 1; *Schreiber*, SachenR, Rn. 112.

39

Voraussetzungen der petitorischen Herausgabeansprüche nach § 1007 Abs. 1 und 2	
§ 1007 Abs. 1	§ 1007 Abs. 2
1. Bewegliche Sache 2. Anspruchsgegner = aktueller Besitzer 3. Anspruchssteller = früherer Besitzer	
4. Bösgläubigkeit des Anspruchsgegners bzgl. seines Besitzrechts bei Besitzerwerb	4. Gutgläubigkeit des Anspruchsgegners bzgl. seines Besitzrechts bei Besitzerwerb 5. Sache ist dem Anspruchsteller abhanden gekommen 6. Kein Ausschluss nach Abs. 2 S. 1, 2. Hs.
Kein Ausschluss gemäß Abs. 3 a) Bösgläubigkeit des Anspruchstellers bei Besitzerwerb bzgl. seines Besitzrechts b) Aufgabe des Besitzes durch den Anspruchsteller (*oder*) c) Anspruchsgegner hat ein Recht zum Besitz (S. 2 – Verweis auf §§ 986 ff.)	

1. § 1007 Abs. 1

40 Ein Anspruch des E gegen G aus § 1007 Abs. 1 scheidet wegen der Gutgläubigkeit des G aus.

2. § 1007 Abs. 2

41 Der Herausgabeanspruch des E könnte sich gegenüber dem gutgläubigen G auch aus § 1007 Abs. 2 ergeben, wenn E das „bessere" Besitzrecht als früherer Besitzer geltend machen kann.

a) Abhandenkommen beim früheren Besitzer

42 Ein solches Besitzrecht hätte der frühere Besitzer E gemäß § 1007 Abs. 2 S. 1 grundsätzlich gegenüber dem aktuellen gutgläubigen Besitzer G, wenn ihm die Sache abhandengekommen ist. Dies ist, wie oben geprüft, der Fall.

b) Kein Eigentum des aktuellen Besitzers

43 Der Anspruch ist aber gemäß § 1007 Abs. 2 S. 1, 2. Hs., 1. Var. ausgeschlossen, wenn der aktuelle Besitzer Eigentümer der Sache ist. Hier hat G durch Ersitzung das Eigentum am Gemälde gemäß § 937 Abs. 1 erlangt.

Ergebnis

44 Ein Herausgabeanspruch des E gegen G ist auch gemäß § 1007 Abs. 2 nicht gegeben.

IV. § 812 Abs. 1 S. 1, 2. Var.

Schließlich könnte E gegen G einen Herausgabeanspruch aus § 812 Abs. 1 S. 1, 2. Var. haben.

1. Etwas erlangt

Vorliegend hat G Eigentum und Besitz am Gemälde erlangt.

2. In sonstiger Weise

Dies müsste auch in sonstiger Weise geschehen sein. Hier muss zwischen den erlangten Gütern differenziert werden.

Das Eigentum am Gemälde hat G durch Ersitzung nach § 937, also auf gesetzlichem Wege ohne eine Leistungsbeziehung und damit in sonstiger Weise erlangt.

Dagegen ist ihm der unmittelbare Besitz am Bild bewusst und zweckgerichtet durch den Kommissionär K, der damit seine Verbindlichkeit aus dem Kaufvertrag erfüllen wollte, verschafft worden. Somit erfolgte der Besitzerwerb des G durch Leistung des K und daher gerade nicht in sonstiger Weise.

Die Frage nach einem Rechtsgrund stellt sich also nur noch für den Eigentumserwerb des G.

3. Ohne Rechtsgrund

G müsste das Eigentum am Bild ohne Rechtsgrund erlangt haben. Allerdings gibt § 937 gerade die Legitimation für den gesetzlichen Eigentumserwerb des G, der somit mit Rechtsgrund erfolgte. Ein Herausgabeanspruch aus § 812 Abs. 1 S. 1, 2. Var. ist daher nicht gegeben.

V. Gesamtergebnis zu A.

E hat keine Herausgabeansprüche gegen G.

B. Ansprüche des E gegen K

Vorüberlegung: E wendet sich gegen K, da dieser durch seine Verfügung über das Gemälde zugunsten des G letztlich die Ursache dafür gesetzt hat, dass dieser später kraft Gesetzes Eigentum erwerben konnte. Insofern können die Ansprüche nur auf einen Geldersatz für das verlorene Eigentum gerichtet sein. Dafür kommen entweder Schadensersatzansprüche oder die bereicherungsrechtliche Spezialvorschrift der Eingriffskondiktion aus § 816 Abs. 1 in Betracht.

I. §§ 990 Abs. 1, 989

Prüfungsschema des Schadensersatzanspruches nach §§ 990 Abs. 1, 989
1. Vindikationslage im Zeitpunkt der Anspruchsentstehung
2. Bösgläubigkeit des Anspruchsgegners in Bezug auf ein eigenes Besitzrecht, § 990
3. Verschlechterung, Untergang oder sonstige Unmöglichkeit der Herausgabe
4. Verschulden bzgl. 3.

55 E könnte gegen K einen Anspruch auf Schadensersatz gemäß §§ 990 Abs. 1, 989 haben.

1. Vindikationslage zum Zeitpunkt des schädigenden Ereignisses

56 Dazu müsste ein Eigentümer-Besitzer-Verhältnis zwischen E und K vorgelegen haben, als das Ereignis eintrat, welches die Rückgabe der Sache an E unmöglich machte. Dies war vorliegend die Besitzüberlassung des K an G.

57 a) Zu diesem Zeitpunkt war E noch **Eigentümer** des Gemäldes.

58 b) K war der **Besitz** am Gemälde im Rahmen des Kommissionsvertrages von V überlassen worden.

c) Kein Besitzrecht

59 K dürfte auch kein Recht zum Besitz gemäß § 986 zugestanden haben.

60 Ein eigenes Besitzrecht gemäß § 986 Abs. 1 S. 1, 1. Var. stand dem K nur gegen V im Rahmen des Kommissionsvertrages zu. Dieses relative Besitzrecht kann er gegenüber dem Eigentümer E jedoch nicht geltend machen.

61 K kann sich auch nicht auf ein abgeleitetes Besitzrecht nach § 986 Abs. 1 S. 1, 2. Var. berufen, denn V hat sich spätestens zum Zeitpunkt des Abschlusses des Kommissionsvertrages mit K als Eigenbesitzer geriert und besaß demnach gegenüber E kein Besitzrecht mehr.

2. Bösgläubigkeit des K

62 K müsste auch gemäß § 990 Abs. 1 bösgläubig hinsichtlich seines fehlenden Besitzrechtes gewesen sein. Allerdings hielt er V für den Eigentümer und sich deshalb aufgrund der Kommission als zum Besitz berechtigt.

Ergebnis

63 Dem E steht gegen K kein Schadenersatzanspruch gemäß §§ 990 Abs. 1, 989 zu.

II. § 823 Abs. 1

64 *Man könnte darüber hinaus noch über einen Schadensersatzanspruch des E gegen K aus § 823 Abs. 1 nachdenken. Allerdings ist hier zu beachten, dass die §§ 987 ff. grundsätzlich als Sonderregelungen für das Eigentümer-Besitzer-Verhältnis eine **Sperrwirkung** gegenüber anderen Haftungsnormen haben, vgl. § 993 Abs. 1 a.E.[17] Im Übrigen trifft den gutgläubigen K kein Verschulden iSv § 276 (Vorsatz oder Fahrlässigkeit), womit eine Haftung nach § 823 Abs. 1 ohnehin ausscheidet.*

III. § 816 Abs. 1 S. 1

65 E könnte gegen K einen Anspruch auf Herausgabe des aus dem Geschäft mit G erlangten Erlöses gemäß § 816 Abs. 1 S. 1 haben. Dazu müsste K als Nichtberechtigter über das Gemälde des E verfügt haben und diese Verfügung müsste gegenüber E wirksam sein.

---

17 Jauernig/*Berger*, Vor §§ 987 ff. Rn. 10; Beck-OK/*Fritzsche*, § 987 Rn. 45; *Wellenhofer*, SachenR, § 22 Rn. 36.

1. Verfügung eines Nichtberechtigten

K hat das Gemälde des E an G übertragen wollen und somit als ein Nichtberechtigter verfügt.

2. Wirksamkeit der Verfügung

Diese Verfügung müsste auch dem E gegenüber wirksam sein.

Hier hatte die Verfügung von K an G keine Rechtswirkung gegenüber E, da ein gutgläubiger Erwerb des K am Abhandenkommen des Gemäldes nach § 935 scheiterte.

Die Rechtsprechung sieht zwar in der Geltendmachung des Erlösherausgabeanspruchs aus § 816 Abs. 1 in der Regel die konkludente Genehmigung der Verfügung des Nichtberechtigten durch den Eigentümer nach § 185 Abs. 2 S. 1,[18] allerdings kann E im vorliegenden Falle die Verfügung nicht mehr genehmigen, da inzwischen G durch Ersitzung gemäß § 937 Abs. 1 das Eigentum erlangt hat und E nicht mehr Berechtigter im Sinne des § 185 ist.

Ergebnis

Somit hat E gegen K auch keinen Anspruch auf Herausgabe des Veräußerungserlöses.

C. Gesamtergebnis

E stehen weder gegen G noch gegen K Ansprüche zu.

---

18 RGZ 106, 44 (45); 115, 31 (34); BGH NJW 1960, 860; s. auch Schulze ua/*Wiese*, § 816 Rn. 7.

§ 2 Zweiter Fall „Zeichnungen"

I. Schwerpunkte

1 Der Fall „Zeichnungen" dient zur Vertiefung der Bearbeitung von sachenrechtlichen Herausgabeansprüchen. Im Zusammenhang mit den Anspruchsgrundlagen der §§ 861 Abs. 1, 1007 Abs. 1 und 2, 985 werden folgende Themengebiete erörtert:

- Freiwillige Besitzaufgabe, § 856 Abs. 1, 1. Var.
- Eigentumsverlust durch Dereliktion, § 959
- Anfechtung der Dereliktion wegen eines Eigenschaftsirrtums, § 119 Abs. 2
- Zurückbehaltungsrecht aus § 1000 als Recht zum Besitz

II. Sachverhalt[1]

2 Erbe E findet im Nachlass seines Onkels O einige Zeichnungen, die ihm wertlos erscheinen. Er wirft sie in die Mülltonne, die bereits an der Straße zur Entleerung durch die Müllabfuhr M aufgestellt ist.

3 Dort werden die Zeichnungen von dem Kunstkenner K entdeckt. K nimmt die Blätter mit und stellt in einem schwierigen Untersuchungsverfahren fest, dass es sich bei den Bildern um bisher unbekannt gewesene Zeichnungen von Matthias Grünewald handelt. Kosten sind K nicht entstanden.

4 Nunmehr verlangt E von K die Herausgabe der Zeichnungen.

III. Lösungsvorschlag

I. § 861 Abs. 1

5 E könnte gegen K einen Anspruch auf Herausgabe der Zeichnungen aus § 861 Abs. 1 haben.

1. Besitzentzug durch verbotene Eigenmacht

6 Voraussetzung hierfür ist, dass E sein einmal vorhandener Besitz durch verbotene Eigenmacht entzogen wurde.

7 Verbotene Eigenmacht ist gemäß § 858 Abs. 1 jede ohne besondere gesetzliche Gestattung vorgenommene, damit rechtswidrige Beeinträchtigung des unmittelbaren Besitzes.

8 E hat den Besitz, das heißt die tatsächliche Gewalt (§ 854 Abs. 1), an den Zeichnungen verloren. Fraglich ist allerdings, ob dies ohne seinen Willen geschah. Das hängt davon ab, worin man den Besitzverlust des E sieht. Liegt dieser schon im Wegschmeißen der Zeichnungen, so geschah er **freiwillig**. Nimmt man dagegen an, dass E noch Besitz an den Zeichnungen hatte, als diese sich in der Mülltonne befanden, so würde ein Besitzverlust **ohne den Willen** des E vorliegen, da er nichts davon wusste, dass K die Zeichnungen mitnahm.

---

1 *Eckert/Hattenhauer*, 75 Klausuren aus dem BGB, Fall 59.

> **Voraussetzungen der Beendigung des Besitzes durch Aufgabe der tatsächlichen Gewalt über die Sache, § 856 Abs. 1, 1. Var.**
> 1. Beendigung der tatsächlichen Sachherrschaft, zB durch Übergabe, Wegwerfen usw.
>   – *Im Zweifel entscheidet die Verkehrsanschauung über die Reichweite der tatsächlichen Sachherrschaft.*[2] –
> 2. Aufgabewille des Besitzers
> 3. Erkennbarkeit des Aufgabewillens[3]

Fraglich ist daher, ob E den Besitz schon freiwillig durch das Wegwerfen der Zeichnungen verlor. Das setzt nach § 856 Abs. 1 voraus, dass E die tatsächliche Gewalt an ihnen aufgab. Die Aufgabe der tatsächlichen Gewalt erfordert die nach außen tretende willentliche Beendigung des Besitzes.

E hat mit dem Wegwerfen der Zeichnungen die tatsächliche Sachherrschaft willentlich aufgegeben. Zwar warf er sie in die für ihn vorgesehene Mülltonne, so dass sich vertreten ließe, die Zeichnungen hätten sich noch in seiner Besitzsphäre befunden. Allerdings stand die Mülltonne schon an der Straße zur Leerung bereit. Nach der Verkehrsanschauung, die in Zweifelsfällen über die Reichweite der tatsächlichen Sachherrschaft bestimmt, können die Zeichnungen jedenfalls mit der Bereitstellung zur Abholung nicht mehr der Besitzsphäre des E zugerechnet werden, zumal hierdurch der Besitzaufgabewille des E deutlich nach außen tritt.

2. Ergebnis

E hat somit den Besitz an den Zeichnungen freiwillig aufgegeben. Verbotene Eigenmacht des K liegt folglich nicht vor, so dass ein Anspruch gegen ihn aus § 861 Abs. 1 ausscheidet.

II. § 1007 Abs. 1

In Betracht kommt weiterhin ein Herausgabeanspruch des E gegen K aus § 1007 Abs. 1.

Voraussetzung hierfür ist, dass K bei Erwerb des Besitzes bezüglich seines Besitzrechts gegenüber dem früheren Besitzer nicht in gutem Glauben war (vgl. § 932 Abs. 2).

K durfte allerdings ohne grobe Fahrlässigkeit von der Herrenlosigkeit der Zeichnungen ausgehen, da sie sich in einer zur Abholung bereitgestellten Mülltonne befanden. Er war daher nicht bösgläubig bezüglich seines Besitzrechts, so dass ein Anspruch gegen ihn aus § 1007 Abs. 1 nicht besteht.

III. § 1007 Abs. 2

E könnte gegen K aber einen Herausgabeanspruch aus § 1007 Abs. 2 haben.

Ein solcher Anspruch kann nur gegeben sein, wenn die Zeichnungen E als früherem Besitzer abhanden gekommen sind.

---

2 BeckOK BGB/*Fritzsche*, § 854 Rn. 21; Jauernig/*Berger*, § 854 Rn. 2.
3 BGHZ, 67, 207 (209); BeckOK BGB/*Fritzsche*, § 856 Rn. 3; MüKo BGB/*Joost*, § 856 Rn. 3.

18 Vorliegend hat E den Besitz – wie oben geprüft – freiwillig aufgegeben. Ein Anspruch aus § 1007 Abs. 2 besteht daher ebenfalls nicht.

IV. § 985

19 Letztlich könnte E gegen K einen Anspruch aus § 985 auf Herausgabe der Zeichnungen haben. Das setzt voraus, dass E Eigentümer und K unrechtmäßiger Besitzer der Zeichnungen ist.

20 **1.** K ist **Besitzer** der Zeichnungen, § 854 Abs. 1.

21 **2.** Ursprünglich war E als Erbe des O deren **Eigentümer**, § 1922.

a) Eigentumsverlust durch Dereliktion, § 959

22
Voraussetzungen der Dereliktion (Aufgabe des Eigentums), § 959
1. Bewegliche Sache
2. Aufgabe des Besitzes, § 856 Abs. 1
3. Absicht, auf das Eigentum zu verzichten
= *einseitige, nicht empfangsbedürftige Willenserklärung*[4] *Dh bei der Frage des Verzichtswillens muss nach § 133 der wirkliche Wille des Eigentümers erforscht werden (natürliche Auslegung). Dabei kann man sich allerdings an objektiven Indizien orientieren.*[5] *Im Gegensatz dazu steht die empfangsbedürftige Willenserklärung, bei der es auf den Empfängerhorizont ankommt (normative Auslegung).*[6]
4. Geschäftsfähigkeit und Verfügungsberechtigung *(wegen der Rechtsnatur als Verfügungsgeschäft)*
5. Keine Dereliktionsverbote
– *Ansonsten kommt eine Nichtigkeit der Dereliktion gemäß § 134 in Betracht.* –

23 E könnte das Eigentum an den Zeichnungen jedoch gemäß § 959 durch Dereliktion verloren haben.

24 aa) E hat den **Besitz** an den Zeichnungen willentlich **aufgegeben**, § 856 Abs. 1.

bb) Verzichtswille

25 Er müsste weiterhin in der Absicht gehandelt haben, auf das Eigentum zu verzichten. Dabei handelt es sich um eine einseitige, nicht empfangsbedürftige Willenserklärung. Folglich muss bei der Frage nach dem Verzichtswillen der wirkliche Wille des Eigentümers erforscht werden, § 133. Zu diesem Zweck orientiert man sich allerdings am objektiven Erklärungsgehalt, so dass aus objektiven Indizien auf den Verzichtswillen geschlossen werden kann.

26 E hat die Zeichnungen in den Müll geworfen. Daraus ergibt sich, dass er selbst nicht mehr Eigentümer der Zeichnungen sein wollte. Allerdings könnte man im Wegwerfen der Zeichnungen ein Übereignungsangebot an die Gemeinde sehen, die Trägerin der Müllabfuhr ist. Dies erscheint jedoch wirklichkeitsfremd. Derjenige, der Dinge in die

---

[4] LG Ravensburg NJW 1987, 3142 (3143); Jauernig/*Berger*, § 959 Rn. 1; *Baur/Stürner*, SachenR, § 53 Rn. 70.
[5] Staudinger BGB/*Wiegand/Gursky*, § 959 Rn. 3.
[6] Staudinger BGB/*Singer*, § 133 Rn. 18; Staudinger/*Schiemann*, Eckpfeiler des Zivilrechts, C Rn. 52.

Mülltonne wirft, hat typischerweise kein Interesse mehr an den betreffenden Sachen. Deren Schicksal ist ihm in der Regel gleichgültig. Daher liegt im Wegwerfen regelmäßig kein Übereignungsangebot, sondern die Äußerung des Eigentumsverzichtswillens.[7]

> **Exkurs: Ähnlich gelagerte Fälle**
>
> In ähnlich gelagerten Fällen kann sich die rechtliche Bewertung anders darstellen:
>
> - Bei Gegenständen, die für karitative Zwecke gedacht sind (etwa Säcke mit Altkleidern, die an den Straßenrand gestellt werden), ist davon auszugehen, dass es dem Eigentümer darauf ankommt, dass die Dinge der wohltätigen Verwendung auch zugeführt werden. Daher ist nicht von einer Dereliktion, sondern von einem Übereignungsangebot an die jeweilige Organisation auszugehen.[8]
> - Ähnlich liegt der Fall, wenn es sich um weggeworfene persönliche Gegenstände, wie Tagebücher, persönliche Briefe oder selbstgemalte Zeichnungen handelt. Hier wird das Schicksal der Gegenstände dem Eigentümer meist nicht gleichgültig sein. Vielmehr will er diese grundsätzlich vernichtet wissen und verhindern, dass sie in die Hände eines unbekannten Dritten geraten. Daher ist in diesen Fällen nicht von einem Dereliktionswillen auszugehen.[9]
>
> Zusammenfassend lässt sich also feststellen, dass es bei weggeworfenen Sachen darauf ankommt, ob dem Eigentümer das weitere Schicksal der Sachen gleichgültig oder ob ihm eine bestimmte Verwendung wichtig ist. Ist ihm das Schicksal egal, liegt eine Dereliktion vor, ansonsten ein Übereignungsangebot.

cc) Die zur Abgabe der einseitigen, nicht empfangsbedürftigen Willenserklärung erforderliche **Geschäftsfähigkeit und die Verfügungsberechtigung** des E lagen vor.

dd) Keine Dereliktionsverbote

Fraglich ist allerdings, ob ein gesetzliches **Dereliktionsverbot** eingreift, so dass die Dereliktion gemäß § 134 nichtig sein könnte. Ein solches Verbotsgesetz könnte hier in **§ 17 Abs. 1 Kreislaufwirtschaftsgesetz (KrWG)** liegen, der den Besitzer des Abfalls dazu verpflichtet, diesen dem öffentlich-rechtlichen Entsorgungsträger zu überlassen. Allerdings haben diese Vorschriften nur den Zweck, eine geordnete Entsorgung des Abfalls zu ermöglichen. Daher **richten sie sich nicht gegen die Dereliktion als solche**.[10] Die Eigentumsaufgabe ist nicht gemäß § 134 nichtig.

E hat somit grundsätzlich wirksam das Eigentum an den Zeichnungen gemäß § 959 aufgegeben.

b) Nichtigkeit der Dereliktion durch Anfechtung, § 142 Abs. 1

Die Dereliktion könnte allerdings aufgrund wirksamer Anfechtung gemäß § 142 Abs. 1 ex tunc nichtig sein.

aa) Anwendbarkeit der Anfechtungsvorschriften

Als **Rechtsgeschäft** ist die Dereliktion grundsätzlich der Anfechtung zugänglich.

---

7 Staudinger BGB/*Wiegand/Gursky*, § 959 Rn. 3; vgl. auch LG Ravensburg NJW 1987, 3142 (3143).
8 OLG Saarbrücken NJW-RR 1987, 500; BeckOK BGB/*Kindl*, § 959 Rn. 2.
9 LG Ravensburg NJW 1987, 3142 (3143); BeckOK BGB/*Kindl*, § 959 Rn. 2.
10 Jauernig/*Berger*, § 959 Rn. 3; Staudinger BGB/*Wiegand/Gursky*, § 959 Rn. 8; a.A.: *Prütting*, SachenR, Rn. 487.

Beachte: Allerdings kommt eine Anfechtung gemäß § 119 Abs. 1 (wie auch eine Anwendung des § 116) nicht in Betracht, da aufgrund der fehlenden Empfangsbedürftigkeit eine natürliche Auslegung (§ 133) vorzunehmen ist, so dass Wille und Erklärung nicht auseinanderfallen können.[11]

bb) Anfechtungsgrund

33 Ein Anfechtungsgrund könnte sich aus § 119 Abs. 2 ergeben. Dazu müsste sich E über eine verkehrswesentliche Eigenschaft der Zeichnungen geirrt haben.

Beachte: Sachen iSd § 119 Abs. 2 sind auch unkörperliche Gegenstände (zB eine Grundschuld). Der Sachbegriff ist hier also weiter als der des § 90.[12]

34 E hat sich über die Urheberschaft der Zeichnungen geirrt. Er wusste nicht, dass sie von Matthias Grünewald stammen. Zwar ließe sich vorbringen, E habe sich über die Urheberschaft gar keine Gedanken gemacht und sich somit nicht darüber irren können. Indes ging er davon aus, es handele sich um wertlose Zeichnungen. Daher wird er fälschlich davon ausgegangen sein, sie stammten von einem unbekannten Hobbykünstler. Fraglich ist, ob es sich dabei um einen Irrtum über eine verkehrswesentliche Eigenschaft handelt.

Eigenschaften sind neben den auf der natürlichen Beschaffenheit beruhenden Merkmalen auch tatsächliche oder rechtliche Beziehungen zur Umwelt, solange sie ihre Grundlage in der Beschaffenheit der Sache selbst haben, ihr also unmittelbar innewohnen, und für Brauchbarkeit oder Wert bedeutsam sind.[13]

Verkehrswesentlich sind solche Eigenschaften, auf die im Rechtsverkehr bei Geschäften der fraglichen Art (sog. **Geschäftswesentlichkeit**[14]) üblicherweise entscheidender Wert gelegt wird.

35 Die Urheberschaft wohnt den Zeichnungen unmittelbar inne und ist somit eine Eigenschaft. Sie hat auch für das konkrete Rechtsgeschäft, die Dereliktion, maßgebende Bedeutung. Somit irrte E über eine verkehrswesentliche Eigenschaft.

36 Bei Kenntnis der Sachlage hätte E die Zeichnungen nicht weggeworfen, so dass der erforderliche Kausalzusammenhang zwischen Irrtum und Willenserklärung besteht.

cc) Anfechtungserklärung

37 Durch das Herausgabeverlangen hat E dem K gegenüber konkludent die Anfechtung erklärt, §§ 133, 157. Dieser war der richtige Anfechtungsgegner gemäß § 143 Abs. 1, 4, da ihm durch die Dereliktion die Aneignung der Zeichnungen nach § 958 Abs. 1 ermöglicht wurde und er somit unmittelbar einen rechtlichen Vorteil erlangte.

---

[11] BeckOK BGB/*Kindl*, § 959 Rn. 3; Staudinger BGB/*Wiegand/Gursky*, § 959 Rn. 1; a.A.: MüKo BGB/*Oechsler*, § 959 Rn. 5.
[12] RGZ 149, 235 (238); Jauernig/*Mansel*, § 119 Rn. 12.
[13] BGHZ 16, 54 (57); Jauernig/*Mansel*, § 119 Rn. 13; Staudinger BGB/*Singer*, § 119 Rn. 87.
[14] Jauernig/*Mansel*, § 119 Rn. 15; Palandt/*Ellenberger*, § 119 Rn. 25; *Brox/Walker* BGB AT, § 18 Rn. 14.

dd) Anfechtungsfrist

Von der Wahrung der Anfechtungsfrist des § 121 Abs. 1 ist mangels entgegenstehender Angaben im Sachverhalt auszugehen.

Zwischenergebnis

E hat somit die für die Dereliktion erforderliche Willenserklärung wirksam angefochten, so dass diese gemäß § 142 Abs. 1 nichtig ist. Er ist also weiterhin Eigentümer. Eine Aneignung durch K gemäß § 958 Abs. 1 war deshalb nicht mehr möglich, denn die Zeichnungen waren aufgrund der Rückwirkungsfiktion des § 142 Abs. 1 nie herrenlos.

3. Kein Besitzrecht des K

K dürfte auch kein Recht zum Besitz zustehen, § 986 Abs. 1.

Denkbar ist das Vorliegen eines Zurückbehaltungsrechts aus § 1000 aufgrund des von K angestrengten Untersuchungsverfahrens.

> **Exkurs: Verhältnis von § 1000 zu § 273 Abs. 2**
>
> Sowohl § 273 Abs. 2 als auch § 1000 gewähren ein Zurückbehaltungsrecht für den Besitzer einer Sache wegen auf diese gemachter Verwendungen.[15]
>
> Nach § 273 ist die Fälligkeit des Verwendungsersatzanspruches Voraussetzung für das Bestehen des Zurückbehaltungsrechts.[16] Gemäß § 1001 ist der Verwendungsersatzanspruch jedoch erst nach Rückgabe der Sache fällig. Die Voraussetzungen des § 273 werden daher grds. nicht erfüllt sein. Diese Lücke schließt § 1000, der das Bestehen des Zurückbehaltungsrechts nicht von der Fälligkeit des Verwendungsersatzanspruches abhängig macht.[17]

Ob ein Zurückbehaltungsrecht ein Recht zum Besitz iSd § 986 vermittelt, ist allerdings umstritten *(siehe Prüfungsschema zur Vindikationslage, § 1 Rn. 13)*. Selbst wenn man dies mit der Rechtsprechung annähme, stünde K kein Besitzrecht zu. Denn zum einen handelt es sich bei dem Untersuchungsverfahren nicht um eine Verwendung auf die Zeichnungen, da das Verfahren ihnen nicht unmittelbar zugutekommt. Zum anderen sind K keine Kosten entstanden. Ein Zurückbehaltungsrecht gemäß § 1000 ist somit nicht gegeben.

Folglich hat K kein Recht zum Besitz.

Ergebnis

E kann von K Herausgabe der Zeichnungen nach § 985 verlangen.

IV. Vertiefende Hinweise

Zum Abhandenkommen von Gegenständen und den Rechtsfolgen lesenswert: *Neuner*, JuS 2007, 401 ff.

---

15 *Grunewald*, BürgerlichesR, § 28 Rn. 17.
16 *Wellenhofer*, SachenR, § 23 Rn. 18.
17 Schulze ua/*Schulte-Nölke*, § 1000 Rn. 1.

§ 3 Gesetzlicher Eigentumserwerb: Verarbeitung, Verbindung und Vermischung (§§ 946–950)

I. Problemstellung

1 Die handwerkliche und industrielle Produktion ist überwiegend dadurch gekennzeichnet, dass aus mehreren Einzelteilen neue Gegenstände hergestellt werden oder aus der Be- und Verarbeitung von Rohstoffen neue Produkte entstehen. Dazu folgendes

2 *Beispiel*: Ein Knopffabrikant (Produzent) verarbeitet die Messingrollen, die er von einem Walzwerk (Lieferant) unter Eigentumsvorbehalt (§ 449) bezieht, zu Metallknöpfen.

3 Aufgabe des Gesetzes ist es, die Eigentumsverhältnisse an den neu entstandenen Produkten zu bestimmen. Die §§ 946–950 übernehmen diese Aufgabe.

II. Verarbeitung, § 950

4 § 950 lässt den Hersteller, der aus dem vorhandenen Material eine **neue bewegliche Sache** herstellt, das Eigentum erwerben, auch dann, wenn das verarbeitete Material einem anderen gehörte. Gemäß § 950 Abs. 2 erlöschen alle an dem Material bestehenden Rechte. Dies gilt unabhängig davon, ob der Hersteller gut- oder bösgläubig, berechtigt oder unberechtigt war.[1]

5 In dem obigen Beispielsfall bedeutet das, dass der Eigentumsvorbehalt ins Leere geht, weil der Knopffabrikant nach § 950 das Eigentum an dem Produkt kraft Gesetzes erworben hat.

6 Hintergrund für die Regelung des § 950 ist die Vermutung, dass regelmäßig der Wert der Verarbeitung oder Umbildung höher ist als der Wert der verarbeiteten oder umgebildeten Stoffe.[2]

7
> **Voraussetzungen der Verarbeitung, § 950**
> 1. Stoffe (= bewegliche Sachen) führen zu **neuen beweglichen Sachen**
> 2. **Neu**
>
> *Die Frage, ob die hergestellte Sache neu iSv § 950 ist, hängt von der Verkehrsanschauung ab.*[3] *Notwendig ist eine gewisse Erheblichkeit der Veränderung, insbesondere bei der* **Veränderung der Individualität** *der Sache oder bei einer* **Wesensveränderung**.[4] *Nicht neu ist daher die Sache nach einer bloßen Instandsetzung.*[5]

---

[1] Palandt/*Herrler*, § 950 Rn. 4; *Wellenhofer*, SachenR, § 9 Rn. 14; vgl. auch BGH NJW 1989, 3213.
[2] BeckOK BGB/*Kindl*, § 950 Rn. 1.
[3] Jauernig/*Berger*, § 950 Rn. 3; *Wellenhofer*, SachenR, § 9 Rn. 5.
[4] Jauernig/*Berger*, § 950 Rn. 3; Schulze ua/*Schulte-Nölke*, § 950 Rn. 4; das Kriterium der Wesensveränderung war auch Kern einer aktuellen Entscheidung des BGH Urt. v. 10.7.2015 – V ZR 206/14, wonach ein Speichermedium (hier Tonbänder) nicht durch das Bespielen mit Inhalten zu einer neuen Sache wird, weil das Medium dann gerade zweck- und wesensentsprechend verwendet wird; dies gelte auch, wenn der Inhalt historisch bedeutend ist (Memoiren eines Altkanzlers).
[5] Schulze ua/*Schulte-Nölke*, § 950 Rn. 4; *Wellenhofer*, SachenR, § 9 Rn. 6.

Voraussetzungen der Verarbeitung, § 950
3. Der **Wert der Verarbeitung oder Umbildung darf nicht erheblich geringer** sein als der Wert des Stoffes *Die Grenze liegt bei etwa 60 % des ursprünglichen Stoffwertes.*[6]
Rechtsfolge: **Eigentumserwerb des Herstellers** kraft Gesetzes, unabhängig von Gut- und Bösgläubigkeit und unabhängig davon, ob er berechtigt oder unberechtigt war. *Beachte:* **Hersteller** ist nicht in jedem Fall derjenige, der die Arbeiten ausführt (zB Arbeitnehmer), sondern der, **in dessen Namen und wirtschaftlichem Interesse** die Herstellung erfolgt und der dementsprechend das wirtschaftliche Risiko trägt (zB Unternehmer als Organisator des Produktionsprozesses).[7]

Fraglich ist, ob die Regelung des § 950 **vertraglich abdingbar** ist. Im Beispielsfall stellt sich die Frage, ob vereinbart werden kann, dass das Walzwerk Eigentum an den Metallknöpfen erwirbt, um den Verlust des vorbehaltenen Eigentums zu verhindern. Das ist streitig.

Der BGH lässt im Wege der Parteidisposition eine sog. **Verarbeitungsklausel** zu.[8] Dabei handelt es sich um eine Vereinbarung, nach der die Verarbeitung durch den Produzenten (Vorbehaltskäufer) **für den Lieferanten** (Vorbehaltsverkäufer) erfolgen soll.[9] Damit ist der **Lieferant selbst der Hersteller** und erlangt gemäß § 950 das Eigentum an dem Produkt.[10] Allerdings erlischt auf diese Weise entsprechend § 950 Abs. 2 auch das Anwartschaftsrecht des Vorbehaltskäufers, sofern kein weiteres Anwartschaftsrecht vertraglich begründet worden ist.[11] Dies kann etwa dadurch geschehen, dass der Lieferant das Produkt wiederum an den Produzenten unter Eigentumsvorbehalt veräußert (§§ 929 S. 2, 158 Abs. 1). Die Vereinbarung einer Verarbeitungsklausel in AGB ist nach der Rechtsprechung zulässig.[12]

Neben der Verarbeitungsklausel besteht noch ein anderer Sicherungsweg für das Walzwerk (den Lieferanten), um das Eigentum an den Knöpfen zu erlangen. Die Parteien können vorab vertraglich vereinbaren, dass der Produzent, der das Eigentum nach § 950 erwirbt, die neuen Sachen an den Lieferanten übereignet, und zwar durch **antizipierte Einigung, § 929 S. 1** und ein **antizipiertes Besitzkonstitut** als Übergabeersatz (zB eine Sicherungsübereignung nach §§ 930, 868), so dass der Produzent unmittelbarer Besitzer bleibt. Auf diesem Weg wird das Eigentum sofort nach dem Erwerb, und zwar nach einer logischen Sekunde (sog. **Durchgangserwerb**), auf den Vorbehaltsverkäufer übertragen.[13] Diese Konzeption hat den Vorteil, dass dem Produzenten aufgrund der Sicherungsübereignung an den Lieferanten ein Anwartschaftsrecht an den Produkten verbleibt. Regelmäßig wird der Produzent gemäß § 185 Abs. 1 durch den Lieferanten

---

6 BGH JZ 1972, 165; MüKO BGB/*Füller*, § 950 Rn. 12; Schulze ua/*Schulte-Nölke*, § 950 Rn. 5; *Wellenhofer*, SachenR, § 9 Rn. 7.
7 BGHZ 14, 114 (117); *Wellenhofer*, Sachenrecht, § 9 Rn. 8 f.
8 BGHZ 20, 159 (163 f.); 46, 117 (118).
9 *Wellenhofer*, SachenR, § 9 Rn. 10.
10 BGHZ 20, 159 (163 f.); *Wellenhofer*, SachenR, § 9 Rn. 10.
11 Staudinger BGB/*Wiegand*, § 950 Rn. 16, 46.
12 Vgl. BGHZ 20, 159 (163 f.).
13 Staudinger BGB/*Wiegand*, § 950 Rn. 41.

zur Weiterveräußerung mit der Maßgabe ermächtigt, dass die künftigen Kaufpreisforderungen im Voraus nach § 398 an den Lieferanten abgetreten werden.

III. Verbindung mit einem Grundstück, § 946

11 § 946 lässt den Grundstückseigentümer alle **bewegliche Sachen** erwerben, die mit dem Grundstück als **wesentliche Bestandteile** (§ 94) verbunden werden. Hauptanwendungsfälle von § 946 sind die Errichtung von Bauwerken auf dem Grundstück oder der Einbau von Sachen in ein Gebäude.[14]

12
Voraussetzungen der Verbindung, § 946
1. Bewegliche Sache
2. Verbindung der Sache mit dem Grundstück
3. Sache wird dadurch wesentlicher Bestandteil des Grundstücks, §§ 94, 95

 Exkurs: Wesentliche Bestandteile eines Grundstücks, §§ 94, 95
 Nach § 94 Abs. 1 sind wesentliche Bestandteile des Grundstücks alle Sachen, die mit dem Grund und Boden fest verbunden sind, insbesondere die auf dem Grundstück stehenden Gebäude.
 Nach § 94 Abs. 2 sind wiederum alle Sachen, die zur Herstellung des Gebäudes in dieses eingefügt wurden, wesentliche Bestandteile des Gebäudes und damit zugleich wesentliche Bestandteile des Grundstücks. Zur Herstellung des Gebäudes in dieses eingefügt sind solche Sachen, ohne die das Gebäude nach der Verkehrsanschauung unfertig wäre (zB Backsteine, Treppen, Fenster, Türen, aber auch Waschbecken oder eine Heizungsanlage).[15] Dafür ist es nicht zwingend notwendig, dass sich die Sachen innerhalb des Gebäudes befinden. Auch ein Öltank, der außerhalb des Gebäudes im Erdreich vergraben ist, kann wesentlicher Bestandteil sein, wenn er der Funktion einer Ölheizung dient.[16] In diesem Fall kann es zu einer problematischen Kollision zwischen § 94 Abs. 1 und Abs. 2 kommen, wenn der Öltank auf einem anderen Grundstück vergraben ist, so dass er iSv § 94 Abs. 1 mit dessen Grund und Boden fest verbunden sein könnte. Nach Auffassung des BGH wird die Vorschrift des § 94 Abs. 1 in einem solchen Fall durch die Sondervorschrift des § 94 Abs. 2 verdrängt.[17]
 Die Verbindung muss jedoch immer auf Dauer beabsichtigt sein. Durch eine nur vorübergehende Verbindung oder Einfügung wird auch die fest verbundene Sache nicht zum wesentlichen Bestandteil, § 95 Abs. 1, 2 (Scheinbestandteile).[18] Das gilt selbst dann, wenn die Sache für ihre gesamte wirtschaftliche Lebensdauer auf dem Grundstück verbleiben, aber danach abgebaut werden soll. Deshalb ist beispielsweise eine Windkraftanlage, die auf einem gepachteten Grundstück errichtet wurde und dort von Anfang an für ihre wirtschaftliche Lebensdauer von 20 Jahren betrieben und sodann abgebaut werden sollte, kein wesentlicher Bestandteil des Grundstücks.[19] |

---

14 *Wellenhofer*, SachenR, § 9 Rn. 16.
15 BeckOK BGB/*Fritzsche*, § 94 Rn. 16.
16 BGH NJW-RR 2013, 652 (653).
17 BGH NJW-RR 2013, 652 (653).
18 *Wellenhofer*, SachenR, § 9 Rn. 18.
19 BGH NJW 2017, 2099.

> **Voraussetzungen der Verbindung, § 946**
>
> *Beachte: §§ 93–95 stellen nur klar, was wesentliche Bestandteile sind, treffen aber keine Aussage über die Eigentumsverhältnisse. Diese sind in §§ 946–948 geregelt.*

Die mit dem Grundstück verbundenen wesentlichen Bestandteile fallen kraft Gesetzes mit der Verbindung in das Eigentum des Grundstückseigentümers. Der ursprüngliche Eigentümer der beweglichen Sache verliert sein Eigentum.

IV. Verbindung von beweglichen Sachen mit beweglichen Sachen, § 947

Nach § 947 Abs. 1 werden die bisherigen Eigentümer zu Miteigentümern, wenn **mehrere bewegliche Sachen** derart miteinander verbunden werden, dass sie **wesentliche Bestandteile (§ 93)** einer **einheitlichen beweglichen Sache** werden. Die Eigentumsanteile bestimmen sich nach dem Verhältnis des Wertes der ursprünglichen Sachen.

Nach § 947 Abs. 2 erlangt dagegen der Eigentümer einer beweglichen Sache (Hauptsache) durch die Verbindung auch das Eigentum an einer anderen beweglichen Sache, wenn diese **wesentlicher Bestandteil (§ 93)** der **Hauptsache** wird. Hierbei entsteht also keine neue Sache.

Im Zusammenhang mit § 947 Abs. 2 ergibt sich die interessante Frage, ob die Vorschrift analoge Anwendung auf Fälle der Organimplantation findet.

Beispiel: Der ahnungslose A wird auf dem nächtlichen Heimweg von dem Unbekannten U betäubt. Als er wieder aufwacht, hat er starke Schmerzen, weil ihm eine Niere geraubt wurde. Diese wird auf dem Schwarzmarkt verkauft und dem vom Nierenversagen bedrohten N implantiert. Hat A gegen N einen Anspruch auf Geldentschädigung nach §§ 951 Abs. 1 S. 1, 947 Abs. 2 analog? – Die Niere ist zunächst als Teil des menschlichen Organismus des A keine Sache iSv § 90. Mit der Entnahme erfährt sie jedoch eine Sacheigenschaft und fällt nach § 953 analog in das Eigentum des A.[20] Allerdings wird diese Sache im vorliegenden Fall nicht mit einer anderen beweglichen Sache verbunden, sondern in einen menschlichen Körper implantiert. Dadurch verliert sie wiederum ihre Sacheigenschaft, weil sie ein Teil des menschlichen Organismus des N wird. Der Wortlaut des § 947 Abs. 2 passt also in doppelter Hinsicht nicht. Damit A nicht schutzlos gestellt ist, erscheint eine analoge Anwendung von §§ 951 Abs. 1 S. 1, 947 Abs. 2 dennoch interessengerecht.[21]

> **Exkurs: Wesentliche Bestandteile einer beweglichen Sache, § 93**
>
> Wesentliche Bestandteile einer Sache sind solche, die nur derart voneinander getrennt werden können, dass ein Bestandteil oder die Restsache zerstört oder im Wesen verändert wird.
>
> Ob die bisherige Gesamtsache in ihrem Wesen oder ihrem wirtschaftlichen Zweck zerstört oder verändert wird, ist unerheblich.[22]

---

20 MüKo/*Oechsler*, § 953 Rn. 5.
21 Vgl. LG Mainz BeckRS 1984, 04259 zu einem Herzschrittmacher.
22 Jauernig/*Mansel*, § 93 Rn. 3; Schulze ua/*Dörner*, § 93 Rn. 3.

> **Exkurs: Wesentliche Bestandteile einer beweglichen Sache, § 93**
>
> Beispiele:
> - Kein wesentlicher Bestandteil: Der serienmäßig hergestellte Motor für einen Wagen[23], auch als Austauschmotor[24]
> - Wesentlicher Bestandteil: Lack auf einem Wagen, ein auf einer Plakatwand aufgeklebtes Plakat

18 *Beispiele zur Abgrenzung von § 947 Abs. 1 und 2:*[25]

- Der Lack, mit dem Gartenmöbel angestrichen werden, wird wesentlicher Bestandteil der Gartenmöbel als Hauptsache. Nach § 947 Abs. 2 erwirbt der Eigentümer der Gartenmöbel auch das Eigentum an dem Lack.
- Ebenso wird der Eigentümer eines PKWs gemäß § 947 Abs. 2 zum Eigentümer eines Kotflügels, der dem PKW angeschweißt wird.
- Mehrere Bretter, die zu einer Kiste zusammengefügt werden, werden wesentliche Bestandteile einer einheitlichen, hier neuen Sache. Nach § 947 Abs. 1 werden die Eigentümer der Bretter zu Miteigentümern, sofern nicht § 950 eingreift, **der** § 947 verdrängt.

V. Vermischung von beweglichen Sachen, § 948

19 Eine Vermischung liegt nach § 948 vor, wenn **bewegliche Sachen** miteinander derart vereinigt werden, dass ihre **Trennung entweder objektiv unmöglich** (§ 948 Abs. 1) oder nur mit **unverhältnismäßigem Aufwand** möglich ist (§ 948 Abs. 2).

20 Beispielhaft für eine Vermischung ist der Fall, dass A und B mehrere 1-Euro-Münzen in eine gemeinsame Kasse legen oder zwei zuvor getrennte Flüssigkeiten in einen Topf gegossen werden. Ebenso liegt eine Vermischung vor, wenn ein Heizölieferant das Öl, an dem er sich das Eigentum vorbehalten hat, in den noch halb gefüllten Öltank des Käufers füllt.[26]

21 Zur Rechtsfolge verweist § 948 Abs. 1 auf § 947: Die Eigentümer der vermischten Sachen erwerben also grundsätzlich Miteigentum nach Bruchteilen an der einheitlichen Sache entsprechend dem Wert der bisherigen eigenen Sachen. Ist allerdings eine der vermischten Sachen als Hauptsache anzusehen, erwirbt der bisherige Eigentümer der Hauptsache Alleineigentum an den vermischten Sachen.

22 Somit werden A und B, die ihre Münzen in die Kasse gelegt haben, Miteigentümer nach Bruchteilen an dem Geld in der Kasse. Der jeweilige Anteil richtet sich danach, wie viel Geld von den beiden jeweils in die Kasse gelegt wurde. Das gleiche gilt für die Flüssigkeiten in dem Topf und das Öl im Öltank. Hier richten sich die Eigentumsanteile nach dem Wert der bisherigen Sachen. Bei dem Auffüllen des halb gefüllten Öltanks werden Käufer und Lieferant also jeweils zur Hälfte Miteigentümer.

---

23 BGHZ 18, 226 (229).
24 BGHZ 61, 81 f.
25 *Wellenhofer*, SachenR, § 9 Rn. 23 f.
26 *Wellenhofer*, SachenR, § 9 Rn. 26 f.

VI. Ausgleich für den Rechtsverlust, § 951

Die §§ 946–950 muten dem Eigentümer den Verlust seines Eigentums zu. **§ 951 Abs. 1** sieht als Ersatz für den eingetretenen Rechtsverlust einen **Ausgleichsanspruch in Geld** vor. In diesem Geldanspruch besteht der im Eigentum verkörperte Wert weiter fort (**Rechtsfortwirkungsanspruch**).[27]

§ 951 Abs. 1 S. 1 verweist auf die Vorschriften über die Herausgabe einer ungerechtfertigten Bereicherung. Hierbei handelt es sich um eine **Rechtsgrundverweisung**, das heißt, es sind nicht nur die Rechtsfolgen der §§ 818, 819 einschlägig, sondern auch die Voraussetzungen des Bereicherungsrechts aus **§ 812 Abs. 1 S. 1, 2. Var.** zu prüfen.[28]

Bei dem Anspruch aus § 951 Abs. 1 S. 1 handelt es sich nach herrschender Meinung um einen Fall der **Eingriffskondiktion**, nicht der Leistungskondiktion, da Berechtigter und Verpflichteter allein nach den Kriterien des Rechtsverlustes und Rechtserwerbs bestimmt werden, ohne Rücksicht auf etwaige Leistungsbeziehungen.[29] Damit ist das entscheidende Kriterium der Anwendbarkeit von § 951 **das Fehlen einer durchgängigen Leistungskette, die ununterbrochen vom Rechtsverlierer zum Rechtserwerber führt** (**Vorrang der Leistungsbeziehungen**).[30] Das heißt, schon eine Unterbrechung der Leistungskette vom (Rechts-) Verlierer zum (Rechts-) Gewinner führt zur Anwendbarkeit des § 951. Liegt dagegen eine durchgängige Leistungskette vor, erfolgt der Ausgleich über vertragliche Ansprüche oder die bereicherungsrechtliche Leistungskondiktion.

Hierzu folgende *Beispiele*:

1. Leistung **mit Rechtsgrund** (vertragliche Ansprüche)

Wenn der Einbau von Teilen in ein Gebäude aufgrund eines Vertrages zwischen dem Bauunternehmer und dem Eigentümer des Gebäudes vorgenommen wird, wird ein gemäß § 946 eintretender Eigentumsverlust des Unternehmers an den eingebauten Teilen durch den Vergütungsanspruch aus dem Vertrag (zB § 631 Abs. 1) ausgeglichen. Ein Anspruch aus § 951 ist nicht gegeben.

Dasselbe gilt, wenn noch eine dritte Person vertraglich in die Leistungskette einbezogen ist. Wenn beispielsweise ein Lieferant die eingebauten Teile aufgrund eines Kaufvertrages an den Bauunternehmer unter einem Eigentumsvorbehalt liefert und der Bauunternehmer diese aufgrund eines Werkvertrages in das Gebäude des Rechtserwerbers einbaut, wird der Rechtsverlust des Lieferanten durch die Kaufpreisforderung gegen den Bauunternehmer ausgeglichen (§ 433 Abs. 2). Dieser hat wiederum einen Vergütungsanspruch gegen den Rechtserwerber (§ 631 Abs. 1). Auch hier besteht kein Anspruch nach § 951 des Lieferanten gegen den Rechtserwerber.[31]

2. Leistung **ohne Rechtsgrund** (Leistungskondiktion)

Wenn in dem obigen Beispiel einer der Verträge oder sogar beide Verträge unwirksam sind, liegt ein Fall der Leistungskondiktion vor.

---

27 *Wellenhofer*, SachenR, § 10 Rn. 1.
28 BGHZ 17, 236 (238 f.); Staudinger BGB/*Wiegand/Gursky*, § 951 Rn. 1; MüKo BGB/*Füller*, § 951 Rn. 3.
29 BeckOK BGB/*Kindl*, § 951 Rn. 2; *Wellenhofer*, Sachenrecht, § 10 Rn. 4; MüKo BGB/*Füller*, § 951 Rn. 3.
30 Vgl. dazu Jauernig/*Berger*, § 951 Rn. 6–16.
31 Jauernig/*Berger*, § 951 Rn. 8.

30 Wurde beispielsweise der Kaufvertrag zwischen dem Lieferanten und dem Bauunternehmer wirksam angefochten und hat der Bauunternehmer die Teile aufgrund eines Werkvertrages bei dem Rechtserwerber eingebaut, hat der Unternehmer gegen den Rechtserwerber einen Vergütungsanspruch aus § 631 Abs. 1 und der Lieferant gegen den Unternehmer einen Anspruch auf Wertersatz gemäß §§ 812 Abs. 1 S. 1, 1. Var., 818 Abs. 2.

31 Wenn beide Verträge unwirksam sind, ist ein Ausgleichsanspruch aus § 812 Abs. 1 S. 1, 1. Var. zwischen den jeweiligen Vertragspartnern gegeben.

32 Auch hier besteht kein Anspruch des Lieferanten gegen den Rechtserwerber aus § 951.[32]

3. Rechtsgrundloser Eingriff, § 951

33 Ein Fall von § 951 ist dagegen dann gegeben, wenn eine wirksame oder unwirksame Leistungskette zwischen dem (Rechts-) Verlierer und dem (Rechts-) Gewinner ganz oder zum Teil fehlt.

34 Wenn der Dieb das gestohlene Rind zu Fleischkonserven verarbeitet, wird er gemäß § 950 Eigentümer der Konserven kraft Gesetzes und der Bestohlene verliert sein Eigentum. Eine Leistungsbeziehung liegt nicht vor, weil das Rind dem Dieb nicht bewusst und zweckgerichtet überlassen wurde. Hier hat der Bestohlene gegen den Dieb einen Ausgleichsanspruch aus § 951 Abs. 1 S. 1 in Höhe des Wertes des Rindes.

35 Dasselbe gilt, wenn der Dieb das gestohlene Rind (unwirksam, § 935) weiterveräußert an den Metzger M, der das Rind zu Fleischkonserven verarbeitet. Hier hat der Bestohlene einen Ausgleichsanspruch aus § 951 Abs. 1 S. 1 gegen M, der das Eigentum an den Fleischkonserven gemäß § 950 erlangt hat. Die Leistungsbeziehung zwischen dem Dieb und dem Metzger (Gewinner) nützt diesem nichts, weil sie nicht durchgängig bis zu dem Bestohlenen (Verlierer) reicht. Der Dieb hat keinerlei Leistungsbeziehung zum Bestohlenen.[33]

Es ergeben sich also folgende

36
Voraussetzungen des Ausgleichsanspruchs nach § 951 Abs. 1 S. 1
1. Rechtsverlust infolge der Vorschriften der §§ 946–950
2. Weitere Voraussetzungen des § 812 Abs. 1 S. 1, 2.Var.   a) Etwas erlangt (Gewinner)   b) Infolge der §§ 946 ff. und somit in sonstiger Weise auf Kosten des bisherigen Rechtsinhabers (Verlierers)   c) Ohne Rechtsgrund

---

32 Jauernig/Berger, § 951 Rn. 12.
33 S. dazu den sog. „Jungbullenfall": BGHZ 55, 176 ff.; Jauernig/Berger, § 951 Rn. 13 f.

Voraussetzungen des Ausgleichsanspruchs nach § 951 Abs. 1 S. 1
3. Kein Fall der Leistungskondiktion (wegen der Subsidiarität der Eingriffskondiktion) *D.h.: **Keine durchgängige Leistungskette vom (Rechts-) Verlierer zum (Rechts-) Gewinner*** 4. Keine Entreicherung, § 818 Abs. 3; beachte auch § 819
Rechtsfolge: § 951 Abs. 1 S. 1 ist auf Geld gerichtet, also auf Wertersatz iSv § 818 Abs. 2. Die Höhe des Anspruchs richtet sich nach dem Wert der früheren Sache im Zeitpunkt des Rechtsverlustes.[34]

---

[34] MüKo BGB/*Füller*, § 951 Rn. 25.

§ 4 Überblick über die sonstigen gesetzlichen Erwerbstatbestände

I. Eigentumserwerb an Erzeugnissen (sog. Fruchterwerb) und Bestandteilen, §§ 953 ff.

1 Vor der Trennung sind Erzeugnisse (Früchte, § 99) wesentliche Bestandteile der beweglichen oder unbeweglichen Muttersache. So sind beispielsweise Obst und Getreide wesentliche Bestandteile eines Grundstücks und das Kalb im Mutterleib ist wesentlicher Bestandteil der Kuh. Daraus folgt, dass diese Erzeugnisse zunächst sonderrechtsunfähig sind (§§ 93, 94 iVm §§ 947, 946).[1]

2 Erst durch die Trennung – egal, wer getrennt hat – werden die Erzeugnisse selbstständige Sachen und damit sonderrechtsfähig (zB durch Mähen des Getreides oder Kalben der Kuh).[2] Das Gesetz entscheidet in §§ 953 ff., wem die abgetrennten Sachen gehören.

3 **Grundsätzlich** gehören die Sachen dem **Eigentümer der Muttersache, § 953**. Diesem gehen jedoch nach §§ 954–957 in aufsteigender Reihenfolge vor:[3]

1. Der wirkliche **dinglich Fruchtziehungsberechtigte, § 954**
   Bsp.: Sachnießbraucher, § 1030
2. Diesem wiederum der **scheinbar dinglich Fruchtziehungsberechtigte (gutgläubiger Eigenbesitzer), § 955**
   Bsp.: Der vermeintliche Erwerber einer fehlgeschlagenen Übereignung oder der vermeintlich Berechtigte einer fehlgeschlagenen Nießbrauchsbestellung
3. Diesem wiederum derjenige, dem von einem nach §§ 953–955 Berechtigten die **Fruchtziehung schuldrechtlich gestattet wurde und der im Besitz der Sache ist, § 956**
   Bsp.: Pächter
4. Zuletzt derjenige, dem **von einem nur scheinbar nach §§ 953–955 Berechtigten die Fruchtziehung schuldrechtlich gestattet wurde und der insoweit gutgläubig ist, § 957**
   Bsp.: Pachtvertrag mit einem Dieb

4 Daraus ergibt sich, dass die Prüfung des Eigentumserwerbs von getrennten Erzeugnissen und sonstigen Bestandteilen – zumindest gedanklich – bei § 957 beginnt und schrittweise auf § 953 zurückführt.

---

1 Jauernig/*Berger*, Vor §§ 953 ff. Rn. 1; *Groß* GRUR 1952, 452 f.
2 Jauernig/*Berger*, Vor §§ 953 ff. Rn. 2.
3 BeckOK BGB/*Kindl*, § 953 Rn. 3; Jauernig/*Berger*, § 953 Rn. 1.

II. Ersitzung, § 937

Zum Eigentumserwerb durch Ersitzung sind nach § 937 folgende Voraussetzungen erforderlich:

Voraussetzungen der Ersitzung, § 937
1. Bewegliche Sache
2. Eigenbesitz, § 872 *Dh der Besitzer glaubt zu Unrecht, Eigentum erlangt zu haben (zB an einer abhanden gekommenen Sache, § 935).*
3. Bei Besitzerwerb Gutgläubigkeit iSv § 932 Abs. 2 und keine nachträgliche Kenntnis des fremden Eigentums, § 937 Abs. 2
4. Ablauf der 10 Jahre Ersitzungsfrist unter Berücksichtigung der §§ 938 ff.

III. Aneignung herrenloser Sachen, §§ 958 ff.

Herrenlose Sachen, das heißt Sachen in niemandes Eigentum, sind neben **wilden Tieren** (§§ 960 ff.) vor allem Sachen, deren **Eigentum der frühere Eigentümer nach § 959 aufgegeben** hat (sog. Dereliktion). *Siehe dazu Voraussetzungen der Dereliktion, § 2 Rn. 22.*

Aneignung ist die **Begründung von Eigenbesitz** (§ 872) **an einer herrenlosen beweglichen Sache** durch Realakt, § 958 Abs. 1. Der Besitzerwerbswille ist ein natürlicher und kein rechtsgeschäftlicher Wille, das heißt die Geschäftsfähigkeit des Erwerbers ist nicht erforderlich.[4]

Ein Sonderfall der Aneignung ist der **Schatzfund**, § 984. Der Schatz, in § 984 legaldefiniert, ist eine Sache, die solange verborgen war, dass der Eigentümer nicht zu ermitteln ist. Eigentümer eines Schatzes werden **zur Hälfte der Entdecker**, der den Schatz als erster in Besitz genommen hat (egal, ob aufgrund erlaubter oder unerlaubter Handlung),[5] und **zur anderen Hälfte der Eigentümer der Sache, in der der Schatz verborgen war** (sog. Eigentümeranteil).[6]

---

[4] Schulze ua/*Schulte-Nölke*, § 958 Rn. 2.
[5] *Koch* NJW 2006, 557 (558).
[6] BeckOK BGB/*Kindl*, § 984 Rn. 5.

§ 5 Dritter Fall „Waschsalon" mit Exkurs zum Pfandrecht an beweglichen Sachen

I. Schwerpunkte

1 Der Fall „Waschsalon" enthält folgende Themenschwerpunkte:

- Eigentumsvorbehalt, § 449 Abs. 1 iVm §§ 929 S. 1, 158 Abs. 1
- Eigentumsverlust durch Verbindung mit einem Grundstück, § 946
- Pfandrecht als Recht zum Besitz iSd § 986 Abs. 1
- Gutgläubiger Erwerb gesetzlicher Pfandrechte
- Anwartschaftsrecht als wesensgleiches Minus zum Eigentum

II. Sachverhalt[1]

2 A will einen Waschsalon eröffnen. Er mietet geeignete Räume bei V und lässt sich Waschmaschinen von L liefern, der sich das Eigentum an den Maschinen bis zur vollständigen Zahlung des Kaufpreises vorbehält. Die Maschinen werden auf Zementsockeln fest in den gemieteten Räumen eingebaut. Da der Waschsalon nicht floriert und A immer mehr in Schulden gerät, verlässt er den Betrieb und ist seitdem nicht mehr auffindbar. V verwaltet daraufhin die verlassenen Räume wieder selbst.

3 Nun erklärt L den Rücktritt vom Kaufvertrag und verlangt von V die Herausgabe der Waschmaschinen, da der Kaufpreis noch nicht bezahlt ist. Dieser weigert sich und meint, er sei zumindest berechtigt, sich wegen einer Mietzinsforderung gegen A an den Maschinen schadlos zu halten. Außerdem müsse L für die Wiederherstellung der Räume aufkommen.

4 Hat L gegen V einen Anspruch auf Herausgabe der Waschmaschinen?

III. Lösungsvorschlag

5 L könnte gegen V einen Anspruch auf Herausgabe der Waschmaschinen aus § 985 haben.

6 1. V ist **Besitzer** der Waschmaschinen, § 854 Abs. 1.

7 2. Fraglich ist, ob L deren **Eigentümer** ist. **Ursprünglich** hatte L das Eigentum an den Waschmaschinen inne.

a) Verlust durch Übereignung an A

8 L könnte sein Eigentum jedoch gemäß § 929 S. 1 durch Übereignung an A verloren haben. Allerdings hat sich L das Eigentum an den Maschinen bis zur vollständigen Zahlung des Kaufpreises vorbehalten. Nach § 449 Abs. 1 steht somit die Einigung, der nach § 929 S. 1 für die Übereignung erforderliche dingliche Verfügungsvertrag, unter der aufschiebenden Bedingung vollständiger Kaufpreiszahlung. Diese Bedingung ist

---

1 *Eckert/Hattenhauer*, 75 Klausuren aus dem BGB, Fall 49.

nicht eingetreten, so dass die Einigung und damit die Übereignung nicht wirksam geworden ist, § 158 Abs. 1.

b) Gesetzlicher Eigentumsverlust nach § 946

Ein Eigentumsverlust des L könnte sich jedoch aus § 946 ergeben. Dazu müssten die Waschmaschinen als bewegliche Sachen derart mit dem Grundstück des V verbunden worden sein, dass sie zu dessen **wesentlichen Bestandteilen gemäß § 94** wurden.

Die Maschinen wurden nicht direkt mit dem Grundstück verbunden, sondern in ein darauf stehendes Gebäude eingebaut, das gemäß § 94 Abs. 1 S. 1 seinerseits wesentlicher Bestandteil des Grundstücks ist. Wesentliche Bestandteile eines Gebäudes sind gleichzeitig wesentliche Bestandteile des Grundstücks, auf dem sich das Gebäude befindet, wenn das Gebäude seinerseits wesentlicher Bestandteil des Grundstücks ist.[2] Fraglich ist somit, ob die Waschmaschinen nach § 94 Abs. 2 wesentliche Bestandteile des Gebäudes wurden.

Die Einordnung als wesentlicher Bestandteil setzt allerdings denklogisch voraus, dass es sich bei den Waschmaschinen überhaupt um Bestandteile des Gebäudes handelt. Keine Bestandteile sind gemäß **§ 95 Abs. 2** solche Sachen, die nur zu einem vorübergehenden Zweck in das Gebäude eingefügt wurden. Es handelt sich um sog. **Scheinbestandteile**, die nach den Regeln über bewegliche Sachen behandelt werden.[3] Ein **vorübergehender Zweck** ist dann zu bejahen, wenn die spätere **Trennung** von Sache und Gebäude **von vornherein gewollt** und dieser Wille mit dem äußeren Geschehen vereinbar ist.[4] Entscheidend ist der Wille des Einfügenden zum Zeitpunkt der Vornahme des Einbaus.[5]

Die Einfügung der Maschinen wurde durch A als **Mieter** vorgenommen. Wie sich schon aus § 535 Abs. 1 ergibt, ist der Mietvertrag durch die nur **zeitweilige Überlassung** einer Sache gekennzeichnet.[6] Daher ist bei einer Einfügung durch den Mieter zu vermuten, dass die Sache nur für einen vorübergehenden Zweck eingefügt wird.[7] Da es auf den Willen zum Zeitpunkt des Einbaus ankommt, ist es unbeachtlich, dass A die Waschmaschinen nun wohl nicht mehr entnehmen will.

Die Waschmaschinen wurden somit gemäß § 95 Abs. 2 nicht zu Bestandteilen des Gebäudes und damit nicht wesentliche Bestandteile des Grundstücks. Ein Eigentumsverlust des L gemäß § 946 ist nicht eingetreten.

L ist weiterhin Eigentümer der Waschmaschinen.

3. Kein Recht zum Besitz, § 986 Abs. 1 S. 1

Fraglich ist, ob V die Herausgabe der Waschmaschinen gemäß § 986 aufgrund eines ihm zustehenden Besitzrechts verweigern kann. In Betracht kommt vorliegend allein ein eigenes Besitzrecht des V gemäß § 986 Abs. 1 S. 1, 1. Var.

---

2 Jauernig/*Mansel*, § 94 Rn. 4; MüKo BGB/*Stresemann*, § 94 Rn. 20.
3 *Baur/Stürner*, SachenR, § 3 Rn. 15.
4 BGHZ 54, 208 (210); 104, 298 (301).
5 BeckOK BGB/*Fritzsche*, § 95 Rn. 4; Palandt/*Ellenberger*, § 95 Rn. 2, 4.
6 *Looschelders*, SchuldR BT, Rn. § 22 Rn. 1.
7 Vgl. bzgl. Pachtverträgen: BGHZ 104, 298 (301).

a) Vermieterpfandrecht, § 562

16 Ein Recht zum Besitz könnte sich aus einem Vermieterpfandrecht des V gemäß § 562 ergeben.

17
> **Exkurs: Das Pfandrecht an beweglichen Sachen**
>
> **I. Grundlagen**
>
> Das Pfandrecht an beweglichen Sachen ist ein **Sicherungsrecht** für den Gläubiger zur Absicherung einer Forderung gegen den Schuldner. Man unterscheidet drei Arten des Pfandrechts an beweglichen Sachen, je nach ihrer Entstehung:
>
> 1. **Rechtsgeschäftlich** bestellte Pfandrechte, §§ 1204 ff.
> 2. **Gesetzliche** Pfandrechte, zB §§ 562, 647
> 3. **Pfändungspfandrechte** im Wege der Zwangsvollstreckung, §§ 803, 804, 808 ZPO
>
> Das Pfandrecht räumt dem Pfandgläubiger ein **dingliches Verwertungsrecht** an der verpfändeten Sache ein, das heißt, **die Sache haftet** für die zugrunde liegende Forderung, vgl. §§ 1228 Abs. 1, 1204 Abs. 1. Durch das Pfandrecht wird kein Zahlungsanspruch, sondern ein **Duldungsanspruch** begründet. Der Verpfänder muss die Befriedigung des Pfandgläubigers aus der Sache dulden, § 1204 Abs. 1.
>
> Das Pfandrecht ist **streng akzessorisch**, vgl. §§ 1204, 1250, 1252. Ohne eine zu sichernde Forderung kann ein Pfandrecht nicht bestehen, vgl. § 1204. Daher erlischt es zusammen mit der gesicherten Forderung, § 1252. Die Übertragung eines Pfandrechts kann nur durch Übertragung der gesicherten Forderung erfolgen, § 1250.
>
> Problematisch sind Fälle, in denen zwischen dem Verpfänder/Eigentümer der Sache und dem Schuldner der Sicherungsforderung keine Personenidentität besteht. Zahlt **der Schuldner auf die persönliche Forderung**, bleibt es bei der Wirkung des § 1252, das Pfandrecht erlischt. Befriedigt demgegenüber der **Verpfänder den Pfandgläubiger**, geht die Sicherungsforderung gemäß **§ 1225 S. 1** im Wege einer cessio legis auf den Verpfänder über. Damit würde das Pfandrecht grundsätzlich gemäß **§ 401** ebenfalls auf den Verpfänder übergehen. Allerdings erlischt es dann gemäß **§ 1256 Abs. 1 S. 1** durch Vereinigung mit dem Eigentum in derselben Person.
>
> **II. Entstehung von Pfandrechten**
>
> Je nach Art des Pfandrechts gelten unterschiedliche Voraussetzungen für die Entstehung:
>
> 1. Der Ersterwerb (Bestellung) des **rechtsgeschäftlich bestellten Pfandrechts** nach §§ 1204 ff. (sog. Faustpfandrecht) erfolgt durch:
>   a) **Einigung** zwischen Verpfänder und Pfandgläubiger, § 1205 Abs. 1
>   b) **Besitzverschiebung** vom Verpfänder auf den Pfandgläubiger:
>   – Durch **Übergabe** der Sache, **§ 1205 Abs. 1 S. 1** (entsprechend § 929 S. 1), es sei denn, der Gläubiger ist bereits im unmittelbaren Besitz der Sache, **§ 1205 Abs. 1 S. 2** (entsprechend § 929 S. 2)
>   – Falls der Eigentümer mittelbarer Besitzer ist: Durch **Abtretung des Herausgabeanspruchs** des mittelbar besitzenden Verpfänders an den Pfandgläubiger (§ 870) und zusätzliche Anzeige der Verpfändung an den unmittelbaren Besitzer, **§ 1205 Abs. 2** (entsprechend § 931)
>
>   *Beachte: Eine **Pfandrechtsbestellung durch Besitzkonstitut** (entsprechend § 930) ist nicht möglich. Der Grund dafür liegt darin, dass die Pfand-*

Exkurs: Das Pfandrecht an beweglichen Sachen

rechtsbestellung für andere Gläubiger äußerlich ausnahmslos durch eine Besitzverschiebung erkennbar sein muss.[8]

c) Bestand der **zu sichernden Forderung** (Grundsatz der **Akzessorietät**)

Nach § 1204 Abs. 2 kann das Pfandrecht auch für **künftige oder bedingte** Forderungen bestellt werden.

d) **Berechtigung** des Verpfänders

Soweit der Verpfänder nicht verfügungsberechtigt ist, **gelten gemäß § 1207 die Vorschriften der §§ 932, 934, 935** *über den gutgläubigen Erwerb. Da eine Pfandrechtsbestellung durch Besitzkonstitut entsprechend § 930 nicht möglich ist, scheidet auch ein gutgläubiger Pfandrechtserwerb entsprechend § 933 aus.*

2. Das **gesetzliche Pfandrecht** entsteht ohne Willenseinigung der Parteien, wenn ein gesetzlicher Entstehungstatbestand erfüllt ist. Gemäß **§ 1257** sind dann die Regeln über das rechtsgeschäftliche Pfandrecht entsprechend anzuwenden. Man unterscheidet zwischen:

a) **Besitzpfandrechten,** bei denen das Pfandrecht an den Besitz des Gläubigers geknüpft ist

Beispiele:
- *Werkunternehmerpfandrecht, § 647*
- *Pfandrecht des Kommissionärs, § 397 HGB*
- *Pfandrecht des Frachtführers, § 441 HGB*

b) **Besitzlosen Pfandrechten,** bei denen der Gläubiger nicht Besitzer der Pfandsache zu sein braucht

Beispiele:
- *Vermieterpfandrecht, § 562*
- *Pfandrecht des Gastwirtes, § 704*
- *Zur umstrittenen Frage des gutgläubigen Erwerbs gesetzlicher Pfandrechte siehe den gesonderten Exkurs unten Rn. 27. –*

3. Das **Pfändungspfandrecht gemäß §§ 803 ff. ZPO** entsteht im Wege der Zwangsvollstreckung.

Auf der Grundlage eines Zahlungstitels gegen den Schuldner kann der Gerichtsvollzieher gemäß § 808 ZPO grundsätzlich alle im Gewahrsam des Schuldners befindlichen Sachen durch Inbesitznahme pfänden. Aufgrund der Pfändung erwirbt der Gläubiger gemäß § 804 ZPO ein Pfandrecht.

III. Verwertung des Faustpfandrechts

1. Im Regelfall, das heißt **ohne Duldungstitel gegen den Eigentümer** der Pfandsache, kann der Gläubiger bei Fälligkeit der Forderung die Sache gemäß **§ 1228** durch **Pfandverkauf** verwerten und den Erlös zur Tilgung der Forderung einbehalten, **§ 1247 S. 1.** Die Ausführung des Verkaufs richtet sich gemäß **§ 1233 Abs. 1** nach **§§ 1234 ff.** Nach **§ 1235 Abs. 1** erfolgt der Verkauf grundsätzlich im **Wege der öffentlichen Versteigerung (§ 383 Abs. 3)**, das heißt durch einen zur Versteigerung befugten Beamten durch Zuschlag (§ 156 S. 1). Wenn der Pfandverkauf nach den §§ 1234 ff. rechtmäßig erfolgt ist, **erlangt der Ersteher über §§ 929 ff. gemäß § 1242 Abs. 1 S. 1 das Eigentum an der Pfandsache,**[9] wobei

---

8 *Wellenhofer,* SachenR, § 16 Rn. 13.
9 Palandt/*Wicke,* § 1242 Rn. 1 f.

> **Exkurs: Das Pfandrecht an beweglichen Sachen**
>
> §§ 932–935 unanwendbar sind. Andere dingliche Rechte an der Sache erlöschen gemäß § 1242 Abs. 2.
>
> 2. Hat der Pfandgläubiger einen **Duldungstitel gegen den Eigentümer** *(nicht gegen den Schuldner)*, kann er den Verkauf auch nach den Vorschriften für den Verkauf gepfändeter Sachen bewirken lassen, **§ 1233 Abs. 2**. Diese Vorschrift verweist insbesondere auf **§ 814 ZPO** bzgl. der öffentlichen Versteigerung gepfändeter Sachen durch den Gerichtsvollzieher.

aa) Anwendbarkeit des § 562

18 Die Vorschrift des § 562 befindet sich im zweiten Untertitel des Mietrechts, der, wie aus der Überschrift ersichtlich, nur für Mietverhältnisse über Wohnraum gilt. Allerdings ist § 562 gemäß **§ 578 Abs. 1, 2** auch auf Mietverhältnisse über andere Räume anwendbar.

bb) Bestehen einer Forderung aus dem Mietverhältnis

19 Das Vermieterpfandrecht dient der Sicherung aller Forderungen des Vermieters aus dem Mietverhältnis, einschließlich künftiger Mietzinsforderungen, vgl. § 562 Abs. 2.[10]

20 Im vorliegenden Fall bestehen jedenfalls noch Mietzinsforderungen des V gegen A, die das Bestehen eines Pfandrechts rechtfertigen würden.

21 Fraglich ist, ob A – nicht L, wie V meint – darüber hinaus für die Wiederherstellung der Räume aufkommen muss, so dass auch eine solche Forderung durch ein eventuell bestehendes Vermieterpfandrecht gesichert sein könnte. Aus § 539 Abs. 2 ergibt sich ein Recht des Mieters, eingebrachte Einrichtungen wegzunehmen. Tut er dies, so muss er gemäß § 258 S. 1 die Räume auf seine Kosten in den vorigen Zustand versetzen. Allerdings folgt aus § 539 Abs. 2 lediglich ein Recht des A, nicht aber eine Pflicht zur Wegnahme der Waschmaschinen. Eine solche ergibt sich jedoch aus § 546 Abs. 1. Die Rückgabepflicht des Mieters umfasst nämlich die Pflicht zur Wiederherstellung des ursprünglichen Zustandes und damit zur Entfernung von eingebrachten Einrichtungen.[11] Folglich würde ein Vermieterpfandrecht auch die Forderung auf Wiederherstellung der Räume des V gegen A umfassen.

cc) Waschmaschinen als eingebrachte Sachen iSd § 562

22 Weiterhin müsste es sich bei den Waschmaschinen um eingebrachte Sachen iSd § 562 handeln.

23
> **Eingebracht** iSv § 562 sind Sachen, die der Mieter willentlich nicht nur vorübergehend in die Miträume geschafft hat. Dabei handelt es sich um einen Realakt, so dass die Geschäftsfähigkeit des Einbringenden keine Rolle spielt.[12]

24 L hat die Waschmaschinen willentlich in die Miträume geschafft und somit eingebracht.

---

10 Jauernig/*Teichmann*, § 562 Rn. 2.
11 Palandt/*Weidenkaff*, § 546 Rn. 6.
12 *Looschelders*, SchuldR BT, § 23 Rn. 6.

dd) Eigentum des Mieters an den eingebrachten Sachen

§ 562 verlangt ferner, dass es sich um **Sachen des Mieters** handelt. Allerdings standen die Waschmaschinen aufgrund des Eigentumsvorbehalts des L nie im Eigentum des A. V konnte daher grundsätzlich kein Pfandrecht an den Waschmaschinen erwerben.

In Betracht kommt ein **gutgläubiger Erwerb** des Vermieterpfandrechts gemäß §§ 1257, 1207, 932 ff. Der gutgläubige Erwerb des Vermieterpfandrechts ist aber **nach allgemeiner Ansicht ausgeschlossen**. Es handelt sich um ein **besitzloses Pfandrecht**, so dass keine Vergleichbarkeit mit der Lage der §§ 1207, 932 ff. besteht. Denn dort wird der gutgläubige Erwerb durch die Besitzverschaffung seitens des Nichtberechtigten als Rechtsscheinbasis legitimiert, vgl. § 1006 Abs. 1 S. 1.[13]

Exkurs: Gutgläubiger Erwerb gesetzlicher Pfandrechte

1. Besitzlose gesetzliche Pfandrechte

Der gutgläubige Erwerb **besitzloser** gesetzlicher Pfandrechte ist nach allgemeiner Auffassung **nicht möglich**. Es mangelt an einer Rechtsscheinbasis durch Besitzverschaffung.

2. Besitzpfandrechte

Umstritten ist die Möglichkeit des gutgläubigen Erwerbs von gesetzlichen **Besitzpfandrechten**. Von Bedeutung ist dies vor allem für das Werkunternehmerpfandrecht gemäß § 647. Entsteht ein solches auch, wenn die in den Besitz des Unternehmers gelangte Sache (etwa das zu reparierende Auto) nicht dem Besteller gehört?

Nach **einer Ansicht** trifft dies unter den Voraussetzungen der §§ 1207, 932 zu. § 366 Abs. 3 HGB zeige, dass ein **gutgläubiger Erwerb** von gesetzlichen Besitzpfandrechten **möglich** ist.[14]

Der **BGH** und ein Teil der Literatur verweisen dagegen zu Recht auf den **Wortlaut** des § 1257, der für die Anwendbarkeit der Vorschriften über das durch Rechtsgeschäft bestellte Pfandrecht ein „entstandenes", also schon bestehendes gesetzliches Pfandrecht voraussetzt, so dass die **Vorschriften über den gutgläubigen *Erwerb* beim gesetzlichen Pfandrecht nicht gelten** können.[15] Auch sollte beachtet werden, dass das BGB – im Unterschied zum HGB – für einen gutgläubigen Erwerb ausschließlich den rechtsgeschäftlichen Weg voraussetzt.

Allerdings schützen die Vertreter der letztgenannten Ansicht den Werkunternehmer auf anderen Wegen. Der BGH löst die Problematik über § 994, indem er dem Werkunternehmer einen Anspruch auf Verwendungsersatz (und damit ein **Zurückbehaltungsrecht nach § 1000**) zugesteht, auch wenn dieser zum Zeitpunkt der Vornahme der Verwendungen noch berechtigter Besitzer war.[16]

In der Literatur wird dagegen zT vertreten, dass der wahre Eigentümer den Besteller regelmäßig zu Reparaturen ermächtige, so dass man die **§§ 183, 185 Abs. 1 auf die Entstehung des gesetzlichen Pfandrechts analog anwenden** könne.[17] Es sei so anzusehen, wie wenn die einer Verpfändung ähnliche Hingabe zur Reparatur durch die Einwilligung des Eigentümers gedeckt sei.

---

13 Statt vieler *Baur/Stürner*, SachenR, § 55 Rn. 40; StudK BGB/*Jacoby/vHinden*, § 562 Rn. 2.
14 *Baur/Stürner*, SachenR, § 55 Rn. 40; MüKo/*Damrau*, § 1257 Rn. 3.
15 BGHZ 34, 153 (155); *Looschelders*, SchuldR BT, § 33 Rn. 33; Palandt/*Wicke*, § 1257 Rn. 2.
16 BGHZ 34, 122 (127 ff.).
17 *Medicus/Petersen*, BürgerlichesR, Rn. 594 mwN.

> **Exkurs: Gutgläubiger Erwerb gesetzlicher Pfandrechte**
>
> In der Praxis vereinbaren die Werkunternehmer über ihre **AGB** neben § 647 ein inhaltsgleiches **vertragliches Pfandrecht**. In diesem Fall ist ein gutgläubiger Erwerb natürlich möglich.[18]

b) **Vermieterpfandrecht aufgrund Anwartschaftsrechts des Mieters an den eingebrachten Sachen**

28 Allerdings könnte V gemäß § 562 ein Vermieterpfandrecht an einem eventuell bestehenden Anwartschaftsrecht des A an den Waschmaschinen erworben haben. Das in Rechtsprechung und Lehre anerkannte Anwartschaftsrecht ist als gesichertes Erwerbsrecht eine Vorstufe zum Eigentum und somit ein **wesensgleiches Minus** zu diesem,[19] so dass auch der Erwerb eines Pfandrechts daran gemäß § 562 möglich ist.[20]

29
> **Voraussetzungen für das Bestehen eines Anwartschaftsrechts**
>
> Für das Bestehen eines Anwartschaftsrechts wird verlangt, dass von einem mehraktigen Erwerbstatbestand so viele Schritte erfüllt sind, dass dem Erwerber eine gesicherte Rechtsposition zusteht, die der andere Beteiligte nicht mehr einseitig zerstören kann.[21]
>
> Dafür gibt es drei typische Anwendungsfälle:
>
> 1. **Anwartschaftsrecht bei bedingtem Erwerb**
>
>   Hierunter fällt insbesondere der **Kauf unter Eigentumsvorbehalt** (§ 449), aber zB auch die **Sicherungsübereignung oder Sicherungszession**. Sind diese so ausgestaltet, dass die Rückübereignung vom Sicherungsnehmer auf den Sicherungsgeber auflösend durch die Tilgung der zu sichernden Forderung bedingt ist (§ 158 Abs. 2), so ist der Sicherungsgeber in einer ähnlichen Position wie der Vorbehaltskäufer.[22]
>
> 2. **Anwartschaftsrecht des Auflassungsempfängers vor Eintragung**
>
>   Sobald die Einigung gemäß § 873 Abs. 2 bindend geworden ist und der Eintragungsantrag gemäß § 13 GBO gestellt wurde, entsteht ein Anwartschaftsrecht für den Auflassungsempfänger.[23] Ebenso entsteht ein Anwartschaftsrecht des Auflassungsempfängers, wenn für ihn eine Auflassungsvormerkung im Grundbuch eingetragen wird.[24]
>
> 3. **Anwartschaftsrecht des Hypothekengläubigers vor Valutierung**
>
>   Gemäß §§ 1163 Abs. 1 S. 1, 1177 Abs. 1 handelt es sich vor Auszahlung des zu sichernden Darlehens („Valutierung") um eine auflösend bedingte Eigentümergrundschuld, die Hypothek als solche entsteht erst mit der Valutierung. Da der Hypothekengläubiger die Auszahlung allein in der Hand hat, steht ihm, sofern die übrigen Entstehungsvoraussetzungen der Hypothek erfüllt sind, ein Anwartschaftsrecht auf die Hypothek zu.

---

18 BGHZ 68, 323 (327).
19 BGHZ 28, 16 (21); *Wellenhofer*, SachenR, § 14 Rn. 11.
20 BGHZ 117, 200 (205 ff.); Jauernig/*Teichmann*, § 562 Rn. 3; Palandt/*Weidenkaff*, § 562 Rn. 9.
21 BGHZ 45, 186 (188 f.); StudK BGB/*Jacoby/vHinden*, § 925 Rn. 2.
22 BGH NJW 1984, 1184.
23 HM, bspw. StudK BGB/*Jacoby/vHinden*, § 925 Rn. 2.
24 BGHZ 83, 395 (399); *Wellenhofer*, SachenR, § 17 Rn. 47.

aa) Anwartschaftsrecht

Bei einem **Kauf unter Eigentumsvorbehalt** ist der Käufer durch §§ 160 Abs. 1, 162 Abs. 1, insbesondere aber durch § 161 Abs. 1, vor einer Vereitelung des Rechtserwerbs durch den Verkäufer geschützt. Daher wird der **Eigentumsvorbehaltskäufer** nach allgemeiner Ansicht als **Anwartschaftsberechtigter** angesehen.

A stand somit ein Anwartschaftsrecht an den Waschmaschinen zu, so dass an diesen gemäß § 562 zunächst ein Vermieterpfandrecht des V entstanden ist.

bb) Erlöschen des Anwartschaftsrechts durch wirksamen Rücktritt vom Kaufvertrag

Das Anwartschaftsrecht an den Waschmaschinen könnte jedoch erloschen sein. Der Natur des **Anwartschaftsrechts** nach **kann** dieses **nur existieren, solange eine Erstarkung zum Vollrecht noch möglich ist.**

Ein endgültiger Eigentumserwerb durch A könnte aber aufgrund eines wirksamen Rücktritts des L vom Kaufvertrag ausgeschlossen sein. Der Rücktritt hätte zur Folge, dass der Anspruch des Verkäufers auf die Kaufpreiszahlung erlischt, vgl. § 346 Abs. 1, so dass die vollständige Kaufpreiszahlung nicht mehr möglich wäre. Die aufschiebende Bedingung für den Eigentumserwerb nach § 158 Abs. 1 könnte nicht mehr eintreten und eine Erstarkung des Anwartschaftsrechts zum Vollrecht wäre ausgeschlossen.[25]

Fraglich ist daher, ob L wirksam vom Kaufvertrag mit A zurückgetreten ist.

(1) Rücktrittsgrund

Hierfür ist zunächst das Vorliegen eines Rücktrittsgrundes Voraussetzung. Ein solcher könnte sich aus § 323 Abs. 1, 1. Alt. ergeben. A hat die fällige Leistung der Kaufpreiszahlung nicht erbracht, so dass ein Fall der Nichtleistung vorliegt. Das grundsätzliche Erfordernis einer Fristsetzung könnte gemäß § 323 Abs. 2 Nr. 3 entbehrlich sein, wenn besondere Umstände vorliegen, die den sofortigen Rücktritt rechtfertigen. A ist unauffindbar, so dass L die Fristsetzung gegenüber A weder möglich noch zumutbar ist. Ein Rücktrittsgrund besteht somit.

(2) Rücktrittserklärung

L müsste den Rücktritt auch gegenüber A erklärt haben, § 349. Problematisch ist, dass eine entsprechende Willenserklärung des L dem A nicht zugehen konnte, da dieser unauffindbar ist. Möglich wäre allerdings eine öffentliche Zustellung gemäß § 132, §§ 185 ff. ZPO. Unterstellt man, dass eine solche erfolgt ist, liegt ein wirksamer Rücktritt vor.

Daher ist mit dem Rücktritt das Anwartschaftsrecht des A an den Waschmaschinen erloschen. Folglich kann auch kein Pfandrecht des V mehr daran bestehen, so dass er kein Recht zum Besitz der Waschmaschinen iSd § 986 Abs. 1 S. 1 hat.

Ergebnis

L kann von V die Herausgabe der Waschmaschinen gemäß § 985 verlangen.

---

25 *Wellenhofer*, SachenR, § 14 Rn. 17.

§ 6 Rechtsgeschäftlicher Eigentumserwerb vom Berechtigten, §§ 929–931

I. Grundlagen

1 §§ 929 ff. beinhalten die Voraussetzungen einer rechtsgeschäftlichen Eigentumsübertragung. Die Vorschriften der §§ 929–931 gehen davon aus, dass das Eigentum von dem Berechtigten übertragen wird. Hierzu sieht das Gesetz vier verschiedene Übertragungsmöglichkeiten vor, die im Folgenden genauer betrachtet werden.

2

Die vier Erwerbstatbestände vom Berechtigten im Überblick			
§ 929 S. 1	§ 929 S. 2	§§ 929 S. 1, 930	§§ 929 S. 1, 931
Einigung bis zur Vollendung des Rechtserwerbs			
Übergabe	Erwerber hat bereits unmittelbaren Besitz	Vereinbarung eines Besitzmittlungsverhältnisses	Abtretung des Herausgabeanspruchs gegen Dritten
Berechtigung des Veräußerers			

II. Grundtatbestand des § 929 S. 1

3 Grundtatbestand der rechtsgeschäftlichen Eigentumsübertragung ist § 929 S. 1, der eine **Einigung**, also einen dinglichen Vertrag, und die **Übergabe** der beweglichen Sache voraussetzt.

1. Einigung

4 Die Einigung ist ein **dinglicher Verfügungsvertrag** zwischen dem Erwerber und dem **verfügungsberechtigten** Veräußerer (so der Wortlaut des § 929: „Eigentümer"; nach § 185 kann allerdings auch ein Nichtberechtigter mit Zustimmung des Berechtigten verfügen). Auf diesen Vertrag sind die allgemeinen Vorschriften der §§ 104 ff. über Willenserklärungen anzuwenden. Insbesondere ist eine Stellvertretung nach §§ 164 ff. möglich und es gilt der Minderjährigenschutz nach §§ 106 ff. Im Hinblick auf die Möglichkeit der Stellvertretung sei an dieser Stelle besonders auf die Rechtsfigur des „Geschäfts für den, den es angeht" als Ausnahme vom Offenkundigkeitsprinzip des § 164 Abs. 1 S. 2 hingewiesen. Will ein Bevollmächtigter für einen anderen handeln, ohne dies kundzutun, und ist es dem Geschäftsgegner gleichgültig, mit wem er kontrahiert (insbesondere bei Bargeschäften des täglichen Lebens), ist eine wirksame Stellvertretung auch ohne Willenserklärung in fremden Namen möglich.[1] Das Einigsein ist **bis zur Vollendung des Rechtserwerbs** erforderlich, im Falle des § 929 S. 1 also bis zur Übergabe. Bis dahin ist ein Widerruf der dinglichen Einigungserklärung *jederzeit* möglich (anders § 873 Abs. 2).[2]

---

[1] Dazu aus der aktuellen Rechtsprechung: BGH Urt. v. 16.10.2015 – V ZR 240/14.
[2] *Wellenhofer*, SachenR, § 7 Rn. 3.

2. Übergabe

Kennzeichnend für den Eigentumserwerb nach § 929 S. 1 ist die Übergabe der beweglichen Sache vom Veräußerer an den Erwerber. Die Übergabe ist die **Übertragung des unmittelbaren Besitzes** (§ 854 Abs. 1). Erforderlich ist eine **vollständige Besitzverschiebung**, der Veräußerer darf also keinerlei Besitz mehr haben.[3]

Bei der Übergabe handelt es sich um einen rein **faktischen Vorgang**, für den keine Geschäftsfähigkeit erforderlich und keine Stellvertretung möglich ist. Allerdings kann die Übergabe durch den Veräußerer an den Erwerber auf Geheiß (Anweisung) des Veräußerers durch einen Dritten[4] oder auf Geheiß des Erwerbers an einen Dritten[5] erfolgen (sog. **Geheißerwerb**). Außerdem ist die Übergabe auch an den **Besitzdiener** (§ 855) des Erwerbers möglich, da nur der Besitzherr Besitz erlangt.

Exkurs: Die verschiedenen Besitzarten	
Wie die Übergabe bei § 929 S. 1 zeigt, setzt der rechtsgeschäftliche Eigentumserwerb grundsätzlich eine vollständige Besitzverschiebung vom Veräußerer auf den Erwerber voraus (Ausnahme: § 930). Deswegen sollen im folgenden Exkurs die verschiedenen Besitzarten zum besseren Verständnis der Erwerbstatbestände erläutert werden.	
Eigenbesitz: Der Besitzer besitzt die Sache als ihm gehörig, § 872. *Anmerkung: Daher gilt die Eigentumsvermutung des § 1006 nur für den Eigenbesitzer.*[6]	**Fremdbesitz:** Der Besitzer besitzt die Sache in Anerkennung fremden Eigentums, zB Mieter, Verwahrer, Entleiher. *Wichtig: Der Unterschied von Fremd- zu Eigenbesitz ist allein abhängig von der Willensrichtung des Besitzers.*
Besitzdiener, § 855: Der Besitzdiener steht in sozialer Abhängigkeit und Weisungsgebundenheit zum Besitzherrn. Er ist niemals selber Besitzer, obwohl er die tatsächliche Einwirkungsmöglichkeit auf die Sache hat. Besitzer ist nur der Besitzherr. *Beispiele:* ■ *Arbeitnehmer bezüglich der Werkzeuge des Arbeitgebers* ■ *Putzhilfe bezüglich des Putzmaterials* ■ *Angestellte, Vertreter und Prokuristen* *Beachte: Der Besitzherr verliert den Besitz im Sinne eines Abhandenkommens (§ 935 Abs. 1 S. 1), wenn der Besitzdiener ohne den Willen des Besitzherrn die tatsächliche Gewalt verliert oder nicht mehr äußerlich erkennbar die tatsächliche Gewalt für den Besitzherrn ausübt (zB durch Unterschlagung oder Veräußerung der Sache). Siehe dazu den Fall „Gemälde Ostpreußen", § 1.* *Das Vorliegen einer Besitzdienerschaft des Fahrers eines Kfz, der mit dem Kfz eine **Probefahrt** durchführt, ist umstritten. Für Probefahrten von **Kaufinteressenten** wird dies zT mit dem Argument bejaht, der potenzielle Käufer dürfe die tatsächliche Gewalt über das Kfz nur aufgrund einer Gefälligkeit des Verkäufers ausüben und müs-*	

---
3 BGH NJW-RR 2010, 983 (984).
4 BGHZ 36, 56 (60).
5 BGH NJW 1999, 425.
6 Das schließt aber nicht aus, dass sich Dritte (zB ein Vermieter, der ein Vermieterpfandrecht an der Sache geltend macht, die der Mieter im Eigenbesitz hat) auf die Vermutung des § 1006 berufen können, wenn sie ein Recht an einer Sache des Eigenbesitzers gegenüber einem Vierten (zB einem nachrangigen Pfandgläubiger) geltend machen wollen BGH NJW-RR 2017, 1097.

> **Exkurs: Die verschiedenen Besitzarten**
>
> *Wie die Übergabe bei § 929 S. 1 zeigt, setzt der rechtsgeschäftliche Eigentumserwerb grundsätzlich eine vollständige Besitzverschiebung vom Veräußerer auf den Erwerber voraus (Ausnahme: § 930). Deswegen sollen im folgenden Exkurs die verschiedenen Besitzarten zum besseren Verständnis der Erwerbstatbestände erläutert werden.*

*se sich deshalb an dessen Weisungen halten; ein soziales Abhängigkeitsverhältnis sei zusätzlich nicht erforderlich.[7] Die Gegenauffassung spricht dem Kaufinteressenten nach der Verkehrsauffassung eigenen, unmittelbaren Besitz zu, wenn der Verkäufer keine Begleitung mitschickt.[8] Dann mangele es sowohl an dem erforderlichen sozialen Abhängigkeitsverhältnis als auch an Möglichkeiten des Verkäufers, auf die Kaufsache einzuwirken. Der BGH musste bisher nur über die Probefahrt eines **Werkbestellers** entscheiden, der nach erfolgter Reparatur die Mangelfreiheit überprüfen wollte.[9] Eine solche Probefahrt erfolge zwecks Vorbereitung der Abnahme, weshalb sich das Argument, es handele sich um eine reine Gefälligkeit des Werkunternehmers, der im Gegenzug eine Weisungsgebundenheit des Fahrers fordere, hier erübrige. Eine Besitzdienerschaft des Werkbestellers scheidet folglich aus. Wer in diesem Fall unmittelbarer Besitzer ist (Werkbesteller oder Werkunternehmer), richtet sich nach der Verkehrsanschauung und hängt insbesondere davon ab, ob der Werkunternehmer jemanden auf die Probefahrt mitschickt, um seine Sachherrschaft zu erhalten (so im Fall des BGH).*

Unmittelbarer Besitzer: Der unmittelbare Besitzer übt die tatsächliche Sachherrschaft selbst aus, § 854 Abs. 1.	**Mittelbarer Besitzer, § 868:** Der mittelbare Besitzer übt den Besitz durch die Vermittlung des unmittelbaren Besitzers aus. Erforderlich ist ein **konkretes Besitzmittlungsverhältnis**, kraft dessen der unmittelbare Besitzer für den mittelbaren Besitzer besitzt. Die **Willensrichtung des Besitzmittlers ist entscheidend.** Beispiele für konkrete Besitzmittlungsverhältnisse: ▪ Die in § 868 aufgezählten Beispiele ▪ Leihvertrag, § 598 ▪ Werkvertrag, § 631 (zB die Autowerkstatt als unmittelbarer Fremdbesitzer für den Besteller) ▪ Eigentumsvorbehaltskauf, § 449 (Käufer = unmittelbarer Fremdbesitzer, Verkäufer = mittelbarer Eigenbesitzer) ▪ Sicherungsvertrag bei der Sicherungsübereignung (Sicherungsgeber = unmittelbarer Fremdbesitzer, Sicherungsnehmer = mittelbarer Eigenbesitzer) → Als Besitzmittlungsverhältnisse, das heißt als „ähnliche Verhältnisse" iSv § 868, kommen im weitesten Sinne **Treuhandverhältnisse** in Betracht, bei denen die Beteiligten **konkrete Rech-**

---

[7] OLG Köln MDR 2006, 90.
[8] Vgl. OLG Düsseldorf, OLG-Report 1992, 180.
[9] BGH NJW-RR 2017, 818 (insgesamt **sehr lesenswert**, da der Fall diverse weitere „Standardprobleme" enthält, zB die fehlende Eigenschaft von Austauschmotoren als wesentlicher Bestandteil, Ansprüche aus dem EBV und das Zurückbehaltungsrecht als Recht zum Besitz).

> **Exkurs: Die verschiedenen Besitzarten**
>
> *Wie die Übergabe bei § 929 S. 1 zeigt, setzt der rechtsgeschäftliche Eigentumserwerb grundsätzlich eine vollständige Besitzverschiebung vom Veräußerer auf den Erwerber voraus (Ausnahme: § 930). Deswegen sollen im folgenden Exkurs die verschiedenen Besitzarten zum besseren Verständnis der Erwerbstatbestände erläutert werden.*
>
> te und Pflichten bezüglich der Sache treffen (insbes. Herausgabeanspruch des mittelbaren Besitzers, Veräußerungsverbot für den unmittelbaren Besitzer, Gebot zum sorgfältigen Umgang usw).
>
> **Sonderfälle:**
> Erbenbesitz, § 857: Nach § 857 geht der Besitz des Erblassers kraft Gesetzes in der beim Erblasser bestandenen Form auf den Erben über. Die Besitzstellung des Erben wird also fingiert, sofern keine tatsächliche Herrschaftsgewalt iSv § 854 Abs. 1 besteht.
> **Besitz juristischer Personen und Personenhandelsgesellschaften:** Juristische Personen und rechtsfähige Personenhandelsgesellschaften können selbst keine tatsächliche Sachherrschaft ausüben. Ihnen wird der Besitz ihrer Organe (sog. **Organbesitz**) und ihrer Angestellten als Besitzdiener zugerechnet.[10]

3. Einschaltung eines Besitzmittlers bei der Übergabe

In die Übergabe nach § 929 S. 1 kann auch ein Besitzmittler eingeschaltet werden, und zwar sowohl auf Seiten des Erwerbers als auch auf Seiten des Veräußerers. Dazu folgendes

Beispiel:[11] K hat bei V ein Pferd gekauft und mit ihm vereinbart, dass im Zuge der Übereignung V das Pferd nicht zu K nach Hause bringen, wo es K nicht unterstellen kann, sondern gleich beim Landwirt L abgeben soll, bei dem K einen Stellplatz gemietet hat.

L ist als Vermieter unmittelbarer Besitzer des Stellplatzes und des dort untergestellten Pferdes. Er vermittelt aber den Besitz an dem Pferd dem K, sobald er das Pferd erhält.

Die **Übertragung des unmittelbaren Besitzes an einen Dritten als Besitzmittler des Erwerbers** ist ebenfalls als Übergabe durch den Veräußerer an den Erwerber anzusehen, weil der Veräußerer die Sache in den Herrschaftsbereich des Erwerbers gelangen lässt und daher seinen eigenen Besitz vollständig aufgibt (**vollständige Besitzverschiebung**).

Der **Besitzmittler kann auch auf Seiten des Veräußerers** beteiligt sein. Im obigen Beispiel hätte dann V sein Pferd bei L untergebracht und den L angewiesen, das Pferd an K zum Zwecke der Übereignung zu übergeben.

> **Zusammenfassung der Übergabemöglichkeiten**
> - Unmittelbar vom Veräußerer an den Erwerber
> - Vom Veräußerer an einen Besitzdiener des Erwerbers
> - Durch einen Besitzdiener des Veräußerers an den Erwerber

---

10 *Koch*, GesellschaftsR, § 3 Rn. 21.
11 *Wellenhofer*, SachenR, § 7 Rn. 11.

ERSTER TEIL: MOBILIARSACHENRECHT

> **Zusammenfassung der Übergabemöglichkeiten**
>
> - Vom Veräußerer an einen Besitzmittler des Erwerbers
> - Durch einen Besitzmittler des Veräußerers an den Erwerber
> - Auf Geheiß des Erwerbers vom Veräußerer an einen Dritten (Geheißperson)
> - Auf Geheiß des Veräußerers durch einen Dritten (Geheißperson) an den Erwerber
>
> → Entscheidend ist immer, dass der Veräußerer keinerlei (unmittelbaren oder mittelbaren) Besitz mehr hat.

III. Übereignung nach § 929 S. 2

14 Für den Fall, dass der **Erwerber bereits im Besitz** der Sache ist (unmittelbar oder mittelbar), genügt nach § 929 S. 2 die **Einigung** über den Eigentumserwerb zwischen Veräußerer und Erwerber. Die grundsätzlich nach § 929 S. 1 erforderliche Übergabe entfällt hier naturgemäß.

15 *Beispiel*: Der Entleiher (unmittelbarer Fremdbesitzer) eines Buches möchte das Buch nun erwerben. Zum Eigentumserwerb ist nur noch die dingliche Einigung mit dem Verleiher (mittelbarer Eigenbesitzer) nötig. Eine **vollständige Besitzverschiebung** findet auch hier statt, weil mit der Übereignung der Leihvertrag sein Ende findet, so dass der Verleiher den mittelbaren Besitz verliert und der Entleiher nun unmittelbarer Eigenbesitzer wird.

IV. Übereignung durch Besitzkonstitut, §§ 929 S. 1, 930

16 *Einführungsfall*:
Spediteur V ist Eigentümer eines Lastzuges. Da er wegen fällig werdender Steuerzahlungen sofort Geld braucht, veräußert er den Lastzug an K für 50.000 EUR, die sofort ausbezahlt werden. Weil V den Lastzug dringend benötigt, um sein Gewerbe weiter betreiben zu können, vereinbaren V und K gleichzeitig, dass K den Lastzug an V für monatlich 700 EUR vermietet. V bleibt damit als Mieter unmittelbarer Besitzer.

1. Grundlagen

17 Wie der obige Fall zeigt, ist es im wirtschaftlichen Rechtsverkehr häufig notwendig, dass der Veräußerer trotz der Eigentumsübertragung im unmittelbaren Besitz der Sache bleibt und diese weiter nutzen kann. Deswegen regeln §§ 929 S. 1, 930, dass eine Eigentumsübertragung auch durch **Einigung** und **Vereinbarung eines Besitzmittlungsverhältnisses** iSd § 868 erfolgen kann. Die Übergabe wird durch das Besitzkonstitut ersetzt (sog. Übergabesurrogat). Der Veräußerer bleibt im unmittelbaren (Fremd-) Besitz der Sache und der Erwerber wird mittelbarer Eigenbesitzer. Damit handelt es sich bei den §§ 929 S. 1, 930 um den **einzigen rechtsgeschäftlichen Übereignungstatbestand, bei dem keine vollständige Besitzverschiebung eintritt**.

18 In dem Beispielsfall stellt der Mietvertrag das Besitzmittlungsverhältnis nach § 868 dar: K ist als neuer Eigentümer mittelbarer Eigenbesitzer und V ist als Mieter unmittelbarer Fremdbesitzer.

2. Wichtigster Anwendungsfall: Die Sicherungsübereignung

Der wichtigste Anwendungsfall der §§ 929 S. 1, 930 ist die Sicherungsübereignung. Dazu folgendes

Beispiel: Der Schuldner (Sicherungsgeber) nimmt einen Kredit bei dem Gläubiger (Sicherungsnehmer) auf. Zur Sicherung des Kredits möchte der Gläubiger den PKW des Schuldners übereignet bekommen. Allerdings möchte der Schuldner den PKW weiterhin nutzen. Die beiden vereinbaren, dass der Schuldner das Eigentum an dem PKW an den Gläubiger überträgt, aber im unmittelbaren Fremdbesitz des Autos bleiben soll. Der Gläubiger wird mittelbarer Eigenbesitzer.

Den Übergabeersatz durch ein **konkretes Besitzmittlungsverhältnis** nach §§ 929 S. 1, 930, 868 stellt im Falle der Sicherungsübereignung die **Sicherungsabrede bzw. der Sicherungsvertrag** dar.[12] Hier werden konkrete Rechte und Pflichten bezüglich des Sicherungsgegenstandes vereinbart. Der Sicherungsgeber darf beispielsweise nicht über die Sache verfügen. Der Sicherungsnehmer darf nur im Rahmen des Sicherungszweckes über die Sache verfügen und muss sie nach Wegfall des Sicherungszweckes zurückübereignen (schuldrechtlicher Anspruch). Anstelle der Rückübertragungspflicht kann auch eine auflösend bedingte Sicherungsübereignung **vereinbart** werden (§ 158 Abs. 2), wobei der Wegfall des Sicherungszwecks die auflösende Bedingung darstellt. In diesem Fall fällt das Eigentum sofort mit Erlöschen des Sicherungsanspruchs an den ursprünglichen Eigentümer zurück.

> **Exkurs: Zwangsvollstreckung in das Sicherungsgut, § 771 ZPO**
>
> Wenn ein Gläubiger des Sicherungsnehmers oder Sicherungsgebers in das Sicherungsgut vollstreckt, stellt sich die Frage, welche Rechte der Sicherungsgeber bzw. der Sicherungsnehmer zur Verhinderung der Vollstreckung geltend machen kann. Hier ist zwischen zwei Fällen zu unterscheiden:
>
> 1. Ein **Gläubiger des Sicherungsnehmers** vollstreckt in das Sicherungsgut
>
>   Obgleich der Sicherungsnehmer Eigentümer ist, steht nach hM dem Sicherungsgeber ein Drittwiderspruchsrecht iSv § 771 ZPO zu, solange der Sicherungszweck noch nicht eingetreten ist.[13] Der Grund dafür ist, dass der Sicherungsnehmer noch nicht zur Verwertung berechtigt wäre, solange der Sicherungszweck nicht eingetreten ist. Sein Gläubiger kann nicht besser gestellt sein.
>
> 2. Ein **Gläubiger des Sicherungsgebers** vollstreckt in das Sicherungsgut
>
>   Dem Sicherungsnehmer steht als Eigentümer des Sicherungsgegenstandes ein Drittwiderspruchsrecht iSv § 771 ZPO zu.
>   *Beachte:* Im Falle einer Insolvenz des Sicherungsgebers steht dem Sicherungsnehmer allerdings nur ein Absonderungsrecht nach § 51 Nr. 1 InsO und kein Aussonderungsrecht iSv § 47 InsO zu.

3. Die antizipierte Sicherungsübereignung

Die Einigung und das Besitzmittlungsverhältnis nach § 868 können auch vorweggenommen werden, man spricht dann von einer **antizipierten Einigung** und einem **antizipierten Besitzmittlungsverhältnis**.

---

12 Vgl. BGH NJW 1979, 2308 (2308 f.).
13 BGHZ 72, 141 (145 f.); Thomas/Putzo/*Seiler*, § 771 Rn. 19; Zöller/*Herget*, § 771 Rn. 14, 25; *Musielak/Voit*, Grundkurs ZPO, Rn. 1337.

24 Wenn beispielsweise der Schuldner (Sicherungsgeber) sein ganzes Warenlager zur Sicherung an den Kreditgeber (Sicherungsnehmer) übereignet, stellt sich das Problem, dass der Warenbestand fortlaufend wechselt.

25 Rechtlich wird das dadurch ermöglicht, dass der Sicherungsnehmer den Schuldner zur Veräußerung der Waren gemäß **§ 185 Abs. 1** ermächtigt. Im Gegenzug übereignet der Schuldner die neuen Waren, noch bevor er sie erworben hat, gemäß §§ 929 S. 1, 930 an den Sicherungsnehmer. Diese Verfügung ist zwar **zunächst mangels Berechtigung unwirksam**, weil der Schuldner noch nicht Eigentümer ist. Sie **wird aber gemäß § 185 Abs. 2 S. 1, 1. Var. mit dem Eigentumserwerb durch den Schuldner (Sicherungsgeber) wirksam**. Das heißt, der Sicherungsgeber wird für eine logische Sekunde Eigentümer (sog. Durchgangserwerb) der neuen Waren, bevor diese in das Eigentum des Sicherungsnehmers übergehen.

26 Das Besitzmittlungsverhältnis als Übergabeersatz wird ebenfalls antizipiert: Der Sicherungsgeber soll die neue Ware für den Sicherungsnehmer als unmittelbarer Fremdbesitzer i.R. der Sicherungsabrede besitzen.

27 Im Rahmen der Antizipation bleibt der **Bestimmtheitsgrundsatz** des Sachenrechts besonders zu beachten: Ohne weitere Nachforschungen muss im Zeitpunkt der Einigung ermittelt werden können, welche einzelnen Sachen auf den Sicherungsnehmer übergehen sollen (zB durch einen genau bezeichneten Lagerraum, eine Markierung der Sachen oder die Zuordnung zu einer bestimmten Gattung).

V. Übereignung durch Übertragung des mittelbaren Besitzes, §§ 929 S. 1, 931

28 Der letzte Fall des Eigentumserwerbs vom Berechtigten nach §§ 929 S. 1, 931 setzt die **Einigung** und die **Abtretung des Herausgabeanspruchs** (§ 398 S. 1) des Veräußerers an den Erwerber voraus. Diesen Herausgabeanspruch hat der Veräußerer aufgrund eines Besitzmittlungsverhältnisses (§ 868) gegen den unmittelbaren Besitzer. **Statt der Übergabe überträgt der Veräußerer seinen mittelbaren Besitz gemäß § 870**. Es findet wiederum eine **vollständige Besitzverschiebung** statt: Der Veräußerer verliert den mittelbaren Besitz und der Erwerber erlangt diesen.

29 Der unmittelbare Besitzer darf durch die Abtretung des Herausgabeanspruchs allerdings nicht schlechter gestellt werden; er kann daher gemäß **§§ 404, 986 Abs. 2** dem neuen Gläubiger alle Einwendungen entgegensetzen, welche ihm gegen den abgetretenen Herausgabeanspruch zustehen.[14] Dazu folgendes

30 *Beispiel:* A (Verleiher) verleiht sein Buch an B (Entleiher) gemäß § 598 für zwei Monate. In der Zwischenzeit verkauft und übereignet A das Buch an D, indem die beiden vereinbaren, dass der Herausgabeanspruch des A gegen B an D abgetreten wird.

31 D hat das Eigentum an dem Buch gemäß §§ 929 S. 1, 931 erworben. Der Leihvertrag zwischen A und B nach § 598 ist ein konkretes Besitzmittlungsverhältnis iSv § 868, kraft dessen A gemäß § 604 Abs. 1 einen Herausgabeanspruch gegen B nach Ablauf der für die Leihe bestimmten Zeit hat. Diesen Herausgabeanspruch hat er an D abgetreten und damit den mittelbaren Besitz übertragen, §§ 870, 398 S. 1. Zu beachten ist

---

14 Lehrreich dazu BGHZ 64, 122 (125).

allerdings, dass auch D wegen §§ 404, 986 Abs. 2 von B erst die Herausgabe verlangen kann, wenn die Leihfrist abgelaufen ist.

§ 7 Gutgläubiger Erwerb beweglicher Sachen, §§ 932 ff.

1 Neben dem rechtsgeschäftlichen Erwerb des Eigentums vom Berechtigten ermöglichen die §§ 932–935 den Eigentumserwerb vom Nichtberechtigten, den sog. **gutgläubigen Eigentumserwerb**.

2 Hintergrund für die Möglichkeit des gutgläubigen Erwerbs ist der **Publizitätsgrundsatz** des Sachenrechts. Wird der Besitz von beweglichen Sachen (Publizitätsmittel) von jemandem so ausgeübt, dass er als Eigentümer auftritt (Eigenbesitz, § 872), so erzeugt er den Rechtsschein, berechtigter Eigentümer zu sein (Eigentumsvermutung des § 1006 zugunsten des Eigenbesitzers). Auf diesen Rechtsschein soll sich der gutgläubige Erwerber grundsätzlich verlassen können.

3 Aus der Anknüpfung an die Eigentumsvermutung zugunsten des Eigenbesitzers folgt, dass für den gutgläubigen Erwerb nach §§ 932–935 **ausnahmslos eine vollständige Besitzverschiebung** vom Veräußerer auf den Erwerber erforderlich ist. Um das Erfordernis der vollständigen Besitzverschiebung zu gewährleisten, differenzieren die §§ 932, 933, 934 in ihren Voraussetzungen nach dem jeweiligen zugrundeliegenden Erwerbstatbestand der §§ 929, 930, 931:

4
Systematik der §§ 932–934				
Erwerbstatbestand in §§ 929–931	§ 929 S. 1	§ 929 S. 2	§§ 929 S. 1, 930	§§ 929 S. 1, 931
Entsprechende Gutglaubensvorschrift	§ 932 Abs. 1 S. 1	§ 932 Abs. 1 S. 2	§ 933	§ 934

5 §§ 932 ff. gelten selbstverständlich nur für den **rechtsgeschäftlichen** Eigentumserwerb, nicht für den Erwerb kraft Gesetzes. Darüber hinaus werden nur sog. **Verkehrsgeschäfte** erfasst, bei denen die Person auf der Erwerberseite rechtlich oder wirtschaftlich nicht identisch mit der Person auf der Veräußererseite ist. Liegt demgegenüber ein sog. Innengeschäft vor, bei dem Erwerber und Veräußerer in ihrer Person wirtschaftlich oder rechtlich identisch sind, scheidet der gutgläubige Erwerb von vornherein aus, da kein Schutzbedürfnis für den Erwerber besteht.

I. Der gute Glaube, § 932 Abs. 2

6 Voraussetzung für alle Erwerbstatbestände in §§ 932–935 ist die Gutgläubigkeit des Erwerbers, damit sich dieser auf den Rechtsschein des Eigenbesitzes berufen kann. Der gute Glaube ist in **§ 932 Abs. 2 legaldefiniert**. § 932 Abs. 2 schließt den guten Glauben aus, wenn der Erwerber wusste oder infolge grober Fahrlässigkeit nicht wusste, dass die Sache nicht dem Veräußerer gehört. Aufgrund der negativen Formulierung der §§ 932 Abs. 1 S. 1, 933, 934 „es sei denn, dass er … nicht in gutem Glauben ist" gilt eine Beweislastumkehr zugunsten des Erwerbers. Die **Gutgläubigkeit wird widerlegbar vermutet**.

§ 7 Gutgläubiger Erwerb beweglicher Sachen, §§ 932 ff.

1. Bezugspunkt des guten Glaubens

Inhaltlich muss sich der gute Glaube des Erwerbers nach § 932 Abs. 2 darauf beziehen, dass der Veräußerer **Eigentümer** der Sache ist. Ist sich der Erwerber des fehlenden Eigentums des Veräußerers bewusst und nur bezüglich der **Verfügungsbefugnis** gutgläubig, **genügt** dies grundsätzlich **nicht**. Beispielsweise ist der Glaube, der Veräußerer sei als Insolvenzverwalter nach § 80 InsO oder als Testamentsvollstrecker nach § 2205 verfügungsbefugt, oder vom wahren Eigentümer nach § 185 Abs. 1 zur Verfügung ermächtigt, nicht ausreichend.

Eine wichtige **Ausnahme** hiervon bildet **§ 366 Abs. 1 HGB**, der den gutgläubigen Erwerb von einem Kaufmann (§ 1 HGB) im Betrieb dessen Handelsgeschäfts (§§ 343 f. HGB) auch dann erlaubt, wenn der Erwerber bezüglich der Verfügungsbefugnis des Kaufmanns gutgläubig ist.

In personeller Hinsicht muss nach dem Wortlaut des § 932 Abs. 2 grundsätzlich der **Erwerber** gutgläubig sein. Das heißt, dass bei einer Übergabe an den Besitzdiener oder Besitzmittler des Erwerbers nur die Bösgläubigkeit des Erwerbers schadet.[1] Wird der Erwerber im Rahmen des Erwerbsgeschäfts durch einen Dritten vertreten, kommt es dagegen gemäß **§ 166 Abs. 1** auf den guten Glauben des **Vertreters** an. Ausnahmsweise ist nach § 166 Abs. 2 die Gutgläubigkeit des Vertretenen maßgeblich, soweit der Vertreter bestimmten Weisungen des Vertretenen unterliegt.[2]

2. Zeitpunkt des guten Glaubens

Der Erwerber muss grundsätzlich **bis zur Vollendung des Rechtserwerbs** gutgläubig sein. Anderes gilt im Falle des § 892 Abs. 2, der grundsätzlich auf den Zeitpunkt der Stellung des Eintragungsantrags beim Grundbuchamt abstellt. Erforderlich ist die Gutgläubigkeit sowohl bei der dinglichen Einigung als auch im Zeitpunkt der nachfolgenden vollständigen Besitzverschiebung vom Veräußerer auf den Erwerber (zB der Übergabe im Fall von § 932 Abs. 1 S. 1). Maßgebend ist mithin der vollständige **Abschluss des Übertragungsgeschäfts**, idR Einigung *und* Übergabe.

Bei der **Übereignung unter einer aufschiebenden Bedingung** (§ 158 Abs. 1), insbesondere unter Eigentumsvorbehalt nach § 449, kommt es demnach für den guten Glauben auf den **Zeitpunkt der Einigung und des Besitzerwerbs** an, nicht auf den des Bedingungseintritts.[3] Es entscheidet auch hier der Abschluss des Übertragungsgeschäfts.

3. Grob fahrlässige Unkenntnis

Grobe Fahrlässigkeit iSv § 932 Abs. 2 liegt vor, wenn der Erwerber die im **Verkehr erforderliche Sorgfalt außer Acht gelassen** hat (§ 276 Abs. 2), und zwar **in einem ungewöhnlich hohen Maße**. Objektiv muss also ein besonders schwerwiegender Sorgfaltspflichtverstoß und subjektiv muss ein schlechterdings unentschuldbares Fehlverhalten vorliegen („was jedem hätte einleuchten müssen").[4]

Beim **Gebrauchtwagenkauf** ist ein solcher **besonders schwerwiegender Sorgfaltspflichtverstoß** regelmäßig anzunehmen, wenn sich der Käufer den Fahrzeugbrief (inzwischen

---

1 RGZ 137, 23 (27 f.); Palandt/*Herrler*, § 932 Rn. 7.
2 Beispiel zu § 166 Abs. 2 s. *Brox/Walker* BGB AT, Rn. § 24 Rn. 25.
3 BGHZ 10, 69 (73 f.).
4 BGH NJW 1994, 2022 (2023).

Zulassungsbescheinigung Teil II) nicht vorlegen lässt.[5] Außerdem besteht Anlass zu weiteren Nachforschungen, wenn der Veräußerer und der in dem Kraftfahrzeugbrief verzeichnete Halter nicht identisch sind, insbesondere, wenn beim Verkauf eines gebrauchten Kraftfahrzeuges unter Privatleuten auch die sonstigen Umstände der Veräußerung zweifelhaft sind (zB kurzfristige Änderung der Adresse für den Verkauf).[6] Eine Eigentumsübertragung an einem Fahrzeug ist zwar auch ohne die Übergabe des Fahrzeugbriefes möglich, das Eigentum wird insoweit nicht durch den Brief „verkörpert".[7] Der Brief hat jedoch eine Indizwirkung hinsichtlich des Eigentums, da er als amtliche Urkunde der Zulassungsbehörde grundsätzlich auf den Namen des berechtigten Fahrzeughalters lautet. Dadurch ist für den Erwerber bei Vorlage des Briefes im Regelfall sofort ersichtlich, wer Halter und damit auch regelmäßig Eigentümer des Fahrzeugs ist. Lässt er sich den Brief nicht vorlegen, muss er das Risiko der fehlenden Verfügungsberechtigung tragen.

14 Vor diesem Hintergrund stellt sich die Frage, ob der Erwerber eines Kfz zwingend mit demjenigen kontrahieren will, der im Fahrzeugbrief als Fahrzeughalter ausgewiesen ist. Dazu folgendes

Beispiel:[8] A hat vom Eigentümer E ein Wohnmobil gemietet. Dieses veräußert er dem Dritten D unter Vorlage des Fahrzeugbriefes, in dem E als Halter ausgewiesen ist. Dabei gibt sich A als E aus. – A handelt vorliegend „unter fremden Namen". In solchen Fällen ist zu differenzieren: Will der Vertragspartner ausschließlich mit dem Namensträger (hier E) einen dinglichen Übereignungsvertrag abschließen, liegt ein Fall der Identitätstäuschung vor und die §§ 164 ff. BGB finden analoge Anwendung. Mangels Vertretungsmacht hätte A den E bei der Übereignung nicht wirksam vertreten können, E wäre Eigentümer des Wohnmobils geblieben. Kommt es dem Vertragspartner dagegen nur darauf an, mit demjenigen zu kontrahieren, mit dem er tatsächlich in Verhandlung steht, handelt es sich um eine bloße Namenstäuschung. Dann hätte A für sich selbst gehandelt und das Wohnmobil nach § 932 Abs. 1 S. 1 als Nichtberechtigter veräußert. Für eine Identitätstäuschung spricht, dass der Erwerber sich aus og Gründen durch Einblick in die vorgelegten Papiere vergewissern muss, ob der dort eingetragene Name mit dem Namen übereinstimmt, mit dem der Veräußerer sich vorstellt. Anderenfalls würde er seinen Gutglaubensschutz riskieren. Daraus könnte man folgern, dass es dem Erwerber auch gerade darauf ankommt, mit dem Namensträger zu kontrahieren. Der BGH hält dem aber zu Recht entgegen, dass für den Erwerber zwar die Übereinstimmung zwischen dem Namen seines Gegenübers und demjenigen im Fahrzeugbrief von Belang ist, aber gerade nicht die hinter dem Namen stehende Person. Für ihn kommt es nur darauf an, dass die Person, die aktuell vor ihm steht, im Besitz des Wagens ist und sich mit einem Namen ausweisen kann, der im Fahrzeugbrief steht. Folglich hat D vorliegend gemäß §§ 929 S. 1, 932 Abs. 1 S. 1 Eigentum an dem Wohnmobil erworben. Von diesem Regelfall ist nur dann eine Ausnahme im Sinne einer Identitätstäuschung zu machen, wenn kein sofortiger Leistungsaustausch erfolgt.

15 Auf den Fahrzeugbrief findet § 952 Abs. 1 entsprechende Anwendung.[9] Das heißt, der Brief kann nicht Träger eigenständiger Rechte sein. Insbesondere kann das Eigentum

---

5 BGH NJW 1975, 735 (736); 1996, 2226 (2227).
6 OLG Köln MDR 2014, 958.
7 BGH NJW 1978, 1854.
8 Nach BGH MDR 2013, 707.
9 BGH NJW 2007, 2844; Palandt/*Herrler*, § 952 Rn. 7.

an dem Brief nicht eigenständig übertragen werden, sondern geht kraft Gesetzes auf den jeweiligen Fahrzeugeigentümer über.

> **Exkurs: Wertpapiere und sonstige Beweisurkunden**
> *Wie das Beispiel des Fahrzeugbriefes zeigt, existieren im Rechtsverkehr zahlreiche Papiere, deren Relevanz für die Geltendmachung und die Übertragbarkeit eines Rechts unterschiedlich ausgestaltet ist. Die Grundzüge werden in dem folgenden Exkurs erläutert.*
>
> I. Wertpapiere (= Papiere, in denen ein bestimmtes Recht verbrieft und zu dessen Geltendmachung die Vorlage des Papiers erforderlich ist)
> 1. Inhaberpapiere, Inhaberzeichen (§§ 793 ff., 807)
>   Inhaberpapiere verbriefen einen Anspruch auf eine Leistung **für den jeweiligen Inhaber (Besitzer) des Papiers. Das Recht aus dem Papier folgt dem Recht am Papier.** Das heißt, dass das verbriefte Recht durch Übereignung des Papiers nach §§ 929 ff. übertragbar ist wie eine bewegliche Sache. Eine gesonderte Abtretung des verbrieften Rechts nach §§ 398 ff. kommt nicht in Betracht.
>   *Beispiele:* Gutschein, Theater-, Konzert- oder sonstige Eintrittskarten, Inhaberaktien (§ 10 Abs. 1 AktG), Inhaberschecks (Art. 5 Abs. 2, 3 ScheckG), Rabatt-, Bier-, Essensmarken. Demzufolge hat der Inhaber eines Reisegutscheins, für einen zweiwöchigen Urlaub in einem Strandhotel auf Teneriffa, einen eigenständigen Anspruch auf Erbringung der Urlaubsleistung aus §§ 807, 793 Abs. 1.
> 2. Rekta-/Namenspapiere (§§ 808, 952) oder qualifizierte Legitimationspapiere
>   Diese Papiere lauten auf den Namen des Berechtigten und können nicht Gegenstand besonderer Rechte sein. Daher können sie nicht selbstständig übereignet werden, sondern nur dadurch, dass das verbriefte Recht durch Abtretung nach §§ 398 ff. übertragen wird. **Das Recht am Papier folgt dem Recht aus dem Papier, § 952.**
>   *Beispiele:* Sparbuch, Hypotheken-, Grundschuldbrief
> 3. Orderpapiere
>   Orderpapiere lauten ebenfalls auf den Namen des Berechtigten. Zur Übertragung des Rechts ist neben der Einigung und der Übergabe des Papiers noch ein Indossament (Übertragungsvermerk auf der Rückseite des Orderpapiers) erforderlich.
>   *Beispiele:* Wechsel (Art. 11 Abs. 1 WechselG), Scheck (Art. 14 Abs. 1 ScheckG)
> II. Sonstige Papiere
> Neben den Wertpapieren gibt es noch andere Papiere, die keine Rechte verbriefen, sondern **lediglich Beweisfunktion** haben (Beweisurkunden). Der Verpflichtete verlangt zwar regelmäßig deren Vorlage zur Geltendmachung des Rechts, der Beweis ist allerdings immer auch auf andere Weise möglich. Daher sind sie nur einfache Legitimationspapiere.
> *Beispiele:* Garderobenmarke, Reparaturschein, Gepäckschein, Schuldschein

16

II. Die einzelnen gutgläubigen Erwerbstatbestände

1. Gutgläubiger Erwerb gemäß §§ 929 S. 1, 932 Abs. 1 S. 1

§ 932 Abs. 1 S. 1 setzt zunächst eine nach § 929 S. 1 erfolgte Veräußerung voraus, das heißt eine Veräußerung durch **Einigung** und **Übergabe** der Sache, obwohl der Veräße-

17

rer dazu **nicht berechtigt** war. Durch die Übergabe wird die **vollständige Besitzverschiebung** zulasten des Veräußerers und zugunsten des Erwerbers gewährleistet. Im Hinblick auf das Erfordernis einer vollständigen Besitzverschiebung ist es umstritten, ob die Übergabe durch eine sog. **Scheingeheißperson** ausreichend ist. Dazu folgendes

18 *Beispiel*: Käufer K möchte von Jeanshändler H zehn Hosen zum Preis von 500 EUR kaufen. H hat die entsprechenden Hosen zur Zeit nicht auf Lager, will sich das gute Geschäft aber nicht durch die Lappen gehen lassen. Deshalb schließt er mit K den Kaufvertrag über die Jeans ab und erklärt ihm, dass sein „Mitarbeiter" M, der in Wahrheit ebenso wie H ein selbstständiger Jeanshändler ist, die Jeans anliefern werde. Gleichzeitig ruft er bei M an und erzählt diesem, dass K an einem Kauf von zehn Jeans interessiert sei; da er selbst diese nicht auf Lager habe, könne doch der M mit seinen Jeans zu K fahren und ihm diese verkaufen. M fährt zu K und übergibt ihm zehn Jeans sowie eine Rechnung über 500 EUR. K überweist das Geld an H. Kann M von K gemäß § 985 Herausgabe der Jeans verlangen?

Im Rahmen der Prüfung des § 985 stellt sich die Frage, ob M noch Eigentümer der zehn Jeans ist. Ursprünglich war er dies. Er hat sein Eigentum auch nicht durch eine Übereignung gemäß § 929 S. 1 an K verloren. Denn insoweit fehlt es an der dinglichen Einigung über den Eigentumsübergang zwischen M und K. Die Einigung stellt nämlich einen Vertrag dar, der gemäß §§ 133, 157 nach dem objektiven Empfängerhorizont auszulegen ist. K als Empfänger eines möglichen Übereignungsangebots hatte sich jedoch bereits mit H über den Kauf und die Übereignung der Jeans geeinigt, aus seiner Sicht – und der eines objektiven Empfängers in K's. Situation – war M also nur der Überbringer der Jeans, das Angebot einer Übereignung war nicht zu erkennen. K könnte das Eigentum jedoch durch einen gutgläubigen Erwerb von H erworben haben, §§ 929 S. 1, 932. Fraglich ist hier jedoch, ob H die Jeans gemäß § 932 Abs. 1 S. 1 iVm § 929 S. 1 an K übergeben hat. Eine unmittelbare Übergabe von H an K hat nicht stattgefunden. Möglich ist jedoch auch die Übergabe durch eine Geheißperson des Veräußerers. Aus der Sicht des K war M eine solche Geheißperson, da H ihm mitgeteilt hatte, dass sein „Mitarbeiter" M die Jeans anliefern werde. Tatsächlich hatte H den M jedoch gar nicht angewiesen, die Jeans für ihn (den H) zu übergeben, sondern den M nur angeregt, die Jeans im Rahmen eines eigenen Veräußerungsgeschäfts an K zu übergeben. M war also nur eine sog. **Scheingeheißperson**. Ob diese für einen gutgläubigen Erwerb nach § 932 Abs. 1 S. 1 BGB ausreicht, ist fraglich. Dagegen spricht, dass es nicht zu einer vollständigen Besitzverschiebung vom Veräußerer auf den Erwerber kommt, denn H hatte an den hier in Rede stehenden Jeans keinen Besitz, der ihn legitimieren könnte. Der BGH stellt jedoch zu Recht darauf ab, dass es bei einer rechtsgeschäftlichen Veräußerung gemäß §§ 133, 157 darauf ankommt, welche Bedeutung einem Verhalten nach außen erkennbar zukommt.[10] Es hätte hier an M gelegen, bei der Übergabe der Jeans seinen Willen deutlich zum Ausdruck zu bringen und damit den Rechtsschein zu zerstören, dass er für den H liefer. Aus Gründen des **effektiven Verkehrsschutzes** erscheint es deshalb gerechtfertigt, dass K die Jeans gutgläubig von H erworben hat. M hat keinen Anspruch aus § 985.

19 Ferner muss der Erwerber in **gutem Glauben** sein, wobei seine Gutgläubigkeit nach § 932 Abs. 1 S. 1 vermutet wird. Letztlich darf der gutgläubige Erwerb **nicht nach § 935 ausgeschlossen** sein.

---

10 BGH NJW 1974, 1132; s. auch *Wellenhofer*, SachenR, § 8 Rn. 7.

§ 7 Gutgläubiger Erwerb beweglicher Sachen, §§ 932 ff.

Bei der Anwendung des § 932 Abs. 1 S. 1 kann – ebenso wie bei der Anwendung der übrigen Gutglaubenstatbestände – das Problem auftreten, dass der **Veräußerer der fremden Sache minderjährig** ist. Teilweise wird in diesen Fällen argumentiert, dass die §§ 932 ff. den Erwerber nur so stellen wollen wie er stünde, wenn seine Vorstellung, dass der Veräußerer tatsächlich Eigentümer der Sache sei, richtig wäre. Dann würde er das Eigentum aber von einem Minderjährigen erwerben, so dass sich die Wirksamkeit des Erwerbs nach den §§ 107 ff. richten würde und die Übertragung insbesondere der Zustimmung des gesetzlichen Vertreters bedürfte.[11] Die vorzugswürdige Gegenauffassung wendet dagegen die §§ 107 ff., die allein dem Schutz des Minderjährigen dienen, unter Berücksichtigung der tatsächlich vorliegenden Umstände an. Ist die Sache fremd für den Minderjährigen, erleidet er durch die Eigentumsübertragung keinen rechtlichen Nachteil, es handelt sich um ein neutrales Rechtsgeschäft. Vor einem neutralen Rechtsgeschäft braucht der Minderjährige nicht geschützt zu werden, so dass §§ 107 ff. teleologisch dahin gehend zu reduzieren sind, dass die gutgläubige Eigentumsübertragung auch ohne Zustimmung der gesetzlichen Vertreter wirksam ist.[12]

20

Voraussetzungen für den gutgläubigen Erwerb nach §§ 929 S. 1, 932 Abs. 1 S. 1

1. Übereignung nach § 929 S. 1 durch Einigung und Übergabe
2. Fehlende Berechtigung des Veräußerers
3. Gutgläubigkeit des Erwerbers, § 932 Abs. 2
4. Kein Abhandenkommen, § 935

21

2. Gutgläubiger Erwerb gemäß §§ 929 S. 2, 932 Abs. 1 S. 2

Ist die Veräußerung nach § 929 S. 2 erfolgt, war also der **Erwerber bereits im Besitz der Sache** und hat sich mit dem Veräußerer **geeinigt**, ist zum gutgläubigen Erwerb gemäß § 932 Abs. 1 S. 2 außerdem erforderlich, dass der Erwerber **den Besitz vom Veräußerer erlangt hatte**. Denn nur dann kann sich der Erwerber auf den Rechtsschein der Eigentumsvermutung des § 1006 zugunsten des Veräußerers berufen.

22

Voraussetzungen für den gutgläubigen Erwerb nach §§ 929 S. 2, 932 Abs. 1 S. 2

1. Übereignung nach § 929 S. 2 durch Einigung und bereits vorherigen Besitzerwerb des Erwerbers vom Veräußerer
2. Fehlende Berechtigung des Veräußerers
3. Gutgläubigkeit des Erwerbers, § 932 Abs. 2, im Zeitpunkt der Einigung (Vollendung des Rechtserwerbs)
4. Kein Abhandenkommen, § 935

23

3. Gutgläubiger Erwerb gemäß §§ 929 S. 1, 930, 933

Die Eigentumsübertragung durch **Besitzkonstitut** nach §§ 929 S. 1, 930 setzt, wie bereits erläutert, als einziger Erwerbstatbestand keine Besitzverschiebung vom Veräußerer auf den Erwerber voraus, der Veräußerer bleibt im unmittelbaren Fremdbesitz der Sache. Weil der gutgläubige Erwerb jedoch **ausnahmslos eine vollständige Besitzverschiebung zugunsten des Erwerbers verlangt**, kommt er nach § 933 erst in Betracht,

24

---

11 *Medicus/Petersen*, BürgerlichesR, Rn. 542.
12 Staudinger BGB/*Klumpp*, § 107 Rn. 79.

wenn der Veräußerer die Sache dem Erwerber iSd § 929 S. 1 übergibt und der Erwerber **in diesem Zeitpunkt gutgläubig** ist.

25 Wenn beispielsweise ein Schuldner fremde Sachen an seinen Gläubiger zur Sicherheit gemäß §§ 929 S. 1, 930 übereignet, kann der Gläubiger erst Eigentum erwerben, wenn der Schuldner die Sachen an ihn übergibt und der Gläubiger zu diesem Zeitpunkt gutgläubig ist, § 933. Andernfalls würde sich an der Besitzstellung des Schuldners, der unmittelbarer Besitzer ist, nichts ändern.

26 Die Übergabe iSv § 933 muss **aufgrund des Veräußerungsgeschäftes stattfinden**. Es genügt also nicht, wenn der Veräußerer die Sache dem Erwerber nur zeitweise ausleiht oder der Erwerber die Sache eigenmächtig wegnimmt.[13]

27
Voraussetzungen für den gutgläubigen Erwerb nach §§ 929 S. 1, 930, 933
1. Übereignung nach § 929 S. 1, 930 durch Einigung und Vereinbarung eines Besitzmittlungsverhältnisses, § 868
2. Fehlende Berechtigung des Veräußerers
3. Übergabe der Sache vom Veräußerer an den Erwerber, § 933
4. Gutgläubigkeit des Erwerbers, § 932 Abs. 2, im Zeitpunkt der Übergabe (Vollendung des Rechtserwerbs)
5. Kein Abhandenkommen, § 935

28 *Beispiel:* N hat von E eine Schreibmaschine unter Eigentumsvorbehalt erworben. Danach übereignet N die Schreibmaschine zur Sicherheit an G. Die Übergabe wird durch ein Besitzmittlungsverhältnis in Form der Sicherungsabrede ersetzt.

29 Ist G Eigentümer der Schreibmaschine geworden?

30 Ursprünglich war E Eigentümer. Dieser hat sein Eigentum auch nicht an N gemäß § 929 S. 1 verloren, weil der dingliche Einigungsvertrag gemäß § 449 Abs. 1 unter der aufschiebenden Bedingung der vollständigen Kaufpreiszahlung stand. Mangels Zahlung war die Einigung gemäß § 158 Abs. 1 noch nicht wirksam.

31 Allerdings könnte G das Eigentum von N erworben haben. Ein Eigentumserwerb vom Berechtigten scheidet aus, weil N nicht Eigentümer der Schreibmaschine war. In Betracht kommt ein gutgläubiger Erwerb von N nach §§ 929 S. 1, 930, 933. N und G haben sich über die Übereignung zur Sicherung gemäß § 929 S. 1 geeinigt und statt der Übergabe gemäß § 930 ein Besitzmittlungsverhältnis vereinbart, obwohl N als Nichteigentümer dazu nicht berechtigt war. Allerdings ist zum gutgläubigen Erwerb nach § 933 zusätzlich erforderlich, dass N die Sache an G übergibt. Ansonsten würde N unmittelbarer Besitzer der Schreibmaschine bleiben, so dass es an der erforderlichen Besitzverschiebung zulasten des Veräußerers fehlen würde. Eine solche Übergabe hat hier nicht stattgefunden, so dass G kein Eigentum erworben hat.

32 E ist Eigentümer geblieben.

4. Gutgläubiger Erwerb gemäß §§ 929 S. 1, 931, 934

33 § 934 bezieht sich auf den Erwerbstatbestand der §§ 929 S. 1, 931 durch **Einigung** und **Abtretung des Herausgabeanspruchs** und differenziert hierbei zwischen zwei Fällen:

---

[13] Vgl. BGHZ 67, 207 (208 ff.); BGH NJW 1996, 2654 (2655).

a) Veräußerer ist mittelbarer Besitzer, § 934, 1. Var.

Soweit der nichtberechtigte Veräußerer mittelbarer Besitzer gemäß § 868 ist und seinen Herausgabeanspruch an den Erwerber abtritt, wird der Erwerber Eigentümer, wenn er **zur Zeit der Abtretung gutgläubig** war, § 934, 1. Var. Denn mit der Abtretung überträgt der Veräußerer gemäß § 870 seinen mittelbaren Besitz auf den Erwerber, so dass eine **vollständige Besitzverschiebung** vom Veräußerer auf den Erwerber stattfindet.

Beispiel: Verkäufer V hat *fremde* Sachen bei X in Verwahrung (§ 688) gegeben. Nun verkauft er die Sachen an Käufer K und übereignet sie an diesen gemäß §§ 929 S. 1, 931, indem er seinen Herausgabeanspruch aus § 695 S. 1 an K abtritt, § 398.

Trotz der Nichtberechtigung des V kann K die Sachen gemäß § 934, 1.Var. erwerben, wenn er zum Zeitpunkt der Abtretung gutgläubig ist. Denn mit der Abtretung erlangt der Erwerber gemäß § 870 den mittelbaren Besitz von V, so dass dieser jeglichen Besitz verliert.

Zur umstrittenen Konstellation des Nebenbesitzes im Zusammenhang mit § 934, 1. Var. siehe unten den vierten Fall „Maschinen".

b) Veräußerer hat keinen Besitz, § 934, 2. Var.

Ist der nichtberechtigte Veräußerer nicht mittelbarer Besitzer (und auch nicht unmittelbarer Besitzer), kann der gutgläubige Erwerb nicht an die Abtretung eines Herausgabeanspruchs gegen den Dritten anknüpfen. Denn hier tritt im Gegensatz zur ersten Alternative keine Besitzverschiebung nach § 870 ein. Der Veräußerer hat keinen Besitz, den er übertragen und verlieren könnte, es fehlt der durch den Besitz erzeugte Rechtsschein.

Gemäß § 934, 2. Var. ist daher der gutgläubige Erwerb in solchen Fällen erst vollendet, **wenn der Erwerber den Besitz von dem unmittelbar besitzenden Dritten in Anerkennung der Veräußerung erlangt**. Erst damit erfolgt die **Besitzverschiebung zugunsten des Erwerbers**. Dies kann geschehen, indem

- der besitzende Dritte die Sache auf Geheiß des nichtberechtigten Veräußerers an den Erwerber herausgibt,
- der besitzende Dritte die Sache herausgibt, weil der Erwerber sich auf seinen Erwerb vom Nichtberechtigten beruft,
- oder der besitzende Dritte die Sache jetzt als Besitzmittler des Erwerbers besitzt, so dass der Erwerber den mittelbaren Besitz von dem Dritten erlangt.

Wenn in dem obigen Beispielsfall der Verwahrungsvertrag (§ 688) zwischen V und X nichtig ist, besteht zwischen den beiden kein Besitzmittlungsverhältnis, so dass V dem K keinen mittelbaren Besitz an den Sachen gemäß § 870 übertragen kann. Somit kann K das Eigentum gemäß § 934, 2.Var. nur gutgläubig erwerben, wenn er von X den Besitz der Sachen erlangt. Dies kann beispielsweise dadurch geschehen, dass X (in Anerkennung der Veräußerung) aufgrund eines nun wirksamen Verwahrungsvertrages mit K diesem den Besitz vermittelt.

Die Gutgläubigkeit des Erwerbers muss im Fall von § 934, 2.Var. **im Zeitpunkt des Besitzerwerbs** von dem Dritten vorliegen.

42

Voraussetzungen für den gutgläubigen Erwerb nach §§ 929 S. 1, 931, 934	
§ 934, 1. Var.	§ 934, 2. Var.
1. Übereignung nach §§ 929 S. 1, 931 durch Einigung und Abtretung des Herausgabeanspruchs	1. Übereignung nach §§ 929 S. 1, 931 durch Einigung und Abtretung des *vermeintlichen* Herausgabeanspruchs
2. Fehlende Berechtigung des Veräußerers	
3. Veräußerer ist mittelbarer Besitzer	3. Erlangung des Besitzes von dem unmittelbar besitzenden Dritten
4. Gutgläubigkeit des Erwerbers, § 932 Abs. 2, im Zeitpunkt der Abtretung	4. Gutgläubigkeit des Erwerbers, § 932 Abs. 2, im Zeitpunkt des Besitzerwerbs
5. Kein Abhandenkommen, § 935	

43 *Weiteres Beispiel:* N hat bei D Mehl eingelagert. Dieses Mehl verkauft er an E und übereignet es gemäß §§ 929, 931 durch Abtretung des Herausgabeanspruchs gegen D. Einige Zeit später veräußert N das Mehl mittels Abtretung seines angeblichen Herausgabeanspruchs gegen D nochmals an G. Nachdem D davon erfährt, lagert er das Mehl für G ein.

44 Ist G Eigentümer des Mehls geworden?

45 Ursprünglich war N Eigentümer. Dieser hat sein Eigentum jedoch gemäß §§ 929 S. 1, 931 durch Einigung und Abtretung seines Herausgabeanspruchs gegen D an E verloren.

46 Fraglich ist, ob E sein Eigentum wiederum durch einen gutgläubigen Erwerb des G von N gemäß §§ 929 S. 1, 931, 934 verloren hat. N hat sich als Nichtberechtigter mit G über den Eigentumsübergang geeinigt und seinen vermeintlichen Herausgabeanspruch gegen D an G abgetreten. Allerdings war N in diesem Zeitpunkt aufgrund der vorherigen Abtretung des Herausgabeanspruchs an E kein mittelbarer Besitzer des Mehls mehr. Der mittelbare Besitz war bereits gemäß § 870 auf E übergegangen. Ein gutgläubiger Eigentumserwerb nach § 934, 1. Var. scheidet aus.

47 In Betracht kommt nur ein gutgläubiger Erwerb nach § 934, 2. Var. Dazu müsste G aufgrund des Veräußerungsgeschäfts mit N von D Besitz erworben haben und außerdem zum Zeitpunkt des Besitzerwerbs gutgläubig gewesen sein. D lagert das Mehl infolge der Veräußerung für G ein, so dass G mittelbarer Besitzer wird. Nach § 934 wird seine Gutgläubigkeit im Zeitpunkt des Besitzerwerbs vermutet. Mithin hat G gemäß §§ 929 S. 1, 931, 934, 2. Var. gutgläubig das Eigentum an dem Mehl erworben.

III. Ausschluss des gutgläubigen Erwerbs nach § 935

48 Der Eigentumsverlust des ursprünglichen Eigentümers aufgrund eines gutgläubigen Erwerbs lässt sich nur rechtfertigen, wenn der Eigentümer dem Nichtberechtigten seinen Besitz freiwillig überlassen hat (sog. **Veranlassungsprinzip**). Denn in diesen Fällen hat er das Risiko der Veräußerung durch einen Nichtberechtigten selbst geschaffen.

Deshalb tritt ein gutgläubiger Erwerb gemäß **§ 935 Abs. 1** nicht ein, wenn die Sache dem Eigentümer (S. 1) oder seinem Besitzmittler (S. 2) gestohlen worden, verlorengegangen oder sonst abhanden gekommen war. **Abhandenkommen heißt unfreiwilliger Verlust des unmittelbaren Besitzes.** Entscheidend ist immer der Wille des unmittelbaren Besitzers. Wenn der **Besitzmittler** (unmittelbarer Besitzer) die Sache gegen den Willen des Eigentümers (mittelbarer Besitzer) veräußert, liegt daher kein Abhandenkommen vor, § 935 Abs. 1 S. 2. Hiervon abzugrenzen ist der Fall, dass der **Besitzdiener** wie ein Eigentümer verfährt, zB durch Unterschlagung oder Veräußerung der Sache.[14] Da der Besitzdiener nie selber Besitzer der Sache ist, sondern nur der Besitzherr (§ 855), kommt es für § 935 allein auf den Willen des Besitzherrn an.

Der i.R.v. § 935 Abs. 1 entscheidende Besitzübertragungswille ist **rein tatsächlicher** und nicht rechtsgeschäftlicher Natur. Das bedeutet, dass dieser Wille nicht durch die beschränkte Geschäftsfähigkeit oder einen Irrtum des unmittelbaren Besitzers beeinflusst wird.[15] Ein Abhandenkommen ist dagegen anzunehmen, wenn der unmittelbare Besitzer keinen tatsächlichen Besitzübertragungswillen bilden konnte, etwa weil er mit unwiderstehlichem Zwang zur Übergabe bewegt wurde oder weil er aufgrund seiner vollständigen Geschäftsunfähigkeit nicht in der Lage war, einen eigenen Willen zu bilden.[16]

§ 935 Abs. 1 ist eine Schutzvorschrift zugunsten des Eigentümers, der den unmittelbaren Besitz unfreiwillig verloren hat. Die Vorschrift schützt dagegen nicht den (Mit-)Besitzer einer Sache. Dazu folgendes

Beispiel[17]: Der Ehemann M verleiht den ihm gehörenden Pkw, der von ihm und seiner Ehefrau F gemeinsam genutzt wird, an den Entleiher E, ohne dass er seiner Frau etwas davon erzählt. E veräußert den Pkw an den gutgläubigen D. – Hier ist der gutgläubige Erwerb des D nicht nach § 935 Abs. 1 ausgeschlossen. Eigentümer M hat seinen unmittelbaren Mitbesitz willentlich auf E übertragen, so dass § 935 Abs. 1 S. 1 nicht einschlägig ist. Sodann hat der Besitzmittler E seinerseits willentlich den unmittelbaren Besitz auf D übertragen, § 935 Abs. 1 S. 2 greift also ebenfalls nicht ein. Zwar war F ursprünglich ebenfalls unmittelbare Mitbesitzerin des Pkw, sie wird von § 935 Abs. 1 allerdings nicht geschützt, weil sie nicht (Mit-)Eigentümerin des Wagens war. Auch eine analoge Anwendung des § 935 Abs. 1 kommt hier nicht in Betracht, der Schutz eines Mitbesitzers ist in § 866 abschließend geregelt.

Im Rahmen des § 935 hat der **Erbenbesitz nach § 857** große Bedeutung. § 857 fingiert den Besitzübergang auf den Erben, das heißt, der Erbe erlangt Besitz in der beim Erblasser zuletzt vorhandenen Besitzform. Auf diese Weise kann der Erbe unmittelbarer Besitzer einer Sache werden, ohne die tatsächliche Sachherrschaft darüber auszuüben. Gibt der Inhaber der tatsächlichen Sachherrschaft, der nicht Erbe geworden ist, Sachen ohne Wissen des Erben weg, so sind die Sachen abhandengekommen iSv § 935.[18] Ist der Inhaber der tatsächlichen Sachherrschaft jedoch durch einen **Erbschein** legitimiert, verdrängt der **öffentliche Glaube des Erbscheins, § 2366**, die Anwendung des § 935. Der kraft Erbscheins ausgewiesene vermeintliche Erbe gilt als Berechtigter iSd

---

14 Hierzu ein interessanter Fall des OLG Köln MDR 2006, 90: Bei einer Probefahrt eines Kaufinteressenten sei der Fahrer Besitzdiener, so dass die Übereignung an einen gutgläubigen Dritten an § 935 scheitere; vgl. mehr dazu oben § 6 Rn. 7.
15 *Wellenhofer*, SachenR, § 8 Rn. 29.
16 BGHZ 4, 10 (33 ff.); OLG München NJW 1991, 2571.
17 Nach BGH MDR 2014, 270 f.
18 BeckOK BGB/*Kindl*, § 935 Rn. 4; Staudinger BGB/*Wiegand*, § 935 Rn. 19.

§§ 929–931; auf § 935 kommt es nicht an.[19] Das gilt nach herrschender Ansicht sogar dann, wenn der Erwerber keine Kenntnis vom Inhalt des Erbscheins hat.[20]

53 Nach § 935 **Abs. 2** gilt der Ausschluss des Abs. 1 nicht für Geld oder Inhaberpapiere (§§ 793 ff., 807). Deren Umlauffähigkeit soll zum Schutz eines reibungslosen Finanzsystems gewährleistet bleiben. Aus diesem Grund ist § 935 Abs. 2 nicht anwendbar auf Gold- und Sammlermünzen, die nicht zum Umlauf im öffentlichen Zahlungsverkehr bestimmt und geeignet sind.[21] Außerdem gilt Abs. 1 nicht für Sachen, die im Wege öffentlicher Versteigerung (§ 383 Abs. 3) veräußert werden. Diese genießen aufgrund der Durchführung durch eine besondere Vertrauensperson (vgl. § 383 Abs. 3) besonderen Schutz.

IV. Schuldrechtlicher Ausgleich, § 816 Abs. 1

54 Der Eigentumsverlust für den ursprünglichen Eigentümer wird schuldrechtlich ua durch die Vorschrift des § 816 Abs. 1 ausgeglichen. Grundsätzlich hat der ursprüngliche Eigentümer gegen den verfügenden Nichtberechtigten gemäß § 816 Abs. 1 S. 1 einen Anspruch auf Herausgabe des durch die Verfügung Erlangten. Dieser beinhaltet nach herrschender Auffassung nicht nur einen Wertersatz, sondern den vollständigen Erlös einschließlich eines etwaigen Gewinns.[22]

V. Gutgläubiger lastenfreier Erwerb, § 936

55 Ebenso wie der Eigentümer sein Eigentum durch einen gutgläubigen Erwerb nach §§ 932–935 verliert, verlieren dinglich Berechtigte ihr Recht an einer Sache durch einen gutgläubigen lastenfreien Erwerb gemäß § 936. Die Vorschrift findet bei jedem rechtsgeschäftlichen Eigentumserwerb Anwendung, das heißt auch bei einem gutgläubigen Eigentumserwerb.

56 Besondere Voraussetzung hierfür ist – neben der **vollständigen Besitzverschiebung** zulasten des Veräußerers und zugunsten des Erwerbers (§ 936 Abs. 1 S. 2, 3) –, dass der Inhaber des beschränkt dinglichen Rechts **keinerlei (unmittelbaren oder mittelbaren) Besitz an der Sache** mehr haben darf, vgl. § 936 Abs. 3. *"Jedes Recht zum Besitz wird durch den Besitz verabsolutiert"*[23], das heißt: Besitzt der dinglich Berechtigte die Sache, bleiben seine Rechte erhalten.

57
Voraussetzungen für den gutgläubigen lastenfreien Erwerb nach § 936
1. Rechtsgeschäftlicher Eigentumserwerb der Sache *(auch gutgläubiger Erwerb)* 2. Vollständige Besitzverschiebung vom Veräußerer auf den Erwerber, § 936 Abs. 1 S. 2, 3 3. Keinerlei Besitz des dinglich Berechtigten, § 936 Abs. 3

---

19 BeckOK BGB/*Kindl*, § 935 Rn. 4; Staudinger BGB/*Wiegand*, § 935 Rn. 19.
20 BGHZ 33, 314 (317); *Baur/Stürner*, SachenR, § 52 Rn. 40.
21 BGH NJW 2013, 2888.
22 BGHZ 29, 157 (159 f.); Palandt/*Sprau*, § 816 Rn. 10; *Looschelders*, SchuldR BT, § 55 Rn. 26.
23 *H. Westermann*, SachenR, 5. Aufl., § 50 Rn. 2.

§ 7 Gutgläubiger Erwerb beweglicher Sachen, §§ 932 ff.

Voraussetzungen für den gutgläubigen lastenfreien Erwerb nach § 936
4. Gutgläubigkeit des Erwerbers bzgl. des Nichtbestehens des dinglichen Rechts, §§ 936 Abs. 2, 932 Abs. 2
5. Kein Ausschluss nach § 935 analog

Als dingliche Rechte kommen in Betracht: 58

1. Gesetzliche Pfandrechte

Beispiele: 59

- Der Mieter veräußert seine Stereoanlage gemäß § 929 S. 1. Damit verliert er den unmittelbaren Besitz an den Erwerber. Der Vermieter verliert sein Vermieterpfandrecht (§ 562) gemäß § 936. *(Soweit der Mieter fremde Sachen gemäß §§ 929, 932 veräußert, hatte der Vermieter gar kein Pfandrecht nach § 562, welches er verlieren könnte)*
- Der Mieter übereignet seine Stereoanlage zur Sicherheit an eine Bank gemäß §§ 929 S. 1, 930. Hier bleibt der Mieter im unmittelbaren Besitz der Sache, es fehlt an der Besitzverschiebung, die gemäß § 936 Abs. 1 S. 3 erforderlich ist. Die Bank erwirbt zwar Eigentum, dieses ist aber belastet mit dem Vermieterpfandrecht. *(Soweit der Mieter eine fremde Sache gemäß §§ 929 S. 1, 930, 933 zur Sicherheit übereignet, hatte der Vermieter gar kein Pfandrecht. Allerdings erwirbt die Bank erst Eigentum, wenn die Sache an sie übergeben wird, § 933)*
- Der Kunde veräußert seinen Pkw, während dieser in der Reparaturwerkstatt ist, gemäß §§ 929 S. 1, 931. Der Kunde verliert zwar seinen mittelbaren Besitz (§ 870), den er aufgrund des Werkvertrages inne hat (§ 868), der Reparateur bleibt jedoch unmittelbarer Besitzer und verliert daher gemäß § 936 Abs. 3 nicht sein Unternehmerpfandrecht (§ 647). *(Soweit der Kunde ein fremdes Auto gemäß §§ 929 S. 1, 931, 934, 1. Alt veräußert, erlangt der Erwerber schon deshalb unbelastetes Eigentum, weil nach hM ein gutgläubiger Erwerb gesetzlicher Pfandrechte nicht möglich ist, so dass ein Pfandrecht des Werkunternehmers gemäß § 647 nicht entstanden ist)*

2. Vertragliche Pfandrechte

Beispiele: 60

- E verpfändet seine Uhr gemäß § 1205 und veräußert sie danach gemäß §§ 929 S. 1, 931. – Der Erwerber erlangt Eigentum, aber belastet mit dem Pfandrecht, da der Pfandgläubiger im unmittelbaren Besitz bleibt, § 936 Abs. 3.
- E verpfändet eine fremde Uhr gemäß §§ 1207, 932 und veräußert sie gemäß §§ 929 S. 1, 931, 934, 1. Alt. – Der Erwerber erwirbt zwar gutgläubig Eigentum, aber belastet mit dem Pfandrecht, da der Pfandgläubiger wiederum im unmittelbaren Besitz bleibt, § 936 Abs. 3.
- E verpfändet eine fremde Uhr, allerdings ist der Pfandrechtsbestellungsvertrag wegen Geschäftsunfähigkeit des Pfandgläubigers D unwirksam. Sodann veräußert E die Uhr an X gemäß §§ 929 S. 1, 931, 934, 2. Alt. – E ist aufgrund der Unwirksamkeit des Besitzmittlungsverhältnisses kein mittelbarer Besitzer, so dass X gemäß

§ 934, 2. Alt. erst Eigentum erwerben kann, wenn D die Sache an ihn herausgibt. Das erworbene Eigentum ist lastenfrei, weil D kein Pfandrecht erworben hatte.

3. Anwartschaftsrechte

61 *Beispiel*:

- Der Vorbehaltsverkäufer veräußert die bereits unter Eigentumsvorbehalt veräußerte Sache gemäß §§ 929 S. 1, 931 an einen Dritten. – Der Dritte erwirbt zwar Eigentum an der Sache. § 161 Abs. 1 S. 1 steht dem nicht entgegen, denn dessen Wirkung tritt erst im Falle des Eintritts der Bedingung ein, das heißt mit Zahlung der letzten Kaufpreisrate durch den Vorbehaltskäufer. Die Sache ist aber weiterhin belastet mit dem Anwartschaftsrecht des Vorbehaltskäufers, da dieser im unmittelbaren Besitz der Sache bleibt, § 936 Abs. 3. *Siehe dazu ausführlich den fünften Fall „Doppelverkauf", § 9.*

§ 8 Vierter Fall „Maschinen"

I. Schwerpunkte

Der vierte Fall „Maschinen" setzt sich aufbauend auf dem vorherigen Kapitel mit dem **gutgläubigen Erwerb** beweglicher Sachen nach §§ 929 S. 1, 930, 933 und §§ 929 S. 1, 931, 934, 1. Var. auseinander. Im Besonderen wird das **Problem des Nebenbesitzes** behandelt.

Außerdem vertieft der Fall die Kenntnisse zum **Eigentumsvorbehalt**, zum daraus resultierenden **Anwartschaftsrecht** (mit Exkurs) und zur **Sicherungsübereignung**.

II. Sachverhalt[1]

V hat an K Maschinen für dessen Betrieb unter Eigentumsvorbehalt verkauft. Ein Teil des Kaufpreises steht noch offen. Da die Bank B dem K einen Kredit gewährt hat, überträgt K der B das angebliche Eigentum an den Maschinen zur Sicherheit, wobei K im Besitz der Maschinen verbleibt. Nunmehr überträgt B ihr angebliches Sicherungseigentum unter Abtretung der Rechte gegenüber K an C, der davon ausgeht, dass B Sicherungseigentümerin ist.

Ist C Eigentümer der Maschinen geworden?

III. Lösungsvorschlag

Fraglich ist, ob C Eigentümer der Maschinen wurde.

I. **Ursprünglicher Eigentümer** war V.

II. **Verlust durch Übereignung von V an K**

V könnte sein Eigentum an den Maschinen gemäß § 929 S. 1 durch Übereignung an K verloren haben. Allerdings hat V die Maschinen unter Eigentumsvorbehalt an K verkauft. Die Übereignung steht somit unter der aufschiebenden Bedingung der vollständigen Kaufpreiszahlung, § 449 Abs. 1. Diese ist bisher nicht eingetreten, womit die Eigentumsübertragung gemäß § 158 Abs. 1 noch nicht wirksam ist.

III. **Verlust durch Übereignung von K an B**

V könnte sein Eigentum allerdings durch Übereignung von K an B verloren haben. Da K mangels Kaufpreiszahlung weder Eigentümer der Sache war noch von V im Sinne des § 185 zur Weiterveräußerung ermächtigt wurde, kommt nur ein gutgläubiger Erwerb in Betracht. Hier könnte die Variante der **§§ 929 S. 1, 930, 933** einschlägig sein. K und B haben sich über die Eigentumsübertragung geeinigt und der Sicherungsvertrag stellt ein Besitzmittlungsverhältnis iSv § 868 dar. § 933 setzt allerdings neben der Gutgläubigkeit des Erwerbers voraus, dass die Sache dem Erwerber vom Veräußerer übergeben wird, was vorliegend nicht geschah.

---

1 Nach BGHZ 50, 45 (sog. Fräsmaschinen-Fall), s. dazu *Medicus/Petersen*, BürgerlichesR, Rn. 559 ff.

9   V blieb zunächst Eigentümer der Maschinen.

10 *Hinweis zum weiteren Verständnis:*

11 *Die unwirksame Eigentumsübertragung nach §§ 929 S. 1, 930 kann gemäß § 140 oder §§ 133, 157 in eine wirksame Übertragung des Anwartschaftsrechts von K an B umgedeutet werden. Ein solches hat K als Vorbehaltskäufer an den Maschinen erworben. Das Anwartschaftsrecht stellt nämlich ein wesensgleiches Minus zum Eigentum dar und kann deshalb wie Eigentum gemäß §§ 929 S. 1, 930 analog übertragen werden.*[2] *Scheitert – wie hier – die Eigentumsübertragung, ist idR davon auszugehen, dass die Vertragsparteien für diesen Fall zumindest ein bestehendes Anwartschaftsrecht übertragen wollten.*[3]

12 **Exkurs: Die gesicherte Erwerbsposition des Vorbehaltskäufers – das Anwartschaftsrecht**

I. Begriffswiederholung

Beim Eigentumsvorbehaltskauf handelt es sich gemäß § 449 Abs. 1 um einen **unbedingt abgeschlossenen Kaufvertrag (§ 433)** verbunden mit einer **aufschiebend bedingten Übereignung (§§ 929 S. 1, 158 Abs. 1)**. Die Wirksamkeit der dinglichen Einigung hängt von der vollständigen Kaufpreiszahlung ab.

II. Sicherung der Rechtsposition des Käufers

Der Vorbehaltskäufer vertraut darauf, zukünftig (mit Zahlung des Kaufpreises) das Eigentum an der Kaufsache zu erlangen. In seiner Erwerbsposition muss der Vorbehaltskäufer geschützt werden, insbesondere, wenn er schon Zahlungen geleistet hat. Dieser Schutz ist gesetzlich wie folgt ausgestaltet:

1. Vor Bedingungseintritt ist der Vorbehaltsverkäufer zwar noch Eigentümer, er kann jedoch den Eigentumserwerb des Käufers grundsätzlich nicht mehr verhindern, da eine **Zwischenverfügung gemäß § 161 Abs. 1 mit Bedingungseintritt unwirksam** wäre. Allerdings gelten nach Abs. 3 die Vorschriften zum gutgläubigen Erwerb vom Nichtberechtigten entsprechend.
2. Der Vorbehaltskäufer hat mit Bedingungseintritt einen **Schadensersatzanspruch gegen den Verkäufer nach § 160 Abs. 1,** wenn infolge eines Verschuldens des Verkäufers die Sache untergeht oder der Rechtserwerb beeinträchtigt wird.
3. Vereitelt der Vorbehaltsverkäufer treuwidrig den Eintritt der Bedingung (zB durch Verweigerung der Kaufpreisannahme), so **gilt die Bedingung nach § 162 Abs. 1 als eingetreten.**

III. Zum Anwartschaftsrecht

Eine so gesicherte Erwerbsposition nennt man **Anwartschaftsrecht**. Der Erwerber erlangt eine Rechtsposition, die nicht mehr einseitig vom Veräußerer zerstört werden kann; der Erwerb des Vollrechts hängt nur noch vom Willen des Erwerbers ab. Es handelt sich um eine Vorstufe des Eigentums, ein **wesensgleiches Minus**.[4] Hieraus ergeben sich folgende Charakteristika des Anwartschaftsrechts:

1. Das Anwartschaftsrecht **verwandelt sich automatisch in Eigentum** an der Sache, sobald die Bedingung eingetreten ist (zB Zahlung des Kaufpreises beim Eigentumsvorbehaltskauf).

---

2 BGHZ 28, 16 (21).
3 BGHZ 50, 45 (48).
4 BGHZ 28, 16 (21).

Exkurs:	Die gesicherte Erwerbsposition des Vorbehaltskäufers – das Anwartschaftsrecht

2. Das Anwartschaftsrecht ist **akzessorisch**, dh vom Bestehen der Kaufpreisforderung abhängig. Mit dem Wegfall des Kaufvertrags, zB durch Rücktritt (vgl. §§ 449 Abs. 2, 323), Anfechtung oder Aufhebung, entfällt auch der Kaufpreisanspruch des Verkäufers, so dass die Bedingung nicht mehr eintreten kann und das Anwartschaftsrecht erlischt.

3. Das Anwartschaftsrecht enthält **ein schuldrechtliches und ein sachenrechtliches Element**. Soweit Ersteres betroffen ist, kann das Anwartschaftsrecht nur mit dem Inhalt des ursprünglichen Kaufvertrages übertragen werden, so dass sich insoweit ein gutgläubiger Erwerb verbietet.

Beispiel: K erwirbt unter Eigentumsvorbehalt bei V einen Pkw, wobei von 10.000 EUR Kaufpreis bisher nur 2.000 EUR bezahlt sind. D erwirbt den Pkw nun in Kenntnis des Eigentumsvorbehalts von K, wobei dieser wahrheitswidrig behauptet, bereits 5.000 EUR gezahlt zu haben. Nachdem D an V weitere 5.000 EUR gezahlt hat, glaubt er, Eigentümer geworden zu sein. Zu Recht?- D konnte das Anwartschaftsrecht an dem Wagen nur mit einer zugrunde liegenden Forderung von 8.000 EUR erwerben. Bezüglich der schuldrechtlichen Forderung existiert kein Gutglaubensschutz. Mithin wird er erst mit Zahlung von weiteren 3.000 EUR Eigentümer.

4. Soweit das sachenrechtliche Element betroffen ist, dh das Anwartschaftsrecht als dingliches Recht, finden die **Vorschriften über das Eigentum entsprechende Anwendung**. Es wird wie Eigentum an einer Sache gemäß §§ 929 ff. analog übertragen. Daher ist auch der gutgläubige Erwerb nach §§ 932 ff. analog möglich.[5] Außerdem ist das Anwartschaftsrecht gegenüber unberechtigten Besitzern durch §§ 985, 987 ff. analog geschützt.[6]

5. Das Anwartschaftsrecht ist ein **Recht zum Besitz iSv § 986**.[7]

6. Das Anwartschaftsrecht ist ein **absolutes Recht iSd § 823 Abs. 1**.

7. Das Anwartschaftsrecht ist im Wege der Zwangsvollstreckung pfändbar.

Nach der Rechtsprechung ist eine sog. Doppelpfändung erforderlich:[8]

a) *Rechtspfändung des Anwartschaftsrechts gemäß §§ 857, 829 ZPO durch Zustellung des Pfändungsbeschlusses an den Drittschuldner/Veräußerer (zB den Vorbehaltsverkäufer).*

Die Pfändung bewirkt eine **Verfügungsbeschränkung** *des Schuldners (zB des Vorbehaltskäufers) zugunsten des Pfändungsgläubigers (Inhibitorium, § 829 Abs. 1 S. 2 ZPO) und damit das* **Recht des Pfändungsgläubigers, selbst den Restkaufpreis zu bezahlen,** *damit das Anwartschaftsrecht in verwertbares Volleigentum übergeht. Der Schuldner kann nämlich der Zahlung aufgrund des Inhibitoriums nicht mehr widersprechen, so dass der Drittschuldner/Veräußerer die Leistung auch nicht ablehnen kann, § 267 Abs. 2.*

---

5 HM *Baur/Stürner*, SachenR, § 59 Rn. 39; *Prütting*, SachenR, Rn. 393; *Wellenhofer*, SachenR, § 14 Rn. 34; aA *Brox* JuS 1984, 657 (661 f.).
6 AA *Brox* JuS 1984, 657 (660).
7 *Wellenhofer*, SachenR, § 14 Rn. 20 mwN; aA BGHZ 10, 69 (72), allerdings über die dolo agit Einrede mit demselben Ergebnis.
8 Vgl. dazu BGH NJW 1954, 1325; Kindl/Meller-Hannich/Wolf/*Koch*, ZPO, § 857 Rn. 8 ff.; aA Theorie der reinen Rechtspfändung: *Wellenhofer*, SachenR, § 14 Rn. 36 f.; *Medicus/Petersen*, Rn. 486.

> **Exkurs: Die gesicherte Erwerbsposition des Vorbehaltskäufers – das Anwartschaftsrecht**
>
> b) *Pfändung der Sache selbst gemäß § 808 Abs. 1 ZPO*
>
> *Mit der vollständigen Zahlung des Kaufpreises geht das Anwartschaftsrecht in Volleigentum über, womit das Pfandrecht daran erlischt. Ein Pfandrecht an der Sache selbst erwirbt der Gläubiger durch die zusätzliche Sachpfändung gemäß § 808 Abs. 1 ZPO. Damit verhindert er ein Zuvorkommen weiterer Gläubiger (§ 804 Abs. 3 ZPO).*
>
> Beachte: Die Theorie der Doppelpfändung gilt nur für die Begründung eines Pfändungspfandrechts. Das Faustpfandrecht wird gemäß §§ 1204 ff. analog begründet.
>
> 8. Eine **unwirksame Übereignung** kann in eine Übertragung des Anwartschaftsrechts umgedeutet (§ 140) bzw. ausgelegt werden (§§ 133, 157).

IV. Verlust durch Übereignung von B an C

13 Ein Eigentumsverlust des V könnte jedoch durch eine wirksame Übereignung von B an C gemäß §§ 929 S. 1, 931, 934, 1. Var. eingetreten sein.

1. Voraussetzungen der §§ 929 S. 1, 931

14 B und C haben sich über die Übertragung des vermeintlichen Sicherungseigentums der B geeinigt (§ 929 S. 1) und anstelle der Übergabe der Maschinen hat B ihre Rechte gegen K aus dem Sicherungsvertrag abgetreten (§ 931).

2. Voraussetzungen des § 934, 1. Var.

15 B war jedoch weder Eigentümerin der Maschinen noch nach § 185 zur Veräußerung ermächtigt. Möglich ist allein ein gutgläubiger Erwerb des C von B nach § 934. In Betracht kommt § 934, 1. Var.

a) Mittelbarer Besitz der B

16 Ein gutgläubiger Erwerb nach § 934, 1. Var. setzt zunächst voraus, dass der Veräußerer mittelbarer Besitzer der zu übereignenden Sache war.

17 K war im unmittelbaren Besitz der Maschinen und wollte diese zumindest auch für seinen Sicherungsgeber B besitzen. Der Sicherungsvertrag stellt grundsätzlich ein Besitzmittlungsverhältnis iSv § 868 dar. Auf den ersten Blick scheinen die Voraussetzungen des § 934, 1. Var. erfüllt zu sein.

aa) Nichtigkeit des Besitzkonstituts nach § 139

18 An der Stellung der B als mittelbarer Besitzerin könnten sich indes unter dem Gesichtspunkt des § 139 Zweifel ergeben. Denn die von K und B gewünschte Sicherungsübereignung war, wie oben gezeigt, wirkungslos. Sieht man den Eigentumserwerb der B und das Besitzkonstitut zwischen K und B als eine Geschäftseinheit der Übereignung nach § 930, so könnte sich aus § 139 die Unwirksamkeit des Besitzkonstituts ergeben.

19 Einer Anwendung des § 139 lässt sich allerdings entgegenhalten, dass die Einigung nicht – wie § 139 es verlangt – nichtig war (zB gem. §§ 134, 138), sondern lediglich

erfolglos geblieben ist. Außerdem lässt sich die fehlgeschlagene Übereignung, wie oben ausgeführt, durch eine Umdeutung gemäß § 140 (oder Auslegung gemäß §§ 133, 157) als Übertragung des Anwartschaftsrechts aufrecht erhalten. Dazu bedurfte es gemäß § 930 analog eines wirksamen Besitzmittlungsverhältnisses. Nach dem hypothetischen Parteiwillen sollte dessen Wirksamkeit also keinesfalls mit der der Eigentumsübertragung stehen und fallen, was aber Anwendungsvoraussetzung des § 139 wäre.[9] § 139 steht der Anwendung des § 934, 1. Var. somit nicht entgegen.

bb) Problematik des Nebenbesitzes

(1) Teilweise wird der Anwendbarkeit des § 934, 1. Var. indes entgegengehalten, dass K nicht nur B, sondern auch V den Besitz mittle. Zwischen K und B bestehe ein Besitzmittlungsverhältnis aufgrund des Sicherungsvertrages und zwischen K und V aufgrund des Eigentumsvorbehaltskaufs. Deshalb stünden V und B als mittelbare Nebenbesitzer gleichwertig nebeneinander. Die Übertragung eines solchen Nebenbesitzes von B an C könne aber nicht für die Anwendung des § 934, 1. Var. genügen. Denn der Veräußerer B stehe der Sache nicht näher als der ebenfalls über Nebenbesitz verfügende Eigentümer V. Daher könne der vermeintliche Erwerber, der bloßen Nebenbesitz übertragen bekomme, nicht näher an die Sache rücken als der Eigentümer, so dass ein gutgläubiger Erwerb über § 934 nicht gerechtfertigt sei.[10]

(2) Die Rechtsprechung und ein Teil der Literatur lehnen dagegen die Rechtsfigur des Nebenbesitzes ab.[11] Weil sich der Vorbehaltskäufer dem Sicherungsnehmer gegenüber durch die Veräußerung als Eigentümer und Eigenbesitzer geriere, wird darin ein den mittelbaren Besitz des Vorbehaltsverkäufers ausschließendes Verhalten gesehen.[12] Denn der mittelbare Besitz ende, wenn der bisherige Besitzmittler seinen Besitzmittlungswillen nach außen hin erkennbar aufgebe, ohne dass dies auch dem bisherigen mittelbaren Besitzer mitgeteilt werden müsse.[13]

(3) Die letztere Ansicht ist überzeugend. Sie verweist zutreffend auf den sachenrechtlichen numerus clausus. Das Gesetz kennt mit §§ 866, 868, 871 bestimmte Formen der besitzrechtlichen Beteiligung, so dass daneben keine planwidrige Lücke für den Nebenbesitz besteht. Auch ist der mittelbare Besitz vom Besitzmittlungswillen des unmittelbaren Besitzers abhängig. Der Besitzmittler kann aber schwerlich zwei Oberbesitzern gleichzeitig gerecht werden.

Die Figur des Nebenbesitzes ist somit abzulehnen (aA ebenso gut vertretbar), so dass ein gutgläubiger Erwerb des C nach §§ 929 S. 1, 931, 934, 1. Var. grundsätzlich möglich ist.

---

9 BGHZ 50, 45 (48 f.).
10 *Medicus/Petersen*, BürgerlichesR, Rn. 561; *Neuner*, SachenR, Rn. 406 ff.
11 RGZ 135, 75 (79 f.); 138, 265 (267); BGHZ 28, 16 (27 f.); 50, 45 (49 ff.); MüKo/*Joost*, § 868 Rn. 20; Palandt/ *Herrler*, § 868 Rn. 2.
12 Palandt/*Herrler*, § 868 Rn. 4.
13 BGH NJW 2005, 359 (364).

> **24** **Exkurs: Sonstige mögliche Anwendungsfälle des Nebenbesitzes**
>
> Neben dem hier behandelten Fall der **Sicherungsübereignung** kann die Lehre vom Nebenbesitz auch in Fällen des **gutgläubigen Erwerbs nach §§ 931, 934, 2. Var.** und bei der **Übertragung des Anwartschaftsrechts** eine Rolle spielen:
>
> 1. Gutgläubiger Erwerb nach §§ 931, 934, 2. Var.
>
>   Eigentümer E lagert eine Sache bei Lagerist L ein, ist also mittelbarer Besitzer. Nun übereignet ein nichtberechtigter Veräußerer V einem Dritten D die Sache nach §§ 931, 934, 2. Var. unter Abtretung seines vermeintlichen Herausgabeanspruchs gegen L.
>   Sofern L (der unmittelbare Fremdbesitzer) mit dem Erwerber D in Anerkennung der Veräußerung ein Besitzmittlungsverhältnis abschließt und damit signalisiert, neben E auch für D besitzen zu wollen, kann man bloßen Nebenbesitz von E und D annehmen, was für § 934, 2. Var. nicht genügt. Die den Nebenbesitz ablehnende Auffassung verweist darauf, dass die Vereinbarung des Besitzmittlungsverhältnisses mit dem Erwerber zeige, dass L nur noch für diesen besitze und § 934, 2. Var. daher erfüllt sei.
>
> 2. Übertragung des Anwartschaftsrechts
>
>   Ein Vorbehaltskäufer (K), als unmittelbarer Besitzer einer Sache, übereignet unter Offenlegung des Vorbehaltskaufs nur sein tatsächlich bestehendes Anwartschaftsrecht gemäß § 930 analog zur Sicherheit an eine Bank.
>   Die Lehre vom Nebenbesitz macht hier geltend, dass K für die Bank und für den Vorbehaltsverkäufer (V) besitze, und nimmt Nebenbesitz des V und der Bank an. Die den Nebenbesitz ablehnende Auffassung arbeitet mit mehrfach gestuftem mittelbaren Besitz: Die Bank sei mittelbare Fremdbesitzerin und besitze zugleich für V, mittelbaren Eigenbesitzer zweiter Stufe.

b) Teleologische Reduktion des § 934, 1. Var. aufgrund Wertungswiderspruchs zu § 933

25 Dennoch ist fraglich, ob § 934, 1. Var. für Fälle wie den vorliegenden nicht einer teleologischen Reduktion zu unterziehen ist. Die Notwendigkeit dazu könnte sich aus einem Wertungswiderspruch zu § 933 ergeben: Verschafft der *unmittelbar besitzende Nichteigentümer* dem Erwerber den mittelbaren Besitz, so genügt dies allein gemäß § 933 nicht für einen gutgläubigen Erwerb. § 934 ermöglicht dagegen seinem Wortlaut nach dem *nur mittelbar besitzenden Nichteigentümer*, dem Erwerber durch Übertragung des mittelbaren Besitzes Eigentum zu verschaffen.

26 Der BGH stellt sich jedoch zu Recht gegen eine teleologische Reduktion des § 934, 1. Var.[14] Denn im Unterschied zum Fall des 933 verliert der Veräußerer im Fall des § 934, 1. Var. jeglichen Besitz an der Sache. In diesem Fall muss das Vertrauen des gutgläubigen Erwerbers ebenso geschützt werden wie bei der Übertragung des unmittelbaren Besitzes, da das Gesetz beide Arten des Besitzes grundsätzlich gleichstellt. Eine teleologische Reduktion des § 934, 1. Var. ist daher nicht angezeigt.

---

14 BGHZ 50, 45 (49 f.); ebenso Staudinger/*Wiegand*, § 934 Rn. 1 ff. mwN; aA *Wilhelm*, SachenR, Rn. 987.

3. Gutgläubigkeit und kein Abhandenkommen, §§ 932 Abs. 2, 935

C ging davon aus, dass B tatsächlich Sicherungseigentümerin der Maschinen ist. Mithin war er gutgläubig iSv § 932 Abs. 2 und der gutgläubige Erwerb war auch nicht nach § 935 ausgeschlossen.

Ergebnis

C wurde Eigentümer der Maschinen.

§ 9 Fünfter Fall „Doppelverkauf"

I. Schwerpunkte

Der fünfte Fall dient der Vertiefung folgender Problemschwerpunkte:

- Das **Anwartschaftsrecht**, insbesondere der **Schutz vor Zwischenverfügungen** (§ 161), und das Anwartschaftsrecht **als Recht zum Besitz iSv § 986**
- Der **gutgläubige lastenfreie Erwerb nach § 936**

II. Sachverhalt

E hat an K einen Pkw unter Eigentumsvorbehalt verkauft. Der Kaufpreis steht noch offen. Nunmehr überträgt E sein Eigentum an D, der davon ausgeht, dass E den Pkw an K verliehen hat, indem E seinen Herausgabeanspruch gegen K an D abtritt.

Kann D von K Herausgabe des Pkw verlangen?

Abwandlung: Wie ist die Rechtslage, wenn K nach der Übereignung an D den Kaufpreis an E zahlt?

III. Lösungsvorschlag zur Ausgangsfrage

D könnte gegen K einen Anspruch auf Herausgabe des Pkw aus § 985 haben.

1. K ist **Besitzer** des Pkw, § 854 Abs. 1.

2. Eigentum des D

D müsste Eigentümer des Pkw sein. Ursprünglich war E Eigentümer.

a) Eigentumsverlust an K

Die Übereignung von E an K war gemäß §§ 449 Abs. 1, 158 Abs. 1 aufschiebend bedingt. Die Bedingung der vollständigen Kaufpreiszahlung ist noch nicht eingetreten. E hat daher nicht gemäß § 929 S. 1 sein Eigentum an K verloren.

b) Eigentumsverlust an D

Fraglich ist, ob die Übereignung an D gemäß §§ 929 ff. wirksam ist.

aa) Einigung § 929 S. 1

E und D haben sich über die Eigentumsübertragung gemäß § 929 S. 1 wirksam geeinigt.

bb) Übergabesurrogat, § 931

Eine Übergabe von E an D hat nicht stattgefunden, denn K war im unmittelbaren Fremdbesitz des Autos. Die Übergabe könnte jedoch gemäß § 931 durch Abtretung des Herausgabeanspruchs von E an D ersetzt worden sein. Ein solcher (etwaiger künftiger) Herausgabeanspruch folgt aus dem Besitzmittlungsverhältnis zwischen Vorbehaltsverkäufer E und Vorbehaltskäufer K, § 868 („ähnliches Verhältnis"). Diesen Anspruch hat E an D abgetreten (§ 398) und damit den mittelbaren Besitz übertragen, § 870.

cc) **Verfügungsberechtigung des E**

Fraglich ist jedoch, ob E auch verfügungsberechtigt war. E war zwar noch Eigentümer des Pkw, seine Verfügungsbefugnis könnte jedoch gemäß § 161 Abs. 1 eingeschränkt sein, da der Pkw schon unter einer aufschiebenden Bedingung an K übereignet wurde. Allerdings greift **§ 161 Abs. 1 erst mit Bedingungseintritt ein**. Vorliegend hat K den Kaufpreis noch nicht bezahlt, die Verfügungsbefugnis ist demnach noch nicht eingeschränkt.

Folglich ist D gemäß §§ 929 S. 1, 931 Eigentümer des Pkw geworden.

3. Kein Recht des K zum Besitz

K könnte jedoch ein Recht zum Besitz iSd § 986 haben.

a) **§ 986 Abs. 2**

Ein solches Besitzrecht des K könnte sich aus § 986 Abs. 2 ergeben, wenn K eine Einwendung gegen den von E abgetretenen Herausgabeanspruch zustand.

Hinweis: § 986 Abs. 2 gilt wegen der vergleichbaren Interessenlage nach allgemeiner Ansicht analog für die Fälle, in denen ein mittelbar besitzender Eigentümer seine Sache nach § 930 veräußert, also dem Erwerber mittelbaren Besitz zweiter Stufe einräumt.[1]

K als Vorbehaltskäufer stand gegen E ein obligatorisches, relatives Besitzrecht aus dem Kaufvertrag (§ 433 Abs. 1 S. 1) zu. Dieses Recht zum Besitz kann K gemäß § 986 Abs. 2 folglich auch dem D entgegenhalten.

b) **Anwartschaftsrecht**

Darüber hinaus stellt nach herrschender Meinung ein Anwartschaftsrecht ein absolutes Recht zum Besitz iSv § 986 Abs. 1 dar.[2]

Fraglich ist daher, ob dem K ein solches zustand. Ursprünglich war K als Vorbehaltskäufer Anwartschaftsberechtigter. K könnte aber sein Anwartschaftsrecht durch einen gutgläubigen lastenfreien Erwerb des D verloren haben, **§ 936**. D hat das Eigentum am Wagen gemäß §§ 929, 931 erlangt. Er war dabei gutgläubig, da ihm das Anwartschaftsrecht nicht bekannt und auch nicht infolge grober Fahrlässigkeit unbekannt war, §§ 936 Abs. 2, 932 Abs. 2.

Zu beachten ist allerdings, dass **§ 936 Abs. 3** einen gutgläubigen lastenfreien Erwerb im Fall des § 931 dann ausschließt, wenn das Recht (hier das Anwartschaftsrecht) dem dritten Besitzer (hier dem K) zusteht (*„jedes Recht zum Besitz wird durch den Besitz verabsolutiert"*[3]). Das war hier der Fall. Somit ist ein gutgläubiger lastenfreier Erwerb

---

1 BGHZ 111, 142 (146 f.); Jauernig/*Berger*, § 986 Rn. 9.
2 *Baur/Stürner*, SachenR, § 59 Rn. 47; Palandt/*Herrler*, § 929 Rn. 41; *Wellenhofer*, SachenR, § 21 Rn. 20; aA BGHZ 10, 69 (72); *Medicus/Petersen*, BürgerlichesR, Rn. 465.
3 *H. Westermann*, SachenR, 5. Aufl., § 50 Rn. 2.

des D nach § 936 Abs. 3 ausgeschlossen. Daher hat D mit dem Anwartschaftsrecht belastetes Eigentum erworben.

21 Ein Recht zum Besitz des K gegenüber D ergibt sich somit auch aus dem Anwartschaftsrecht.

Ergebnis

22 D hat keinen Vindikationsanspruch gegen K aus § 985.

IV. Lösungsvorschlag zur Abwandlung

23 D könnte gegen K einen Anspruch aus § 985 auf Herausgabe des Pkw haben.

24 1. K ist **Besitzer** des Pkw.

2. Eigentum des D

25 Ursprünglich war E Eigentümer des Wagens. Fraglich ist, ob die Übereignung an D gemäß §§ 929 S. 1, 931 wirksam ist.

26 a) Wie oben ausgeführt, haben sich E und D über den Eigentumsübergang **geeinigt** und die Übergabe durch die **Abtretung des Herausgabeanspruchs** des E gegen K ersetzt, §§ 929 S. 1, 931.

b) **Verfügungsberechtigung des E**

27 Im Unterschied zum Ausgangsfall könnte die Veräußerung an D gemäß **§ 161 Abs. 1** unwirksam sein, da die Bedingung der Kaufpreiszahlung durch K inzwischen eingetreten ist und der Eigentumserwerb des K ansonsten vereitelt werden würde.

28 Allerdings verweist **§ 161 Abs. 3** auf die Regeln über den gutgläubigen Erwerb vom Nichtberechtigten (§§ 932–936). D könnte trotz der Verfügungsbeschränkung des § 161 Abs. 1 gemäß **§§ 161 Abs. 3, 929, 931, 934, 1. Var.** gutgläubig das Eigentum am Wagen erworben haben. E war als Vorbehaltsverkäufer mittelbarer Besitzer des Autos, so dass § 934, 1. Var. eingreift. D müsste bei der Abtretung des Herausgabeanspruchs gutgläubig gewesen sein. Die Gutgläubigkeit bezieht sich im Falle der Verweisung über § 161 Abs. 3 nicht auf die Eigentümerstellung des E (denn dieser war ja Eigentümer), sondern auf das Fehlen der Verfügungsbeschränkung des § 161 Abs. 1. Geschützt wird hier ausnahmsweise der gute Glaube an die Verfügungsmacht des Veräußerers. Wie oben dargestellt, war D diesbezüglich gutgläubig, da er von der vorherigen aufschiebend bedingten Übereignung des Pkw nichts wusste und seine Unkenntnis auch nicht auf grober Fahrlässigkeit beruhte.

29 D ist zunächst Eigentümer des Wagens geworden.

c) **Eigentumsverlust an K**

30 D könnte das Eigentum aber aufgrund des Eintritts der Bedingung der Kaufpreiszahlung an K verloren haben. Wie oben dargestellt, konnte D aufgrund des **§ 936 Abs. 3** das Eigentum nicht lastenfrei erwerben, so dass das Anwartschaftsrecht des K bestehen blieb. Mit Eintritt der Bedingung erstarkt nunmehr das Anwartschaftsrecht zum Vollrecht. Somit wurde K bei Zahlung des Kaufpreises Eigentümer des Autos.

§ 9 Fünfter Fall „Doppelverkauf"

Ergebnis

D hat keinen Vindikationsanspruch gegen K aus § 985.

Anmerkung: D bleibt natürlich „unbelasteter" Eigentümer, wenn das Anwartschaftsrecht des K erlischt, zB durch Rücktritt des E (§§ 449 Abs. 2, 323), Anfechtung oder Aufhebung des Kaufvertrags. Denn dann erlischt der Kaufpreisanspruch, der folglich nicht mehr erfüllt werden kann.

§ 10 Der veränderte Eigentumsvorbehalt

I. Der verlängerte Eigentumsvorbehalt

1 *Einführungsfall:*
Elektrogroßhändler K kauft bei der Lux-AG, die ua Plasmafernseher produziert, 100 Fernsehgeräte für je 1.000 EUR unter Eigentumsvorbehalt. In der Vereinbarung heißt es, dass K 30 % des Kaufpreises sofort, 40 % in zwei Monaten und 30 % in vier Monaten zahlen soll.

K kann seinen Verpflichtungen gegenüber der Lux-AG nur nachkommen, wenn ihm die Verfügung über das Eigentum der Lux-AG gestattet und er hierdurch in die Lage versetzt wird, die Fernsehgeräte an Einzelhändler weiterzugeben und diesen das Eigentum daran zu verschaffen. Mit dem von den Einzelhändlern als Gegenleistung erhaltenen Kaufpreis kann K ua seine eigene Kaufpreisschuld gegenüber der Lux-AG erfüllen.

2 Dieser Fall zeigt, dass, vor allem im Warenhandel, ein wirtschaftliches Bedürfnis besteht, den Vorbehaltskäufer in die Lage zu versetzen, über die gekauften Sachen verfügen zu können. Wenn der Vorbehaltsverkäufer den Käufer dazu gemäß § 185 Abs. 1 ermächtigt, verliert er allerdings sein vorbehaltenes Eigentum mit der wirksamen Übereignung an Dritte nach §§ 929 S. 1, 185 Abs. 1. Der einfache Eigentumsvorbehalt wird in diesen Fällen dem Sicherungsbedürfnis des Vorbehaltsverkäufers nicht gerecht.

3 Deshalb tritt beim sogenannten verlängerten Eigentumsvorbehalt **an die Stelle des vorbehaltenen Eigentums, welches gemäß §§ 929 S. 1, 185 Abs. 1 verloren geht, die Vorausabtretung der zukünftigen Kaufpreisforderungen** des Vorbehaltsverkäufers gegen seine Kunden an den Vorbehaltsverkäufer, § 398. Folglich bedingt der verlängerte Eigentumsvorbehalt folgende Rechtsgeschäfte:

4
Elemente des verlängerten Eigentumsvorbehalts
1. Unbedingter Kaufvertrag zwischen Vorbehaltsverkäufer und Vorbehaltskäufer, § 433
2. Bedingte Übereignung des Vorbehaltsverkäufers an den Vorbehaltskäufer, §§ 449 Abs. 1, 929, 158 Abs. 1
3. Ermächtigung des Vorbehaltskäufers zur Weiterübereignung als Nichteigentümer durch den Vorbehaltsverkäufer, §§ 929, 185 Abs. 1
4. Vorausabtretung der zukünftigen Kaufpreisforderungen des Vorbehaltskäufers gegenüber seinen Abnehmern an den Vorbehaltsverkäufer, § 398
Beachte: Die künftigen Forderungen müssen hinreichend bestimmt sein, das heißt mit ihrer Entstehung muss klar sein, ob sie von der Abtretung erfasst sind oder nicht.
5. Ermächtigung des Vorbehaltskäufers zum Einzug der abgetretenen Forderungen durch den Vorbehaltsverkäufer, §§ 362 Abs. 2, 185 Abs. 1

5 Der Vorbehaltskäufer kann die obige Konstruktion dadurch umgehen, dass er mit seinem Kunden ein **Abtretungsverbot gemäß § 399, 2. Var.** vereinbart. Dann verliert der Vorbehaltsverkäufer sein Eigentum gemäß §§ 929, 185 Abs. 1, ohne dass an die Stelle des Eigentums eine entsprechende Abtretung der Kaufpreisforderung tritt, es sei denn, das vereinbarte Abtretungsverbot ist nach **§ 354 a HGB** unwirksam. Um den Verlust seiner Sicherheit zu verhindern, kann der Vorbehaltsverkäufer seine Ermächtigung

nach § 185 Abs. 1 an die Bedingung knüpfen, dass die Abtretung der Kaufpreisforderung gegen den Kunden wirksam ist. In Betracht kommt dann allerdings immer noch ein gutgläubiger Eigentumserwerb des Kunden nach §§ 932 ff. und § 366 HGB. Der Kunde ist jedoch **nicht gutgläubig**, wenn er im Warenverkehr, in dem der verlängerte Eigentumsvorbehalt weit verbreitet ist, einerseits ein Abtretungsverbot mit dem Vorbehaltskäufer vereinbart, sich aber andererseits nicht nach den Eigentumsverhältnissen an der Sache erkundigt (**Erkundigungspflicht**).[1] Ein solcher Kunde handelt vielmehr grob fahrlässig.

Die Weiterveräußerung durch den Vorbehaltskäufer kann sich ebenfalls als Kauf unter Eigentumsvorbehalt darstellen, wenn der Erwerber den Kaufpreis nicht sofort bezahlen kann. Dann verbleibt dem Vorbehaltsverkäufer zunächst sein Eigentum, es ist allerdings mit zwei verschiedenen Anwartschaftsrechten des Erst- und Zweitkäufers belastet.

Beispiel: E hat Fernsehgeräte an H unter Eigentumsvorbehalt geliefert und gestattet dem H gemäß § 185 Abs. 1, die Geräte an seine Kunden weiterzuveräußern. H verkauft ein Gerät an K, wobei er die wirksame Übereignung unter die Bedingung der vollständigen Bezahlung des Kaufpreises stellt.

Hier bleibt E Eigentümer, sein Eigentum ist jedoch sowohl mit dem Anwartschaftsrecht des H als auch mit dem des K belastet. Zahlt K seinen Kaufpreis an H, so ist die Bedingung für seinen Eigentumserwerb erfüllt und er erwirbt das Eigentum unmittelbar von E. Zahlt dagegen zuerst H seine Schuld an E, so erwirbt H aufgrund seines Anwartschaftsrechts das Eigentum von E; dieses ist jedoch weiterhin belastet mit dem Anwartschaftsrecht des K. Zahlt K nunmehr an H, so erwirbt K das Eigentum von H.[2]

II. Der erweiterte Eigentumsvorbehalt

Beim sogenannten erweiterten Eigentumsvorbehalt macht der Verkäufer seine zum Eigentumsübergang erforderliche **Einigungserklärung nach § 929 S. 1 nicht nur von der Zahlung des Kaufpreises** für die jeweils gekaufte Sache **abhängig, sondern auch von der Erfüllung anderer Forderungen** gegen den Käufer (daher „Erweiterung"). Aufschiebende Bedingung für den Eigentumserwerb iSv § 158 Abs. 1 ist dann nicht nur die Zahlung des Kaufpreises, sondern die Erfüllung sämtlicher Forderungen des Vorbehaltsverkäufers gegen den Vorbehaltskäufer. *Soweit* Forderungen des Vorbehaltsverkäufers gegen Dritte mit einbezogen werden (sog. **Drittvorbehalt**), ist diese Vereinbarung nichtig, § 449 Abs. 3.

Hier stellt sich wie auch bei der Sicherungsübereignung und der Globalzession das **Problem der Übersicherung**, die zur Unwirksamkeit wegen Sittenwidrigkeit nach § 138 führen kann. Eine Übersicherung ist gegeben, wenn der realisierbare Wert der Sicherheiten erheblich höher ist als der Betrag der zu sichernden Forderungen (sog. **Deckungs- oder Sicherungsgrenze**). Denn dann läge ein grobes Missverhältnis zwischen Sicherungswert und Sicherungsinteresse vor. Die Sicherungsgrenze liegt bei etwa **150 % der zu sichernden Forderung**.[3]

---

1 BGH NJW 1980, 2245 (2247).
2 Vgl. BGHZ 56, 34.
3 BGH NJW 98, 671 (677).

11 Die Unwirksamkeit der gesamten Vereinbarung kann dadurch umgangen werden, dass – insbesondere bei nachträglich eintretender Übersicherung – zugunsten des Vorbehaltskäufers oder des Sicherungsgebers ein **vertragsimmanenter Freigabeanspruch** angenommen wird, sobald die Deckungsgrenze von 150 % überschritten wird. Dieser ergibt sich aus einer ergänzenden Vertragsauslegung nach §§ 157, 242, auch wenn keine ausdrückliche Vereinbarung getroffen wurde.[4]

---

4   BGH NJW 98, 671 (675).

§ 11 Besitzschutz, §§ 858 ff.

I. Grundlagen

Der Besitz ist eine anerkannte Rechtsfigur. Der tatsächlich bestehende Zustand soll **vor eigenmächtigen Eingriffen Dritter geschützt** werden (sog. „Friedensschutzzweck" oder „Schutz des Rechtsfriedens"). Der **Besitzschutz stellt allein auf den Besitz als Tatsache ab** und blendet grundsätzlich alle Fragen aus, die sich auf ein Recht zum Besitz beziehen. Deshalb spricht man von sogenannten **possessorischen Ansprüchen**.

Beispiel: Der Käufer K eines Pferdes hat den Kaufpreis gezahlt und holt sich das gekaufte Tier von der Weide ab, ohne den Verkäufer V zu fragen. V erhebt Klage gegen K auf Herausgabe des Pferdes aus § 861. – Dieser Klage kann K nicht sein obligatorisches Recht zum Besitz aus § 433 Abs. 1 S. 1 entgegensetzen. Anderes gilt bei einer Klage aus § 985, bei der sich aus § 433 Abs. 1 S. 1 ein Recht zum Besitz iSv § 986 Abs. 1 ergibt.

> **Exkurs: Widerklage des Käufers**
>
> Umstritten ist, ob im obigen Beispiel K in dem Klageverfahren des V aus § 861 Widerklage auf Übereignung und damit auf Übergabe des Pferdes gemäß § 433 Abs. 1 S. 1 erheben kann, mit der Folge, dass er im unmittelbaren Besitz des Pferdes verbleibt.
>
> Der BGH hat diese Möglichkeit mit dem Rechtsgedanken aus § 864 Abs. 2 bejaht:[1] Wenn nach § 864 Abs. 2 der Anspruch aus § 861 erlischt, soweit ein Recht zum Besitz durch rechtskräftiges Urteil festgestellt wurde, müsse auch die Widerklage mit derselben Folge zulässig sein.
>
> Dem wird von einem Teil der Literatur zu Recht entgegen gehalten, dass der eigenständige Anwendungsbereich von § 861 ausgehöhlt würde und der Friedensschutzzweck des § 861 eine solche Analogie verbiete, vgl. § 863.[2]

Dem Besitzschutz dienen die Vorschriften der §§ 858 ff. Dabei sind insbesondere von Bedeutung:

- Verbotene Eigenmacht, § 858
- Gewaltrechte zur Verteidigung des unmittelbaren Besitzes, § 859
  - Besitzwehr, § 859 Abs. 1
  - Besitzkehr, § 859 Abs. 2 (für bewegliche Sachen), Abs. 3 (für Grundstücke)
- Anspruch des Besitzers bei Besitzentziehung, § 861
- Anspruch des Besitzers bei Besitzstörung, § 862
- Einwendungen gegen Ansprüche aus §§ 861, 862 nach § 863
  *Einzige zulässige Einwendung gegen Ansprüche aus §§ 861, 862 ist gemäß § 863, dass der Anspruchsgegner **keine verbotene Eigenmacht** ausgeübt hat.*
- Ausschlussfristen für Ansprüche aus §§ 861, 862 nach § 864.
  *Beachte: Hierbei handelt es sich **nicht um Verjährungsfristen**, die gemäß § 214 Abs. 1 nur bei Erhebung der Verjährungseinrede zur fehlenden Durchsetzbarkeit*

---

1 BGHZ 53, 166 (169).
2 Staudinger/*Gutzeit*, § 863 Rn. 8; *Prütting*, SachenR, Rn. 124; kritisch auch: Jauernig/*Berger*, §§ 861–864 Rn. 7.

führen würden. Der Ablauf der Frist des § 864 führt vielmehr zum **Erlöschen** der Ansprüche aus §§ 861, 862.

II. Die possessorischen Ansprüche aus §§ 861 ff.

5 Wie oben ausgeführt, hat der Gesetzgeber in §§ 861 ff. ein **besonderes possessorisches Verfahren** ausgestaltet, bei dem zur Erreichung des Friedensschutzzweckes den Ansprüchen aus §§ 861, 862 **kein Recht zum Besitz entgegengesetzt werden kann,** vgl. § 863. Natürlich bleiben petitorische Einwendungen unter Umständen für parallel vorliegende Ansprüche aus §§ 985, 1007 zu beachten. Im Folgenden werden die Besonderheiten der possessorischen Ansprüche genauer erläutert.

1. Verbotene Eigenmacht, § 858

6 Grundvoraussetzung für die Anwendung der §§ 858 ff. ist die Ausübung verbotener Eigenmacht. Verbotene Eigenmacht ist jede gesetzlich nicht besonders gestattete (damit rechtswidrige, nicht notwendig schuldhafte) Beeinträchtigung des unmittelbaren Besitzes ohne Einverständnis des Besitzers.[3] Verbotene Eigenmacht ist denkbar in Form der **Besitzentziehung oder -störung.**

7 In diesem Zusammenhang wird oft übersehen, dass auch der Erbe gemäß § 857 unmittelbaren Besitz ausüben kann, in den ein Eingriff durch verbotene Eigenmacht möglich ist, obwohl er keine tatsächliche Sachherrschaft inne hat. Denn gemäß § 857 geht der Besitz in der Form auf den Erben über, in der er bei dem Erblasser zuletzt bestand.[4] War der Erblasser unmittelbarer Besitzer, so wird auch der Erbe unmittelbarer Besitzer, auch wenn er die tatsächliche Sachherrschaft (noch) nicht ausüben kann.

8 Als **Rechtfertigungsgründe** für den Eingriff kommen nur in Betracht:

- Besitzkehr, § 859 Abs. 2, 3
- Notwehr, § 227
- Aggressivnotstand, § 904
  Die fremde Sache ist anders als bei § 228 nicht selbst der Gefahrenherd.
- Defensivnotstand, § 228
- Selbsthilfe, § 229

Beispiel: Am Ende der Mietzeit zieht Mieter M nicht aus. Vermieter V wirft M eigenmächtig aus der Wohnung. – V hat gemäß § 858 Abs. 1 verbotene Eigenmacht ausgeübt, M kann seinen rechtsgrundlosen Besitz verteidigen

a) mittels Besitzwehr, **§ 859 Abs. 1** oder

b) mittels Besitzkehr, **§ 859 Abs. 2,** soweit er den Vermieter auf frischer Tat betroffen hat, zB beim Austausch des Schlosses.
Beachte: Besitzwehr und Besitzkehr stehen gemäß § 860 auch dem Besitzdiener zu. Dieser darf den Besitz seines Besitzherrn verteidigen.

Im Übrigen steht M jedenfalls ein Anspruch auf Wiedereinräumung des Besitzes aus **§ 861 Abs. 1** zu.

---

[3] MüKo BGB/*Joost*, § 858 Rn. 2.
[4] BeckOK BGB/*Fritzsche*, § 857 Rn. 9; MüKo BGB/*Joost*, § 857 Rn. 8.

Verbotene Eigenmacht macht den Besitz **fehlerhaft, § 858 Abs. 2 S. 1**. Der **Nachfolger** des fehlerhaften Besitzers muss die Fehlerhaftigkeit gegen sich gelten lassen, wenn er Erbe des fehlerhaften Besitzers ist oder die Fehlerhaftigkeit bei dem Erwerb kennt, § 858 Abs. 2 S. 2.

2. Die Anspruchsgrundlagen der §§ 861, 862

Wichtigste Rechtsfolgen der verbotenen Eigenmacht sind die Ansprüche aus **§ 861 auf Wiedereinräumung des Besitzes** (bei Besitzentziehung) und aus **§ 862 auf Unterlassung bzw. Beseitigung der Störung** (bei Besitzstörung). Diese stehen grundsätzlich dem unmittelbaren Besitzer gegenüber demjenigen zu, der die verbotene Eigenmacht verübt hat. Über § 869 kann allerdings auch der mittelbare Besitzer die Ansprüche seines Besitzmittlers geltend machen.

Beispiel: K kauft einen Pkw von V unter Eigentumsvorbehalt. Da K die vereinbarten Raten nicht zahlt, tritt V vom Kaufvertrag gemäß §§ 449 Abs. 2, 323 zurück und verkauft den Wagen anschließend an D. D nimmt den Pkw eigenmächtig dem K weg. – Wenn auch das Recht des K zum Besitz mit dem Rücktritt des V fortfiel, hat er gleichwohl aufgrund der widerrechtlichen Wegnahme durch D den Anspruch aus § 861.

Selbst der nach § 858 Abs. 2 **fehlerhafte Besitzer** genießt gegenüber Dritten den Schutz der §§ 861, 862. Nur gegen denjenigen, dem der Besitz durch verbotene Eigenmacht entzogen worden ist, kann der fehlerhafte Besitzer nicht aus §§ 861, 862 vorgehen, § 861 Abs. 2 bzw. § 862 Abs. 2.

Demnach kann im obigen Beispiel D nicht gegen K aus § 861 vorgehen, falls K seinerseits dem D den Wagen wieder wegnimmt. Denn dann war der vorher dem K entzogene Besitz des D gegenüber dem gegenwärtigen Besitz des K fehlerhaft, § 861 Abs. 2. Nimmt dagegen ein Vierter dem D den Wagen eigenmächtig weg, steht D ein Anspruch aus § 861 zu, obwohl sein Besitz nach § 858 Abs. 2 fehlerhaft ist.

Der Ausschlussgrund der §§ 861 Abs. 2, 862 Abs. 2 fällt fort, wenn zwischen den beiden Besitzbeeinträchtigungen mehr als ein Jahr liegt. Nach einem Jahr ist auch der fehlerhafte Besitz so gefestigt, dass dessen Verletzung Ansprüche aus § 861 auslöst, vgl. auch § 864. Für den Ausschlussgrund nach §§ 861 Abs. 2, 862 Abs. 2 gilt also: **Der entzogene fehlerhafte Besitz muss im letzten Jahr vor der erneuten Entziehung durch den ursprünglichen Besitzer erlangt worden sein.**

Wenn K, nachdem D den Wagen ein Jahr lang in seinem Besitz hatte, dem D den Pkw eigenmächtig wieder wegnimmt, ist K der Klage des D aus § 861 ausgesetzt, obgleich D ihm gegenüber fehlerhaft besessen hatte (aber eben länger als ein Jahr).

16 Somit ergeben sich folgende Voraussetzungen für Ansprüche aus §§ 861, 862:

Voraussetzungen der §§ 862, 861	
§ 861	§ 862
1. Besitzentzug mittels verbotener Eigenmacht, § 858 Abs. 1	1. Besitzstörung mittels verbotener Eigenmacht § 858 Abs. 1
2. Keine Rechtfertigung des eigenmächtigen Handelns – *dieser Punkt ist nur anzusprechen, soweit dazu Anhaltspunkte bestehen –*	
3. Fehlerhaftigkeit des Besitzes des Anspruchsgegners (§ 858 Abs. 2)	
4. Binnen Jahresfrist (§ 864)	
5. Kein Ausschluss nach § 861 Abs. 2 bzw. § 862 Abs. 2	

III. Vertiefende Hinweise

17 Eine ausführliche und lehrreiche Falllösung zum Anspruch aus § 861 Abs. 1 findet sich zu dem sogenannten **Hausbesetzer-Fall** in *Wolf/Wellenhofer*, SachenR, § 5 Rn. 14.

§ 12 Das Eigentümer-Besitzer-Verhältnis (EBV), §§ 985–1003

Das umfassende Rechtsverhältnis zwischen Eigentümer und Besitzer einer beweglichen *oder* unbeweglichen Sache ist in §§ 985–1003 geregelt. Die Vorschriften sind unterteilt in **vier Anspruchsgruppen**:

1. **Herausgabe**, §§ 985, 986
2. **Nutzungsherausgabe**, §§ 987, 988, 990, 993
3. **Schadensersatz**, §§ 989, 990, 992
4. **Verwendungsersatz**, §§ 994, 996

Bei den ersten drei Anspruchsgruppen handelt es sich um Ansprüche des Eigentümers gegen den Besitzer. Der Verwendungsersatzanspruch aus §§ 994, 996 steht dagegen dem Besitzer gegen den Eigentümer zu.

I. Herausgabeanspruch des Eigentümers, §§ 985, 986

Aus §§ 985, 986 ergeben sich für den Herausgabeanspruch des Eigentümers gegen den Besitzer drei Voraussetzungen:

1. **Eigentum** des Anspruchstellers
2. **Besitz** des Anspruchsgegners; die Besitzart ist unerheblich
3. **Kein Recht zum Besitz** für den Anspruchsgegner

Liegen die drei Voraussetzungen vor, spricht man von einer **Vindikationslage**. Diese ist unabdingbare Voraussetzung für **alle vier Anspruchsgruppen** der §§ 985 ff.

Beispiel: V vermietet ein Paar Skier für zwei Wochen zu einem Mietzins von 30 EUR an M. Vor Ablauf der Mietzeit beschließt V, selbst Ski zu fahren. Er wendet sich daher an M und verlangt Herausgabe der Skier. M verweigert die Herausgabe. – V ist Eigentümer und M ist unmittelbarer Fremdbesitzer der Skier. Allerdings hat M für zwei Wochen gemäß § 535 Abs. 1 S. 1 ein Recht zum Besitz iSv § 986 Abs. 1 S. 1.

1. Rechte zum Besitz iSv § 986 Abs. 1

Rechte zum Besitz iSv § 986 Abs. 1, die folglich die Vindikationslage ausschließen, sind:

a) **Absolute Rechte** (dingliche Besitzrechte):
   aa) Nießbrauch, § 1036
   bb) Pfandrecht, § 1205
   cc) Anwartschaftsrecht (hM)[1]
b) **Relative Rechte** (obligatorische Besitzrechte):
   zB Miete, Pacht, Leihe, Kauf
c) **Streitig** ist, ob das **Zurückbehaltungsrecht** (§§ 273 Abs. 1, 1000) ein obligatorisches Besitzrecht ist. Die herrschende Meinung verneint das zu Recht, weil das Zurückbehaltungsrecht gemäß § 274 nicht zur Unbegründetheit einer Herausgabekla-

---

[1] *Baur/Stürner*, SachenR, § 59 Rn. 47; Palandt/*Herrler*, § 929 Rn. 41; *Wellenhofer*, SachenR, § 21 Rn. 22; a.A.: BGHZ 10, 69; *Medicus/Petersen*, BürgerlichesR, Rn. 465.

ge führt, was bei einem Recht zum Besitz der Fall wäre, sondern lediglich zu einer Zug-um-Zug Verurteilung.[2] Der BGH bejaht ein Recht zum Besitz, kommt aber gleichwohl zu einer Zug-um-Zug Verurteilung.[3] Für den Herausgabeanspruch aus § 985 kann dieser Streit wegen desselben Ergebnisses offen bleiben. Bei den sonstigen Ansprüchen aus §§ 987 ff., die ebenfalls eine Vindikationslage voraussetzen, müsste der BGH eine solche aufgrund des Rechts zum Besitz konsequenterweise verneinen. Dennoch kommt er zu dem systemwidrigen Schluss, dass ein Zurückbehaltungsrecht als Recht zum Besitz iSv § 986 die Anwendbarkeit der §§ 987 ff. nicht ausschließt.[4]

6   Nach herrschender Ansicht gewährt ein Besitzrecht iSv § 986 Abs. 1 eine rechtshindernde (von Amts wegen zu berücksichtigende) **Einwendung**, die sich aus dem Vortrag der Parteien ergeben kann und die der Besitzer beweisen muss, keine Einrede.[5]

2. Rechtsfolge von § 985: Herausgabe der konkreten Sache

7   *Beispiel:* F findet auf dem Fußboden einer Gastwirtschaft 50 EUR. Er bezahlt damit seine Zeche von 30 EUR und erhält vom Kellner einen 20Euro-Schein als Wechselgeld zurück. E, dem die 50 EUR gehört haben, verlangt von F Herausgabe des 20Euro-Scheins. Außerdem müsse F ihm auch 30 EUR erstatten.

8   Bezüglich des 20Euro-Scheins scheitert der Anspruch aus § 985. Der Schein, den F als Wechselgeld erhalten hat, ist ihm vom Kellner übereignet worden und stand niemals im Eigentum des E. § 985 ermöglicht **keine Wertvindikation**. Der Anspruch ist auf die **Herausgabe einer konkreten Sache**, nicht auf Herausgabe des Geldwertes gerichtet. E kann daher von F nach § 985 weder den 20Euro-Schein noch sonst 50 EUR verlangen.

9   Auch ein Herausgabeanspruch aus **§ 285** (stellvertretendes commodum) kommt nicht in Betracht (hM).[6] § 985 ist ein *dinglicher* Anspruch, § 285 betrifft jedoch nur *Leistungsansprüche* im Rahmen von Schuldverhältnissen.

10 Allerdings hat E gegen F einen Anspruch aus **§ 816 Abs. 1 S. 1**. F hat dem Kellner Eigentum an dem gefundenen 50Euro-Schein verschafft, §§ 929, 932, 935 Abs. 2. Hierdurch hat F 20 EUR Rückgeld und die Befreiung von seiner Schuld in Höhe von 30 EUR erlangt. Daher muss F gemäß § 816 Abs. 1 S. 1 den 20Euro-Schein und nach §§ 816 Abs. 1 S. 1, 818 Abs. 2 den Wert von 30 EUR an E herausgeben.

3. § 986 Abs. 1 S. 1, 2. Var. und § 986 Abs. 1 S. 2

11 *Beispiel:* E verkauft ein Gartengrundstück an K und übergibt es sofort. Die Umschreibung unterbleibt wegen formeller Grundbuchschwierigkeiten. K verpachtet das Grundstück an P und gibt es an ihn weiter. E verlangt nunmehr Herausgabe von P nach § 985. Zu Recht?

12 E ist aufgrund der fehlenden Grundbucheintragung des K noch Eigentümer des Grundstücks, § 873 Abs. 1. P ist unmittelbarer Fremdbesitzer. Fraglich ist, ob P gegenüber E ein Recht zum Besitz hat. P hat aus dem Pachtvertrag **nur gegenüber K ein Besitzrecht**.

---

2   Jauernig/*Berger*, § 986 Rn. 8; MüKo BGB/*Baldus*, § 986 Rn. 45 ff.; Palandt/*Herrler*, § 986 Rn. 5; Staudinger BGB/*Thole*, § 986 Rn. 56.
3   BGHZ 64, 124; BGH NJW 1995, 2627 (2628).
4   BGH NJW 2002, 1050 (1052).
5   BGH NJW-RR 1986, 282 (283); Palandt/*Herrler*, § 986 Rn. 1, 2.
6   BGHZ 75, 203 (208) zu § 281 aF; Jauernig/*Berger*, § 985 Rn. 4.

K wiederum ist gegenüber dem Eigentümer E aus dem Kaufvertrag zum Besitz berechtigt. P selbst hat kein Besitzrecht gegenüber E. Eine Herausgabepflicht des P gegenüber E wäre aber ein unbefriedigendes Ergebnis. Das Gesetz hilft in **§ 986 Abs. 1 S. 1, 2. Var.**, indem es den Besitzer P mit dem Recht seines Rechtsvorgängers K, dem er den Besitz mittelt, gegen E schützt. Damit entfällt ein Anspruch des E gegen P aus § 985.

Anders liegt der Fall, wenn E und K den Kaufvertrag aufheben. Dann ist K als Rechtsvorgänger des P dem E gegenüber nicht mehr zum Besitz berechtigt. P müsste das Grundstück an E herausgeben. **Erforderlich für § 986 Abs. 1 S. 1, 2. Var. ist immer eine ununterbrochene Besitzrechtskette.** P hätte gegen K gegebenenfalls einen Schadensersatzanspruch aus §§ 581 Abs. 2, 536 a Abs. 1 oder wäre gemäß §§ 581 Abs. 2, 536 Abs. 3, 1 von der Pachtzinszahlungspflicht befreit.

Zusätzlich setzt § 986 Abs. 1 S. 1, 2. Var. voraus, dass der **mittelbare Besitzer zur Besitzüberlassung befugt** ist. Denn sonst gilt § 986 Abs. 1 S. 2, wonach der Eigentümer Herausgabe der Sache an den mittelbaren Besitzer oder an sich selbst verlangen kann.

Zu beachten ist außerdem, dass nach herrschender Meinung für § 986 Abs. 1 S. 1, 2. Var. ein Besitzmittlungsverhältnis zwischen dem Anspruchsgegner und seinem Rechtsvorgänger, dem Zwischenbesitzer, nicht zwingend erforderlich ist. **Maßgebend ist, ob der Zwischenbesitzer zur Überlassung des Besitzes** an einen Dritten **berechtigt ist, ohne unbedingt mittelbarer Besitzer zu werden.**[7]

Beispiel: Der Erstkäufer, dem die Sache übergeben, aber noch nicht übereignet wurde, verkauft und übergibt diese an den Zweitkäufer, ohne sie zu übereignen. Solange der Erstkäufer seine kaufrechtlichen Pflichten gegenüber seinem Verkäufer erfüllt, hat der Verkäufer gegen den Zweitkäufer gemäß § 986 Abs. 1 S. 1, 2. Var. keinen Herausgabeanspruch, obwohl zwischen Erst- und Zweitkäufer kein Besitzmittlungsverhältnis besteht.

4. § 986 Abs. 2

Beispiel: E und M schließen für ein Jahr einen Mietvertrag gemäß § 535 über den Gebrauch eines Kfz. Vor Jahresablauf überträgt E das Eigentum an dem Kfz gemäß §§ 929 S. 1, 931 auf K. K verlangt von M Herausgabe. Zu Recht?

Bezüglich des *schuldrechtlichen* Herausgabeanspruchs aus § 546 Abs. 1 kann M dem K den fehlenden Ablauf der vereinbarten Mietzeit gemäß § 404 entgegenhalten. Insoweit wird der Grundsatz der Relativität des Schuldverhältnisses durchbrochen. Bezüglich des *dinglichen* Herausgabeanspruchs aus § 985 enthält **§ 986 Abs. 2 eine Sonderregelung zu § 404**, wonach auch dem Anspruch aus § 985 der fehlende Zeitablauf entgegengehalten werden kann. An § 986 Abs. 2 ist also immer zu denken, wenn die Übereignung nach §§ 929 S. 1, 931 stattgefunden hat.

II. Nebenansprüche des Eigentümers

Neben dem Herausgabeanspruch aus § 985 kommen **bei Vorliegen einer Vindikationslage** auch Nebenansprüche des Eigentümers auf (1) **Nutzungsherausgabe** und (2) **Schadensersatz** in Betracht, §§ 987–993. Auch diese Ansprüche richten sich gegen den un-

---

[7] Jauernig/*Berger*, § 986 Rn. 5; MüKo BGB/*Baldus*, § 986 Rn. 51 f.; Staudinger BGB/*Thole*, § 986 Rn. 80.

berechtigten Besitzer. Gegen den berechtigten Besitzer kommen vertragliche Ansprüche oder solche aus §§ 823 ff. in Betracht. Die **Vindikationslage muss im Zeitpunkt der Entstehung des Anspruchs** (Tatbestandsverwirklichung) bestehen, nicht zwingend im Zeitpunkt der Geltendmachung.

1. Konkurrenzen

20 Für die Fallbearbeitung von großer Bedeutung ist die Frage nach dem Konkurrenzverhältnis zwischen den Ansprüchen aus §§ 987 ff. und anderen Ansprüchen auf Nutzungsherausgabe und Schadensersatz.

a) Grundsatz

21 Der **Herausgabeanspruch aus § 985** steht in **echter Konkurrenz** zu vertraglichen Herausgabeansprüchen oder solchen aus §§ 1007, 861, 812 Abs. 1, 823, das heißt, sie können nebeneinander geltend gemacht werden. §§ 987 ff. sind dagegen **gesetzliche Sonderregelungen** für das Eigentümer-Besitzer-Verhältnis, die grundsätzlich andere Ansprüche auf Nutzungsherausgabe oder Schadensersatz verdrängen. Der Ausschluss dieser Ansprüche ergibt sich aus § 993 Abs. 1 aE, falls eine Vindikationslage vorliegt. Zu beachten ist, dass von dieser Ausschlussfunktion **vertragliche Ansprüche nicht betroffen** sind. Soweit der Vertrag noch besteht, mangelt es an einer Vindikationslage,[8] nach Vertragsbeendigung hat im Kollisionsfall die vertragliche Rückabwicklung Vorrang.[9]

22 Aus diesem Grundsatz ergibt sich für die Konkurrenzen:

b) Verhältnis zum Bereicherungsrecht

23 §§ 812 ff. werden bei Vorliegen einer Vindikationslage **grundsätzlich** gemäß § 993 Abs. 1 aE von §§ 987 ff. verdrängt.

24 Im Bereich der **Leistungskondiktion** können nach herrschender Auffassung in der Literatur **ausnahmsweise** Nutzungsherausgabeansprüche gegenüber einem rechtsgrundlosen, gutgläubigen Besitzer auch aus §§ 812 Abs. 1 S. 1, 1. Var., 818 Abs. 1 geltend gemacht werden.[10] Dabei geht es um den Fall, dass **bei gegenseitigem Leistungsaustausch sowohl das schuldrechtliche Kausalgeschäft als auch das dingliche Verfügungsgeschäft** zB wegen Geschäftsunfähigkeit des Veräußerers **nichtig** sind. Begründet wird diese Auffassung damit, dass bei bloßer Nichtigkeit des Verpflichtungsgeschäfts mangels Vindikationslage §§ 812 ff. unstreitig anwendbar wären. Wenn der Nichtigkeitsgrund so schwerwiegend ist, dass er zusätzlich auf das Verfügungsgeschäft durchschlägt, könne der Erwerber nicht besser gestellt sein. Der **BGH** bleibt dagegen bei der Ausschlusswirkung der §§ 987 ff. für §§ 812 ff., wendet auf den rechtsgrundlosen Besitzerwerb, den er dem unentgeltlichen gleichsetzt, § 988 analog an und kommt so zu demselben Ergebnis.[11]

25 Im Bereich der **Eingriffskondiktion** bleiben §§ 812 Abs. 1 S. 1, 2. Var., 816 Abs. 1 S. 1, 951 neben §§ 987 ff. anwendbar, *soweit* sich der unrechtmäßige Besitzer die Sachsub-

---

8 BGHZ 34, 122 (130); *Wellenhofer*, SachenR, § 22 Rn. 37.
9 BGH NJW 1968, 197; *Wellenhofer*, SachenR, § 22 Rn. 39.
10 BeckOK BGB/*Fritzsche*, § 987 Rn. 51.; MüKo BGB/*Raff*, § 988 Rn. 6 ff.; Staudinger BGB/*Thole*, Vor §§ 987 ff. Rn. 121 ff.; *Medicus/Petersen*, BürgerlichesR, Rn. 600.
11 BGHZ 32, 76 (94 f.); Beispiel dazu bei *Wellenhofer*, SachenR, § 22 Rn. 19.

stanz zu eigen macht.[12] Dies kann durch Veräußerung (§ 816 Abs. 1 S. 1), Verarbeitung, Verbindung oder Vermischung (§ 951) oder Verbrauch (§ 812 Abs. 1 S. 1, 2. Var.) geschehen. Grund dafür ist, dass die §§ 987 ff. nur Schadensersatz und Nutzungsherausgabe regeln, nicht aber den Fall, dass sich der Besitzer die Sachsubstanz zu eigen macht.

c) Verhältnis zum Deliktsrecht

§§ 823 ff. werden ebenfalls gemäß § 993 Abs. 1 aE durch §§ 987 ff. **grundsätzlich verdrängt**,[13] wobei allerdings § 826 (vorsätzliche sittenwidrige Schädigung) anwendbar bleibt.[14] Der vorsätzlich schädigende Anspruchsgegner ist nicht schutzbedürftig.

Eine weitere **Ausnahme bzgl.** §§ 823 ff. regelt § 992 für den **Deliktsbesitzer**. Gemäß § 992 sind §§ 823 ff. anwendbar, wenn die **Besitzverschaffung** durch **schuldhaft begangene verbotene Eigenmacht** oder durch eine **strafbare Handlung** erfolgt ist. § 992 stellt eine *Rechtsgrundverweisung* dar, die nur bei der *Entziehung* des Besitzes greift und nur, wenn diese Entziehung *schuldhaft* begangen wurde.[15] Anderenfalls würde § 992 zur Haftung nach § 823 ohne Verschulden führen. Bei der Besitzentziehung durch eine Straftat muss es sich um einen Verstoß gegen ein Strafgesetz handeln, das dem Schutz des Eigentümers vor der konkreten Besitzverschaffung dient.[16]

Außerdem ist **§ 823 Abs. 1 ausnahmsweise** trotz Vorliegens einer Vindikationslage **im Fall des unberechtigten, aber gutgläubigen Fremdbesitzerexzesses anwendbar** *(siehe dazu ausführlich das unten angeführte Beispiel Rn. 36).*

d) Verhältnis zur Geschäftsführung ohne Auftrag

Im Verhältnis zur Geschäftsführung ohne Auftrag (GoA) gilt Folgendes:

- Die **berechtigte GoA** stellt ein **Recht zum Besitz** dar; es mangelt an einer Vindikationslage. §§ 987 ff. sind daher nicht anwendbar.
- Die **unberechtigte GoA** enthält gegenüber den §§ 987 ff. speziellere Regelungen für die altruistische Einmischung in fremde Angelegenheiten. Der Besitz einer fremden Sache durch den Geschäftsführer stellt demgegenüber ein nebensächliches Moment dar. Deshalb sind die §§ 987 ff. auch hier nicht anwendbar.[17]
- Bei der **angemaßten GoA** handelt es sich um eine vorsätzliche Handlung des Geschäftsführers, dem keine Privilegierungen zugutekommen sollen. § 687 Abs. 2 bleibt neben §§ 987 ff. anwendbar.[18]
- Bei der **irrtümlichen Eigengeschäftsführung** gelten gemäß § 687 Abs. 1 die allgemeinen Vorschriften, also §§ 987 ff.

2. Nutzungsherausgabe, §§ 987 ff.

Nutzungen sind gemäß § 100 Sach- und Rechtsfrüchte (§ 99) und Gebrauchsvorteile. Grundsätzlich ist die Herausgabe der Nutzungen in Natur geschuldet (zB die Jungen

---

12 BGHZ 55, 176 (178 f.).
13 RGZ 163, 348 (352); BGH NJW 1952, 257.
14 Jauernig/*Berger*, Vor §§ 987 ff. Rn. 12; Palandt/*Herrler*, Vor §§ 987 ff. Rn. 18.
15 BGH ZMR 1960, 303; BeckOK BGB/*Fritzsche*, § 992 Rn. 6; Palandt/*Herrler*, § 992 Rn. 1 f.
16 RGZ 105, 84 (86).
17 AA Staudinger BGB/*Thole*, Vor §§ 987 ff. Rn. 167.
18 Staudinger BGB/*Thole*, Vor §§ 987 ff. Rn. 168 mwN.

eines Tieres, das Obst von Bäumen, die Steine aus dem Steinbruch). Wenn die Herausgabe, insbesondere bei Gebrauchsvorteilen, in Natur nicht möglich ist, ist der objektive Wert zu ersetzen (zB der objektive Pachtwert, welcher dem üblichen Pachtzins entspricht).[19]

31 Voraussetzung für den Nutzungsherausgabeanspruch des Eigentümers gegen den Besitzer ist zunächst die **immer erforderliche Vindikationslage**. Im Übrigen sind die Anspruchsvoraussetzungen je nach Anspruchsgegner in **drei Fallgruppen** zu unterteilen:

1. Der **bösgläubige (§§ 990 Abs. 1, 987) oder der verklagte Besitzer (§ 987)** hat **alle Nutzungen herauszugeben**. Gemäß § 990 Abs. 1 bedeutet Bösgläubigkeit in diesem Kontext, dass der Besitzer *bei Besitzerwerb* wusste oder infolge grober Fahrlässigkeit nicht wusste (vgl. § 932 Abs. 2), dass er kein Recht zum Besitz hat, oder dass er *nachträglich* von seinem fehlenden Recht zum Besitz Kenntnis erlangt hat. Dieser Besitzer verdient keinen Rechtsschutz.
2. Der **gutgläubige** (arg. ex § 990 Abs. 1) **und unverklagte Besitzer, der den Besitz unentgeltlich erlangt** hat, muss **alle Nutzungen herausgeben**, allerdings nur **nach den Vorschriften des Bereicherungsrechts, § 988**. Dieser Besitzer verdient wegen seiner Gutgläubigkeit einen gewissen Rechtsschutz in Form der **Einrede der Entreicherung, § 818 Abs. 3**, aber wegen der Unentgeltlichkeit des Besitzes keinen umfassenden Rechtsschutz. Der BGH wendet § 988 auf den Fall des rechtsgrundlosen gutgläubigen Besitzerwerbs analog an, während die herrschende Literatur hier §§ 812 ff. unmittelbar neben §§ 987 ff. anwendet *(siehe dazu bereits oben Rn. 24 betr. das Konkurrenzverhältnis der §§ 987 ff. zum Bereicherungsrecht)*.
3. Der **gutgläubige und unverklagte Besitzer, der den Besitz entgeltlich erlangt** hat und nicht unter § 992 fällt (Deliktsbesitzer), ist weitgehend von der Nutzungsherausgabe **freigestellt**. Er haftet nur für **Übermaßfrüchte nach den Vorschriften des Bereicherungsrechts (insbes. § 818 Abs. 3), § 993 Abs. 1**. Übermaßfrüchte fallen an, wenn der Besitzer die Sache über die Grenzen einer ordnungsgemäßen Wirtschaft hinaus ausbeutet.

3. Schadensersatz, §§ 990, 989

32 Der Schadensersatzanspruch aus §§ 990, 989 setzt voraus:

Voraussetzungen des Schadensersatzanspruchs aus §§ 990, 989
1. **Vindikationslage** im Zeitpunkt der Tatbestandsverwirklichung, das heißt bei Anspruchsentstehung, nicht zwingend bei der Geltendmachung

2. **Bösgläubigkeit des Anspruchsgegners, § 990**, in Bezug auf das eigene Besitzrecht, nicht zwingend auf das Eigentum des Anspruchsstellers
  – Bei Besitzerwerb gilt § 932 Abs. 2 (Kenntnis oder grob fahrlässige Unkenntnis).
  – Später ist positive Kenntnis erforderlich, § 990 Abs. 1 S. 2.
  – Nach Rechtshängigkeit steht der Prozessbesitzer dem bösgläubigen Besitzer gleich, § 989.

3. **Verschlechterung, Untergang oder sonstige Unmöglichkeit der Herausgabe**
4. **Verschulden** bzgl. 3.

---

19 BGHZ 63, 365 (368).

Eine weitergehende Haftung des bösgläubigen Besitzers wegen Herausgabeverzuges bleibt nach § 990 Abs. 2 unberührt. Das heißt, eine **Haftung nach §§ 280 Abs. 2, 286, 287 S. 2 auch für den *zufälligen* Untergang** der Sache ist möglich.

a) Der „nicht-so-berechtigte" und der „nicht-mehr-berechtigte" Besitzer

Beispiel: Student B ärgert sich über die vielen „Nippsachen" in seinem Mietzimmer. In ausgelassener Laune zerschlägt er sie. Muss er Schadensersatz leisten?

- B muss sicher aus dem Mietvertrag Schadensersatz leisten, und zwar wegen einer Nebenpflichtverletzung nach §§ 280 Abs. 1, 241 Abs. 2.
- Ein Schadensersatzanspruch aus §§ 990, 989 scheitert an der Vindikationslage. Student B ist berechtigter Fremdbesitzer. Dies gilt trotz seines „Exzesses". B war zwar **„nicht-so-berechtigter"** Besitzer, aber **dennoch** aus dem Mietvertrag zum Besitz **berechtigt** (hM).[20] Dazu zählt auch der Fall, dass der zunächst berechtigte Fremdbesitzer nachträglich Eigenbesitz ergreift (zB durch Unterschlagung).[21]
- Weil §§ 990, 989 mangels Vindikationslage scheitern, ist ein Anspruch aus § 823 Abs. 1 gegeben.

Von dem „nicht-so-berechtigten" Besitzer ist der **„nicht-mehr-berechtigte"** Besitzer abzugrenzen, bei dem das Besitzrecht nachträglich zB durch Kündigung ohne Rückwirkung (ex nunc) entfällt. Hier sind nach ständiger Rechtsprechung für die Zeit nach Wegfall des Besitzrechts **§§ 990, 989 anwendbar**, soweit das Vertragsverhältnis keine Sondervorschriften über die Abwicklung enthält.[22]

b) Der Exzess des unberechtigten, aber gutgläubigen Fremdbesitzers

Abwandlung: Der Mietvertrag zwischen B und der Vermieterin ist von Anfang an nichtig (zB wegen Dissenses bzgl. des Mietzinses oder Geschäftsunfähigkeit der Vermieterin). Wie ist die Rechtslage?

- Vertragliche Ansprüche scheitern mangels eines wirksamen Vertrages.
- §§ 990, 989? Die Vindikationslage liegt von Anfang an vor, da B unberechtigter Fremdbesitzer ist. Allerdings glaubt B an sein Besitzrecht, auch trifft ihn bei Besitzerwerb keine grobe Fahrlässigkeit, so dass er gutgläubiger Besitzer ist. Daher ist trotz Vindikationslage kein Anspruch aus §§ 990, 989 gegeben.
- Die Vindikationslage führt dazu, dass auch **§ 823 Abs. 1 nicht anwendbar** ist, § 993 Abs. 1 aE Zu bedenken ist aber: Wenn B rechtmäßiger Fremdbesitzer wäre, würde er gemäß § 823 Abs. 1 haften (siehe Ausgangsfall Rn. 34). Wenn er wie hier unrechtmäßiger Fremdbesitzer ist, kann dies nicht anders zu bewerten sein. Denn sonst **würde der unrechtmäßige Fremdbesitzer besser gestellt werden als der rechtmäßige Fremdbesitzer.** Daher ist in diesem Fall **§ 823 Abs. 1 ausnahmsweise trotz Vindikationslage anwendbar.**[23]

---

20 Jauernig/*Berger*, Vor §§ 987 ff. Rn. 6; Palandt/*Herrler*, Vor §§ 987 ff. Rn. 3; Staudinger BGB/*Thole*, Vor §§ 987 ff. Rn. 57.
21 Jauernig/*Berger*, Vor §§ 987 ff. Rn. 7; Staudinger BGB/*Thole*, Vor §§ 987 ff. Rn. 63.
22 BGHZ 148, 322 (327 f.); BeckOK BGB/*Fritzsche*, § 987 Rn. 20; Palandt/*Herrler*, Vor §§ 987 ff. Rn. 10.
23 RGZ 157, 132 (135); BGHZ 46, 140 (146); BeckOK BGB/*Fritzsche*, § 993 Rn. 10.

c) Zusammenfassung

37 Es sind **vier Fallgruppen zu unterscheiden:**

1. War der Besitzer **immer unberechtigt,** gelten §§ 990, 989.
2. Der **„nicht-so-berechtigte"** Fremdbesitzer ist berechtigt; es liegt keine Vindikationslage vor, so dass §§ 990, 989 nicht gelten. § 823 Abs. 1 ist anwendbar.
3. Der bei Geltendmachung des Vindikationsanspruchs **„nicht-mehr-berechtigte"** Fremdbesitzer ist den Ansprüchen aus §§ 990, 989 ausgesetzt, soweit das beendete Vertragsverhältnis keine Sondervorschriften über die Abwicklung enthält.
4. Beim **Exzess des unberechtigten, aber gutgläubigen Fremdbesitzers** sind die Voraussetzungen der §§ 990, 989 trotz Vindikationslage mangels Bösgläubigkeit nicht gegeben. Daher wäre an sich § 823 Abs. 1 nicht anwendbar. Nach hM greift § 823 Abs. 1 dennoch, weil sonst der rechtmäßige Fremdbesitzer schlechter gestellt würde als der unrechtmäßige. Ein vergleichbarer Rechtsgedanke findet sich in § 991 Abs. 2.

d) Sonderfall des § 991 Abs. 2

38 *Beispiel:* Dieb D stiehlt dem Eigentümer E seinen Lkw. Daraufhin vermietet D den Lkw für vier Wochen an den gutgläubigen B, § 535. B zerstört den Wagen schuldhaft bei einem Unfall. E verlangt von B Schadensersatz gemäß §§ 990, 989. Zu Recht?

39 E ist Eigentümer des Lkw gewesen. B war unmittelbarer Fremdbesitzer. Er hatte auch kein Recht zum Besitz gegenüber E. § 986 Abs. 1 S. 1, 2. Var. scheitert, weil D kein Recht zum Besitz gegenüber E hatte. Die Vindikationslage lag also im Zeitpunkt der Anspruchsentstehung (Unfall) vor. Allerdings war B gutgläubig bezüglich seines Besitzrechts aus § 535, womit ein Schadensersatzanspruch aus §§ 990, 989 eigentlich scheitern würde. B könnte jedoch ausnahmsweise gemäß **§ 991 Abs. 2 trotz seiner Gutgläubigkeit haften, wenn er seinem mittelbaren Besitzer gegenüber verantwortlich ist.** Grundgedanke dieser Vorschrift ist, dass, wer eine Sache als fremde besitzt und durch schuldhafte Beschädigung oder Zerstörung der Sache das Eigentum als solches verletzt, dem wahren Eigentümer für den diesem entstandenen Schaden unmittelbar haften muss, auch wenn er in redlicher Weise einen anderen für den Eigentümer gehalten hat und daher im Rahmen eines Besitzmittlungsverhältnisses diesem verantwortlich ist. Von einem solchen Besitzer kann der Eigentümer daher den in Abs. 2 bezeichneten Schaden auch dann ersetzt verlangen, wenn der Besitzer bei dem Erwerb des Besitzes in gutem Glauben war.

Im vorliegenden Beispielsfall bedeutet das, dass B nicht besser gestellt werden kann, als er stehen würde, wenn seine Vorstellung, den Lkw vom Eigentümer gemietet zu haben, zutreffen würde. Denn dann würde er gegenüber dem mittelbaren Besitzer B aus dem zugrundeliegenden Rechtsverhältnis gemäß §§ 546 Abs. 1, 280 Abs. 1, 3, 283 für die Unmöglichkeit der Rückgabe der Mietsache verantwortlich sein. Daher haftet B als unberechtigter, wenn auch als gutgläubiger Fremdbesitzer ausnahmsweise gegenüber dem Eigentümer E.

III. Anwendbarkeit des allgemeinen Leistungsstörungsrechts auf § 985

Es kann Fälle geben, in denen ein Eigentümer-Besitzer-Verhältnis vorliegt, sich das vom Anspruchsteller verfolgte Begehren aber nicht aus den §§ 987 ff. ergibt, sondern nur unter Zuhilfenahme einer Regelung aus dem allgemeinen Leistungsstörungsrecht. Dann stellt sich die Frage, ob das allgemeine Leistungsstörungsrecht (insbes. die §§ 280 ff.) ergänzend herangezogen werden kann, indem der Herausgabeanspruch aus § 985 als Schuldverhältnis zugrunde gelegt wird.

Beispiel: Eigentümer E verlangt vom unberechtigten, bösgläubigen Besitzer B Herausgabe der Sache. B verweigert dies, weshalb E ihm eine Frist zur Herausgabe setzt. Nach fruchtlosem Ablauf der Frist verlangt E anstelle der Herausgabe seiner Sache deren objektiven Wert.

Ein Anspruch auf Ersatz des Sachwertes lässt sich im vorgenannten Beispiel nicht auf §§ 989, 990 Abs. 1 stützen, weil die Sache nicht verschlechtert wurde, untergegangen ist oder aus einem anderen Grund mehr herausgegeben werden kann. B gibt sie schlicht nicht heraus. Die weitergehende Verzugshaftung nach § 990 Abs. 2 iVm §§ 280 Abs. 1 und 2, 286 hilft dem Eigentümer auch nicht weiter, denn er begehrt keinen Verzögerungsschaden neben der Leistung, sondern Wertersatz statt der Leistung. In Betracht käme ein Anspruch aus §§ 280 Abs. 1 und 3, 281 iVm dem Herausgabeanspruch aus § 985 als Schuldverhältnis. Dagegen spricht die detaillierte Ausgestaltung der Nebenansprüche des Eigentümers in den §§ 987 ff., durch die die Interessen des Eigentümers und diejenigen des Besitzers in einen gerechten Ausgleich gebracht werden sollen. Insbesondere wird der gutgläubige und unverklagte Besitzer umfassend vor Ansprüchen des Eigentümers geschützt, eine Anspruchsbegrenzung, die in §§ 280 ff. grundsätzlich nicht enthalten ist. Der BGH hat dem Eigentümer den vorgenannten Anspruch aus §§ 280 Abs. 1 und 3, 281 iVm dem Herausgabeanspruch aus § 985 als Schuldverhältnis gleichwohl zugesprochen, allerdings unter der Einschränkung, dass die Voraussetzungen einer verschärften Haftung iSd §§ 987 ff. vorliegen müssen, der Besitzer also bösgläubig oder verklagt sein muss.[24] Die letztgenannte Einschränkung sorgt dafür, dass das in den §§ 987 ff. zum Ausdruck gebrachte Interessengleichgewicht zwischen Eigentümer und unrechtmäßigen Besitzer erhalten bleibt. Im Gegenzug für den Ersatz des Sachwertes muss der Eigentümer dem Besitzer die Sache nach § 255 analog übereignen. Darin liegt kein „Zwangskauf", der Besitzer hätte seiner Herausgabepflicht ja ohne weiteres innerhalb der gesetzten Frist nachkommen können.

Aus dem vorgenannten Beispiel lässt sich der allgemeine Gedanke ableiten, dass ein Rückgriff auf das allgemeine Leistungsstörungsrecht auch im Hinblick auf den Herausgabeanspruch aus § 985 möglich sein kann, soweit hierdurch die spezifischen Wertungen der §§ 985 ff. nicht umgangen werden.

---

24 BGH NJW 2016, 3235.

IV. Verwendungsersatzanspruch des Besitzers, §§ 994, 996

40 In §§ 994, 996 ist der Anspruch des Besitzers auf Ersatz von Verwendungen geregelt, die er auf die Sache gemacht hat.

1. Vindikationslage

41 Auch der Verwendungsersatzanspruch des Besitzers aus §§ 994, 996 setzt grundsätzlich eine **Vindikationslage im Zeitpunkt der Verwendung** voraus.[25] Im Falle des rechtmäßigen Besitzes hat der Besitzer wegen der Verwendungen gegebenenfalls einen vertraglichen Verwendungsersatzanspruch oder einen Anspruch aus berechtigter GoA gemäß §§ 670, 683 S. 1, kraft dessen er ein Zurückbehaltungsrecht nach § 273 Abs. 2 geltend machen kann. §§ 994 ff. finden dann keine Anwendung.

42 Problematisch ist der Fall des „nicht-mehr-berechtigten" Besitzers, der Verwendungen gemacht hat, als ihm noch ein Besitzrecht zustand, dessen **Besitzrecht aber nachträglich weggefallen** ist. Wenn es sich um ein zugrunde liegendes Vertragsverhältnis handelt, **welches keinen Verwendungsersatzanspruch für den Besitzer regelt**, sind §§ 994 ff. nach ständiger Rechtsprechung auch dann anwendbar, wenn die Vindikationslage erst im Zeitpunkt der Anspruchsgeltendmachung bestanden hat.[26] Hat beispielsweise der Vorbehaltskäufer Verwendungen auf die Kaufsache gemacht und tritt der Vorbehaltsverkäufer danach vom Kaufvertrag gemäß § 323 wirksam zurück, weil die Kaufpreisraten nicht rechtzeitig bezahlt wurden, kann dem Vorbehaltskäufer nach der Rechtsprechung ein Verwendungsersatzanspruch nach §§ 994 ff. zustehen, obwohl im Zeitpunkt der Verwendungen noch keine Vindikationslage bestand. Die Anwendung der §§ 994 ff. auf den „nicht-mehr-berechtigten" Besitzer setzt aber immer voraus, dass das ursprüngliche Rechtsverhältnis Ansprüche auf Verwendungsersatz nicht gesondert regelt.[27] Ansonsten würde der unberechtigte Besitzer im Verhältnis zum Eigentümer besser gestellt als er im Rahmen seines Besitzrechts gestanden hätte.

2. Konkurrenzen

43 Die Regelungen der §§ 994 ff. sind nach herrschender Meinung ebenfalls **abschließend**.[28] Soweit eine Vindikationslage vorliegt, sind daher §§ 812, 951 nicht anwendbar.

3. Verwendungsbegriff

44 Verwendungen sind **freiwillige Vermögensopfer**, die der **Erhaltung, Wiederherstellung oder Verbesserung der Sache** dienen, ihr also unmittelbar zugutekommen. Verwendungen können also sowohl Sach- als auch Geldleistungen oder geldwerte Arbeitskraft[29] sein.

45 Nach Auffassung der Rechtsprechung gilt ein **enger Verwendungsbegriff**, das heißt, es werden nur Verwendungen erfasst, die zu **keiner Sachveränderung** führen.[30] Die Errichtung eines Blockhauses auf einem Grundstück, welche das Grundstück in seinem

---

[25] BGH MDR 1990, 330.
[26] BGHZ 34, 122 (131); 75, 288 (292 f.); BGH NJW 1996, 921; MDR 2002, 1239.
[27] BGH NJW 2015, 229 (231).
[28] BGH NJW 1996, 52; BeckOK BGB/*Fritzsche*, § 994 Rn. 30; Jauernig/*Berger*, Vor §§ 994 ff. Rn. 7.
[29] BGH NJW 1996, 921.
[30] BGHZ 41, 157 (160).

Wesen verändert, wäre demnach keine Verwendung iSd §§ 994, 996. Für solche Aufwendungen, die keine Verwendungen sind, gelten §§ 997, 258. Das heißt, der Besitzer hat zwar ein Wegnahmerecht, muss aber die Kosten zur Wiederherstellung des vorherigen Zustandes tragen.

Die herrschende Literatur vertritt dagegen einen **weiten Verwendungsbegriff**, der **auch sachverändernde Verwendungen** umfasst.[31]

4. Notwendige und nützliche Verwendungen

Notwendige Verwendungen iSv § 994 sind solche, die **zur Wiederherstellung, Erhaltung oder ordnungsgemäßen Bewirtschaftung** der Sache **erforderlich** sind;[32] dabei ist ein **objektiver Maßstab** anzulegen.

Nicht notwendige Verwendungen sind **nützliche Verwendungen** iSv § 996, soweit sie im Zeitpunkt der Wiedererlangung der Sache durch den Eigentümer **wertsteigernd** sind. Nach herrschender Auffassung ist auch hier ein **objektiver Maßstab** und nicht die subjektive Einschätzung des Eigentümers ausschlaggebend.[33]

5. Ersatzansprüche des gutgläubigen und des bösgläubigen Besitzers

Der iSv § 990 **bösgläubige oder der verklagte Besitzer** erhält gemäß § 994 Abs. 2 nur notwendige Verwendungen ersetzt, und auch nur **nach den Vorschriften der GoA**. Ob der Besitzer die notwendigen Verwendungen ersetzt bekommt, richtet sich also nach §§ 683, 679, 684 S. 2 iVm § 670, wobei der **Fremdgeschäftsführungswille** aufgrund der Verweisung des § 994 Abs. 2 **fingiert** wird. Diesbezüglich handelt es sich um eine Teilrechtsgrundverweisung. Nach herrschender Meinung gilt der Verweis auch für § 684 S. 1.[34] Die Vorschrift verweist für den Fall der unberechtigten GoA auf die Rechtsfolgen des Bereicherungsrechts, insbesondere auf § 818 Abs. 3. Nützliche Verwendungen werden dem bösgläubigen oder verklagten Besitzer nicht ersetzt, § 996.

Der zur Zeit der Verwendungen **gutgläubige und unverklagte Besitzer** erhält grundsätzlich **alle notwendigen und nützlichen Verwendungen** ersetzt; letztere jedoch nur, soweit sie im Zeitpunkt der Wiedererlangung durch den Eigentümer noch eine Wertsteigerung der Sache bedeuten, §§ 994 Abs. 1, 996. Ausgenommen von den notwendigen Verwendungen sind gemäß § 994 Abs. 1 S. 2 die gewöhnlichen Erhaltungskosten (zB Fütterungskosten), die der Besitzer zu der Zeit tätigt, in der ihm auch die Nutzungen erhalten bleiben.

6. Fälligkeit des Verwendungsersatzanspruches

Gemäß § 1001 wird der Verwendungsersatzanspruch erst fällig, wenn der Eigentümer die Sache wiedererlangt oder die Verwendungen genehmigt. Mangels Fälligkeit ist **vorher kein Zurückbehaltungsrecht** gemäß § 273 Abs. 2 gegeben. Deswegen enthält die Sonderregelung des § 1000 S. 1 ein Zurückbehaltungsrecht des unrechtmäßigen Besitzers unabhängig von der Fälligkeit.

---

31 MüKo BGB/*Raff*, § 994 Rn. 13 ff.; Palandt/*Herrler*, § 994 Rn. 4; Staudinger BGB/*Thole*, Vor § 994 Rn. 44; *Wellenhofer*, SachenR, § 23 Rn. 12.
32 BGHZ 64, 333 (339).
33 Jauernig/*Berger*, § 996 Rn. 2; Staudinger BGB/*Thole*, § 996 Rn. 13 ff.; *Prütting*, SachenR, Rn. 554; MüKo BGB/*Raff*, § 996 Rn. 3 ff.
34 Palandt/*Herrler*, § 994 Rn. 8.; *Wellenhofer*, SachenR, § 23 Rn. 10.

§ 13 Sechster Fall „Professor"

I. Schwerpunkte

1   Der Fall „Professor" setzt sich mit dem zuvor besprochenen **Eigentümer-Besitzer-Verhältnis** auseinander, insbesondere mit den häufig in diesem Zusammenhang auftretenden **Konkurrenzproblemen**. Darüber hinaus beinhaltet er einen **Exkurs zum Fundrecht**.

II. Sachverhalt[1]

2   Professor P bestellt bei einer Parfümerie in Paris Seife und ein besonders teures Parfüm, um es seiner Frau zu schenken. Er packt die Sendung in seinem Arbeitszimmer in der Universität aus. Als ihn der Student S aufsucht, räumt er die Sachen etwas hastig zur Seite. Dabei gerät das Fläschchen Parfüm unter das Verpackungsmaterial, was S, nicht aber P bemerkt. Später wirft P ahnungslos Verpackung samt Parfüm in einen öffentlich zugänglichen Papierkorb. Dort findet S das Parfüm. Er nimmt es an sich, um es P zurückzugeben. Am Abend bekommt S Besuch von seiner Freundin F. Er ändert seine Meinung und schenkt das Parfüm der F. Diese weiß nichts von dessen Herkunft. Bei Aufklärung des Sachverhalts ist das Parfüm verbraucht.

3   P fragt nach seinen Ansprüchen gegen S.

III. Lösungsvorschlag

I. §§ 990 Abs. 1, 989

4   P könnte gegen S einen Anspruch auf Schadensersatz für den Verlust des Parfüms aus §§ 990 Abs. 1, 989 haben.

1. Vindikationslage

5   Dieser Anspruch setzt zunächst das Bestehen einer **Vindikationslage zum Zeitpunkt der Schadenszufügung** voraus, das heißt zu dem Zeitpunkt, in dem der Umstand eigetreten ist, aufgrund dessen S das Parfüm nicht mehr an P herausgeben kann, vgl. § 989. S kann das Parfüm deshalb nicht mehr an P herausgeben, weil er den Besitz auf F übertrug. Schadensbegründendes Ereignis ist somit die Übergabe des Fläschchens von S an F.

a) Besitz des S im Zeitpunkt der Übergabe

6   Zur Übergabe gehört die Aufgabe des Besitzes. Denklogisch muss S zumindest zu Beginn der Übergabe für eine juristische Sekunde noch den Besitz innegehabt haben.

---

[1] *Eckert/Hattenhauer*, 75 Klausuren aus dem BGB, Fall 63.

b) Eigentum des P im Zeitpunkt der Vollendung der Übergabe

P müsste bis zum Abschluss des schädigenden Ereignisses Eigentümer des Parfüms gewesen sein. Ursprünglich war der französische Händler in Paris Eigentümer des Parfüms.

aa) Eigentumserwerb des P

P könnte das Parfüm von dem Händler erworben haben. Dazu ist vorab zu klären, nach welchem Recht der Eigentumserwerb materiellrechtlich zu beurteilen ist. Solange sich das Parfüm in Frankreich befand, war die dingliche Rechtslage aus deutscher Sicht nach französischem Recht zu beurteilen, **Art. 43 Abs. 1 EGBGB**. Mit Überschreitung der Grenze kam es zu einem Statutenwechsel, so dass von diesem Zeitpunkt an deutsches Recht anwendbar war.[2] Ob P nach französischem Recht schon mit Zusendung der Sache Eigentum erlangt hat, kann dahinstehen, da nach dem später maßgeblichen deutschen Recht § **929 S. 1** jedenfalls erfüllt war, als P die Sendung erhielt. Gemäß Art. 43 Abs. 3 EGBGB sind nämlich Vorgänge im Ausland (hier: das Zusenden der Sache) so zu behandeln, als ob sie sich im Inland abgespielt hätten.[3]

bb) Eigentumsverlust durch Dereliktion, § 959

P könnte jedoch sein Eigentum an dem Parfüm gemäß § 959 aufgegeben haben, als er es versehentlich in den Papierkorb warf. Erforderlich ist hierzu die Aufgabe des Besitzes gemäß § 856 Abs. 1 in der **Absicht, auf das Eigentum zu verzichten**. P wollte nur die Verpackung, nicht aber das Parfüm wegwerfen. Da es sich bei der Dereliktion um eine **nicht empfangsbedürftige Willenserklärung** handelt, ist gemäß § 133 der wahre Wille des Handelnden im Wege der natürlichen Auslegung zu erforschen. Irrt sich jemand über die Identität eines Gegenstandes, liegt keine wirksame Eigentumsaufgabe vor.[4] P hat daher nicht gemäß § 959 das Eigentum an dem Parfüm verloren.

cc) Eigentumsverlust durch gutgläubigen Erwerb der F, §§ 929 S. 1, 932

P könnte sein Eigentum allerdings durch einen gutgläubigen Erwerb der F gemäß §§ 929 S. 1, 932 verloren haben.

Es ist jedoch fraglich, ob ein solcher Erwerb für den Schadensersatzanspruch aus §§ 990 Abs. 1, 989 noch relevant ist. Wie oben dargestellt, kommt es für den Anspruch auf das Bestehen der **Vindikationslage zum Zeitpunkt des schädigenden Ereignisses** an. Das schädigende Ereignis ist die Übergabe des Parfüms von S an F. Zu diesem Zeitpunkt war S noch Besitzer der Sache. Aus diesem Grund erscheint die Prüfung eines Eigentumsverlustes zugunsten der F widersprüchlich, denn solange S Besitzer des Parfüms war, konnte F mangels vollständig vollzogener Übergabe kein Eigentum erlangen, § 929 S. 1.

Jedenfalls scheitert ein gutgläubiger Eigentumserwerb der F an § **935 Abs. 1 S. 1**, da P der unmittelbare Besitz am Parfüm unfreiwillig verloren gegangen und daher die Sache abhandengekommen ist.

P ist also Eigentümer des Parfüms geblieben.

---

[2] Zum Begriff des Statutenwechsels etwa v. Hoffmann/Thorn, IPR, § 5 Rn. 97 ff.
[3] Zum Eigentumserwerb beim internationalen Versendungskauf Palandt/Thorn, Art. 43 EGBGB Rn. 7.
[4] Staudinger BGB/Wiegand/Gursky, § 959 Rn. 1.

c) Kein Recht des S zum Besitz

14 Ein Recht zum Besitz des S iSv § 986 Abs. 1 S. 1 könnte sich vorliegend lediglich aus einem Zurückbehaltungsrecht aus §§ 971 Abs. 1, 972, 1000 ergeben.

15
> **Exkurs zum Fundrecht**
>
> Der Fund ist in §§ 965 ff. geregelt. Voraussetzungen des Fundes sind gemäß § 965 Abs. 1
>
> 1. Verlust der Sache, dh die Sache muss **besitzlos, nicht herrenlos** sein
> 2. Finden der Sache: Finder ist derjenige, der die Sache **in Besitz nimmt**.
>
> Den Finder trifft gemäß § 965 Abs. 1 grundsätzlich eine **Anzeigepflicht**, es sei denn, die Sache ist nicht mehr als 10 EUR wert, § 965 Abs. 2 S. 2. Erfüllt er diese Anzeigepflicht, hat er gemäß § 971 einen **Anspruch auf Finderlohn**, der ihm gemäß § 972 iVm § 1000 ein **Zurückbehaltungsrecht** gewährt.

16 P hat den Besitz, aber nicht das Eigentum an dem Parfüm verloren. Es handelt sich um eine **verlorene Sache**. S hat das Parfüm in Besitz genommen, also **gefunden**. Er ist jedoch seiner **Anzeigepflicht** aus § 965 Abs. 1 nicht nachgekommen. Mithin ist ein Anspruch auf Finderlohn, der ein Zurückbehaltungsrecht begründen könnte, gemäß § 971 Abs. 2 ausgeschlossen. Die Frage, ob ein Zurückbehaltungsrecht ein Recht zum Besitz iSd § 986 Abs. 1 darstellen kann, kann somit offen bleiben.

17 Eine Vindikationslage lag zum Zeitpunkt der Schadenszufügung vor.

2. Sonstige Voraussetzungen der §§ 990 Abs. 1, 989

18 S müsste ferner bösgläubig bzgl. des fehlenden Rechts zum Besitz gewesen sein und schließlich müsste ihn ein Verschulden an der Unmöglichkeit der Herausgabe des Parfüms treffen, §§ 990 Abs. 1, 989. S wusste bei Besitzerwerb, dass er kein Recht zum Besitz hat und war somit gemäß §§ 990 Abs. 1 S. 1, 932 Abs. 2 bösgläubig. Auch verschenkte er das Parfüm an F bewusst und gewollt. Er handelte vorsätzlich, § 276 Abs. 1, womit ihn ein Verschulden an der Unmöglichkeit der Herausgabe trifft.

3. Ersatzfähiger Schaden, § 249

19 Hätte S das Parfüm nicht weggegeben, hätte P es gemäß § 985 von ihm herausverlangen können. Gemäß § 249 Abs. 2 S. 1 besteht daher ein ersatzfähiger Schaden in Höhe des Wertes des Parfüms.

Ergebnis

20 P hat gemäß §§ 990 Abs. 1, 989 einen Anspruch gegen S auf Ersatz des Parfüms.

II. §§ 687 Abs. 2, 678

21 Ein Anspruch des P gegen S auf Schadensersatz könnte sich ferner aus §§ 687 Abs. 2 S. 1, 678 ergeben.

§ 13 Sechster Fall „Professor"

1. Anwendbarkeit neben §§ 987 ff.

Derjenige, der bewusst ein fremdes Geschäft als sein eigenes führt, ist nicht schutzwürdig. Daher wird § 687 Abs. 2 nach allgemein anerkannter Ansicht nicht durch §§ 987 ff. verdrängt.[5]

2. Geschäftsanmaßung, § 687 Abs. 2

S müsste ein fremdes Geschäft als sein eigenes geführt haben, obwohl er wusste, dass er nicht dazu berechtigt ist, § 687 Abs. 2 S. 1. Das Verschenken einer fremden Sache ist ein objektiv fremdes Geschäft. S wusste, dass das Parfüm dem P gehörte und hat es dennoch als sein eigenes an F verschenkt. Dabei war ihm der entgegenstehende Wille des P bewusst. Die Voraussetzungen der Geschäftsanmaßung liegen vor.

Ergebnis

Gemäß § 687 Abs. 2 S. 1 kann P das Geschäft an sich ziehen und den Anspruch auf Schadensersatz aus § 678 geltend machen. Der Geschäftsherr kann auf diese Weise den Ersatz aller Schäden verlangen, die ihm durch die angemaßte Geschäftsführung entstanden sind. S muss dem P daher gemäß §§ 687 Abs. 2 S. 1, 678 den Wert des Parfüms ersetzen.

III. § 992 iVm § 823 Abs. 1

P könnte gegen S auch einen Schadensersatzanspruch aus § 992 iVm § 823 Abs. 1 haben.

1. Anwendbarkeit neben §§ 987 ff.

Grundsätzlich kann § 823 Abs. 1 bei Vorliegen einer Vindikationslage aufgrund der Sperrwirkung des EBV nicht neben §§ 989, 990 angewandt werden, § 993 Abs. 1 aE Soweit allerdings die Voraussetzungen des sog. **Deliktsbesitzers** nach § 992 vorliegen, sind §§ 823 ff. neben den §§ 987 ff. anwendbar.

a) Besitzerlangung durch verbotene Eigenmacht

§ 992, 1. Var. setzt eine Besitzverschaffung durch verbotene Eigenmacht voraus. Verbotene Eigenmacht ist jede gesetzlich nicht besonders gestattete Beeinträchtigung des unmittelbaren Besitzes ohne Einverständnis des Besitzers, § 858 Abs. 1. P hatte den Besitz an dem Parfüm verloren, als er es versehentlich in den öffentlich zugänglichen Papierkorb warf. Als S das Parfüm an sich nahm, konnte er nicht mehr in den Besitz des P eingreifen. Verbotene Eigenmacht liegt somit nicht vor.

b) Besitzerlangung durch eine Straftat

Allerdings könnte § 992, 2. Var. erfüllt sein. Dies ist der Fall, wenn S sich den Besitz am Parfüm durch eine Straftat verschafft hat. Straftat iSd § 992 ist die **Verwirklichung eines Straftatbestandes, der den Eigentümer vor der Art der Besitzverschaffung schützt**.[6] In Betracht kommt hier eine Unterschlagung gemäß § 246 StGB.

---

[5] Staudinger BGB/*Thole*, Vor §§ 987 ff. Rn. 168; *Vieweg/Werner*, SachenR, § 8 Rn. 57.
[6] BeckOK BGB/*Fritzsche*, § 992 Rn. 8; Palandt/*Herrler*, § 992 Rn. 3.

29 Ob die Unterschlagung grundsätzlich eine Straftat iSd § 992 ist, ist allerdings umstritten. Nach hM ist das nur dann zu bejahen, wenn eine sog. **Fundunterschlagung** vorliegt, jemand also eine besitzlose Sache *durch* Unterschlagung in seinen Besitz bringt.[7] Nur in diesem Fall kann von einer Besitzverschaffung *durch* eine Straftat ausgegangen werden. Vorliegend hat S das Parfüm in der Absicht an sich genommen, es dem P wiederzugeben, er hatte also bei Besitzverschaffung keinen Unterschlagungsvorsatz. Dass er später seine Absicht änderte, ist unbeachtlich, da S zu dem späteren Zeitpunkt schon den Besitz innehatte. Eine Besitzverschaffung durch eine Straftat liegt somit nicht vor.

2. Ergebnis

30 Ein Anspruch aus § 992 iVm § 823 Abs. 1 kommt nicht in Betracht.

IV. § 826

31 P könnte ferner ein Anspruch auf Schadensersatz aus § 826 gegen S zustehen.

1. Anwendbarkeit neben den §§ 987 ff.

32 Nach allgemeiner Ansicht ist § 826 auch bei Vorliegen einer Vindikationslage zum Zeitpunkt der Schadenszufügung anwendbar, da der vorsätzlich und sittenwidrig Schädigende keinen Schutz verdient.[8]

2. Vorsätzliche sittenwidrige Schädigung

33 Eine Schädigung liegt mit der Übergabe der Sache durch S an F vor. Fraglich ist, ob diese auch als sittenwidrig einzustufen ist. Nach der allgemein von der Rechtsprechung verwendeten Anstandsformel ist das der Fall, wenn die Handlung gegen das Anstandsgefühl aller billig und gerecht Denkenden verstößt.[9] Vorliegend hat sich S zwar nicht im Zeitpunkt der Besitzverschaffung, aber mit der Übergabe an F der Unterschlagung gemäß § 246 StGB strafbar gemacht, um seine Freundin zu beschenken. Die Begehung einer Straftat stellt ein besonders verwerfliches Mittel dar.[10] S handelte somit sittenwidrig.

34 Außerdem handelte S sowohl im Hinblick auf die die Sittenwidrigkeit begründenden Umstände als auch auf den bei P eintretenden Schaden vorsätzlich.

Ergebnis

35 P hat somit einen Anspruch auf Schadensersatz gegen S wegen des Verlustes des Parfüms aus § 826. Die Höhe des Schadensersatzanspruchs ergibt sich wiederum aus § 249 Abs. 2 S. 1 und umfasst den Wert des Parfüms.

V. §§ 812 Abs. 1 S. 1, 2. Var., 818 Abs. 2

36 Letztendlich könnte P gegen S auch noch einen Anspruch auf Wertersatz für das verbrauchte Parfüm aus §§ 812 Abs. 1 S. 1, 2. Var., 818 Abs. 2 haben. *(Der Sonderfall der*

---

7 BeckOK BGB/*Fritzsche*, § 992 Rn. 9; Palandt/*Herrler*, § 992 Rn. 3; Staudinger/*Thole*, § 992 Rn. 23.
8 Siehe nur *Prütting*, SachenR, Rn. 542.
9 BGH NJW 1991, 913, (914).
10 Vgl. BeckOK BGB/*Fritzsche*, § 992 Rn. 9; Jauernig/*Berger*, § 992 Rn. 2.

Eingriffskondiktion des § 816 I 1 kommt vorliegend nicht in Betracht, weil S im Rahmen der Schenkung an F unentgeltlich verfügt hat und somit nichts aus der Verfügung erlangt hat. § 816 I 2 regelt für diesen Fall nur den Anspruch gegen den unentgeltlich Beschenkten, nach dem hier nicht gefragt wurde. Folglich ist auf die allgemeine Eingriffskondiktion des § 812 Abs. 1 S. 1, 2. Var. zurückzugreifen.)

1. Anwendbarkeit neben §§ 987 ff.

Fraglich ist zunächst, ob § 812 Abs. 1 S. 1, 2. Var. neben den §§ 987 ff. anwendbar ist. §§ 987 ff. schließen grundsätzlich gemäß § 993 aE §§ 812 ff. aus. § 812 Abs. 1 S. 1, 2. Var. bleibt jedoch als Fall der Eingriffskondiktion bestehen, soweit sich der Besitzer die Sachsubstanz zu Eigen macht. Denn §§ 987 ff. regeln nur Ansprüche auf Schadensersatz und Nutzungsherausgabe. S hat das Parfüm an F verschenkt und sich damit dessen Sachsubstanz zu Eigen gemacht. § 812 Abs. 1 S. 1, 2. Var. ist anwendbar.

2. Voraussetzungen von § 812 Abs. 1 S. 1, 2. Var.

S hat zwar nicht das Eigentum, aber den Besitz an dem Parfüm **erlangt**. Dies müsste in Abgrenzung zur Leistungskondiktion **in sonstiger Weise** geschehen sein. P hat das Parfüm nicht bewusst und zweckgerichtet an S übergeben, sondern S hat in das Eigentum und damit in eine dem P zugewiesene Rechtsposition eingegriffen, indem er das Parfüm in Besitz genommen und später unterschlagen hat. Dafür bestand **kein rechtlicher Grund**. Mithin sind die Voraussetzungen von § 812 Abs. 1 S. 1, 2. Var. erfüllt.

Ergebnis

Grundsätzlich müsste S nach § 812 Abs. 1 S. 1, 2. Var. das Erlangte herausgeben. Die Herausgabe des Besitzes am Parfüm ist dem S allerdings nicht mehr möglich, so dass er nach § 818 Abs. 2 Wertersatz leisten muss.

§ 14 Siebter Fall „Restaurant"

I. Schwerpunkte

1   Auch der siebte Fall „Restaurant" setzt sich mit dem **Eigentümer-Besitzer-Verhältnis** auseinander und behandelt die Sonderfrage der **Zurechnung der Bösgläubigkeit einer Hilfsperson beim Besitzerwerb**.

II. Sachverhalt[1]

2   A betreibt mehrere Restaurants und möchte ein neues, zusätzliches Restaurant eröffnen. Er beauftragt seinen Prokuristen P, sich nach geeigneten Räumlichkeiten umzusehen. P vereinbart namens des A mit Gastwirt G, den er trotz des gegenteiligen Hinweises einer Bank für den Eigentümer der Gastwirtschaft hält, einen Pachtvertrag. In Wirklichkeit ist E Eigentümer, was P durch einen Blick ins Grundbuch leicht hätte feststellen können. Den Pachtvertrag mit G hatte E bereits im Vorfeld wirksam gekündigt.

3   Nach Abschluss des Pachtvertrages lässt P das Restaurant für A einrichten. Zwei Monate später meldet sich E, der inzwischen von den Vorgängen erfahren hat, und verlangt von A den Pachtzins für den zweimonatigen Restaurantbetrieb sowie Schadensersatz, weil auf Anordnung des A eine Mauer in der Gaststätte durchgebrochen wurde und dadurch die Belastungsfähigkeit der Decke im Obergeschoss gemindert wurde.

4   Muss A an E zahlen?

III. Lösungsvorschlag

A. Ansprüche auf Zahlung des Pachtzinses

5   *Vorüberlegung: Ein Pachtvertrag zwischen A und E wurde ersichtlich nicht geschlossen, so dass kein Anspruch des E auf Entrichtung eines Pachtzinses bestehen kann. Allerdings lässt sich das wirtschaftlich gleiche Ergebnis erreichen, wenn E von A Wertersatz für Nutzungen verlangen kann, die dem A aufgrund des Besitzes der Gaststätte in Form von Gebrauchsvorteilen zugeflossen sind.*

I. §§ 990 Abs. 1 S. 1, 987 Abs. 1

6   E könnte gegen A einen Anspruch auf Nutzungsherausgabe aus §§ 990 Abs. 1 S. 1, 987 Abs. 1 haben.

1. Vindikationslage

7   Dazu müsste zum **Zeitpunkt der Nutzungsziehung** eine Vindikationslage bestanden haben. A hat durch das Betreiben des Restaurants Nutzungen in Form von **Gebrauchsvorteilen** gezogen, § 100. Entscheidend ist also, ob während der zwei Monate, in denen A das Restaurant betrieb, E Eigentümer und A unberechtigter Besitzer war.

8   E ist nach den Sachverhaltsangaben der wirkliche Eigentümer des Restaurants.

---

[1] Nach *Wellenhofer*, SachenR, § 22 Rn. 28.

A müsste Besitzer des Restaurants gewesen sein. Besitz ist die tatsächliche Sachherrschaft, § 854 Abs. 1. Allerdings hat P das Restaurant für A eingerichtet, so dass zunächst P die tatsächliche Gewalt darüber innehatte. Er könnte jedoch **Besitzdiener** des A gewesen sein, so dass gemäß § 855 nur letzterer Besitzer gewesen wäre. Besitzdiener ist, wer zu dem Besitzherrn in einem sozialen Abhängigkeitsverhältnis steht und dessen Weisungen unterworfen ist. P ist Prokurist des A. Es ist davon auszugehen, dass er in dieser Eigenschaft gleichzeitig dessen Angestellter ist und somit zu ihm in einem sozialen Abhängigkeitsverhältnis steht. Zwar könnten aufgrund des weiten Umfangs einer Bevollmächtigung durch Prokura Zweifel an der Weisungsgebundenheit des P bestehen, vgl. § 49 Abs. 1 HGB. Die erteilte Vollmacht ist jedoch von dem zugrunde liegenden Anstellungsvertrag zu trennen. Letzterer führt zur Weisungsgebundenheit und somit zur Besitzdienerschaft des P. A war somit Besitzer der Gastwirtschaft, § 855.

Ein Besitzrecht des A gegenüber E könnte sich aus dem Pachtvertrag mit G ergeben, § 986 Abs. 1 S. 1, 2. Var. Das setzt allerdings voraus, dass der mittelbare Besitzer G dem Eigentümer E gegenüber zum Besitz berechtigt war. Nach Beendigung seines Pachtvertrages mit E stand ihm jedoch kein Besitzrecht mehr zu, womit auch A nicht zum Besitz gegenüber E berechtigt war.

Eine Vindikationslage war also zum maßgeblichen Zeitpunkt gegeben.

2. Bösgläubigkeit des A, § 990 Abs. 1

Ferner müsste A bei Erwerb des Besitzes bezüglich seines fehlenden Besitzrechts bösgläubig iSv § 932 Abs. 2 gewesen sein oder später davon erfahren haben, § 990 Abs. 1.

Bei Besitzerwerb wusste A weder von der fehlenden Berechtigung seines Vertragspartners G, ihm den Besitz zu überlassen, noch war ihm dies infolge grober Fahrlässigkeit unbekannt. Denn er hat die Vertragsverhandlungen nicht selbst geführt, sondern von P durchführen lassen.

Allerdings könnte dem P grobe Fahrlässigkeit vorgeworfen werden. Grob fahrlässig handelt, wer objektiv in besonders schwerem Maße seine Sorgfaltspflichten verletzt und subjektiv das unbeachtet lässt, was im konkreten Fall jedem eingeleuchtet hätte. P hatte aufgrund des Hinweises der Bank allen Grund, sich durch Einsichtnahme ins Grundbuch Gewissheit über die Eigentumslage zu verschaffen. Indem er dies unterließ, verletzte er die erforderliche Sorgfalt in ungewöhnlich hohem Maße. Hätte er sich dagegen pflichtgemäß informiert, wären ihm das mangelnde Eigentum des G und damit dessen fehlende Möglichkeit, dem A ein Recht zum Besitz zu verschaffen, bekannt gewesen. P war daher bei Besitzerwerb des A bösgläubig iSd §§ 990 Abs. 1 S. 1, 932 Abs. 2.

Es stellt sich somit die Frage, ob A sich die grobe Fahrlässigkeit des P zurechnen lassen muss.

Zurechnung der Bösgläubigkeit von Hilfspersonen im Rahmen des § 990 Abs. 1
Die Rechtsprechung wendet für die Zurechnung der Bösgläubigkeit einer Hilfsperson im Rahmen von § 990 Abs. 1 generell § **166 analog** an.[2] Danach kommt es ausschließlich auf die Kenntnis oder das Kennenmüssen der Hilfsperson an.
Nach anderer Ansicht ist § **831 analog** anzuwenden, mit der Begründung, dass die Ergreifung des Besitzes ohne Recht zum Besitz einer Eigentumsverletzung gleichstehe und deshalb mit einer deliktischen Handlung vergleichbar sei.[3] Nach dieser Ansicht

> **Zurechnung der Bösgläubigkeit von Hilfspersonen im Rahmen des § 990 Abs. 1**
> entscheidet über die Zurechnungsfrage, ob sich der Geschäftsherr bezüglich der Auswahl und Überwachung seiner Hilfsperson exkulpieren kann.
> Richtigerweise sollte hier **differenziert** werden:[4] Schließt die Hilfsperson das Rechtsgeschäft, aus dem sich das Recht zum Besitz herleiten lassen soll, im Rahmen einer dafür erteilten **Vollmacht** ab, ist eine **Analogie zu § 166** angezeigt. Bedient sich der Geschäftsherr nämlich bewusst einer Hilfsperson zum Abschluss eines Rechtsgeschäfts, muss er sich deren Kenntnis oder grob fahrlässige Unkenntnis zurechnen lassen. Die analoge Anwendung des § 166 ergibt sich daraus, dass es sich nicht um die „rechtlichen Folgen einer Willenserklärung" iSd § 166 handelt, sondern um die Kenntnis des aus dem Rechtsgeschäft abgeleiteten Rechts zum Besitz.
> Steht die Besitzerlangung dagegen **nicht mit einer rechtsgeschäftlichen Vertretung in Verbindung** (zB, wenn der bei dem Logistikunternehmen des gutgläubigen A angestellte Fernfahrer F versehentlich einen Lieferwagen des E benutzt), findet wegen der damit verbundenen Eigentumsverletzung allein **§ 831 analog** Anwendung. Das heißt, der Geschäftsherr haftet nur, wenn ihm eigenes Auswahl- oder Überwachungsverschulden zur Last fällt, welches aber vermutet wird.

17 P hat den Besitz im Zusammenhang mit Vertragsverhandlungen erlangt, zu denen er als Prokurist bevollmächtigt war. Daher muss A sich die grob fahrlässige Unkenntnis des P gemäß § 166 analog zurechnen lassen.

18 A galt also als bösgläubig iSd §§ 990 Abs. 1 S. 1, 932 Abs. 2, 166.

Ergebnis

19 Daher hat A gemäß §§ 990 Abs. 1 S. 1, 987 die gezogenen Nutzungen an E herauszugeben. Dazu zählen gemäß § 100 auch die Gebrauchsvorteile. Mangels Möglichkeit einer Herausgabe in natura ist der objektive Gebrauchswert herauszugeben. Dieser Wert entspricht dem üblichen Pachtzins für eine vertragliche Gebrauchsüberlassung.

II. § 812 Abs. 1 S. 1, 2. Var.

20 Ein Anspruch des E gegen A auf Nutzungsherausgabe könnte sich auch aus § 812 Abs. 1 S. 1, 2. Var. ergeben.

1. Anwendbarkeit der Vorschrift neben §§ 987 ff.

21 Fraglich ist, ob § 812 Abs. 1 S. 1, 2. Var. neben §§ 987 ff. Anwendung findet. § 812 Abs. 1 S. 1, 2. Var. ist als Fall der **Eingriffskondiktion neben §§ 987 ff.** nur insoweit anwendbar, als der unrechtmäßige Besitzer sich die Sachsubstanz durch Veräußerung (§ 816 Abs. 1), Verarbeitung (§ 951) oder Verbrauch (§ 812 Abs. 1 S. 1, 2. Var.) **zu eigen** macht. Denn nur in dieser Beziehung enthält das Eigentümer-Besitzer-Verhältnis keine eigenständige Regelung. Hier würde es sich bei dem Anspruch aus § 812 Abs. 1 S. 1, 2. Var. in der Sache um einen Nutzungsersatzanspruch handeln, da die Gebrauchsvorteile das Erlangte iSd Norm wären. Insoweit sind nur die §§ 987 ff. als abschließende Sonderregelungen einschlägig.

---

2 BGHZ 32, 53 (56 ff.); 41, 17 (21 f.); 135, 202 (205).
3 *Baur/Stürner*, SachenR, § 5 Rn. 15; Jauernig/*Berger*, § 990 Rn. 2; *Medicus/Petersen*, BürgerlichesR, Rn. 581.
4 *Wellenhofer*, SachenR, § 22 Rn. 9.

2. Ergebnis

Ein Anspruch des E gegen A aus § 812 Abs. 1 S. 1, 2. Var. scheidet damit aufgrund des Vorrangs der Regelungen des Eigentümer-Besitzer-Verhältnisses aus.

B. Ansprüche auf Schadensersatz aufgrund der Beschädigung der Mauer
I. §§ 990 Abs. 1 S. 1, 989

Daneben könnte E gegen A ein Schadensersatzanspruch aus §§ 990 Abs. 1 S. 1, 989 wegen der Beschädigung der Mauer zustehen.

1. Vindikationslage, Bösgläubigkeit des A und Verschlechterung der Sache

Wie oben ausgeführt, lag im Zeitpunkt des Durchbruchs der Mauer eine **Vindikationslage** vor und die **Bösgläubigkeit** des P bezüglich des fehlenden Besitzrechts ist A gemäß § 166 analog zuzurechnen. Die Mauer wurde durchbrochen und die Belastungsfähigkeit der Decke dadurch beeinträchtigt. Eine **Verschlechterung der Sache** liegt also ebenfalls vor.

2. Verschulden des A

Diese Verschlechterung müsste auf einem Verschulden des A beruhen, § 989. Insoweit gilt der Maßstab des § 276.

A trifft jedenfalls der Fahrlässigkeitsvorwurf. Er mag sich zwar für einen berechtigten Besitzer gehalten haben. Bei gehöriger Sorgfaltsanwendung hätte er jedoch unschwer erkennen können und müssen, dass er als vermeintlicher Pächter nicht ohne Zustimmung des Verpächters gravierende Umbauarbeiten an der Pachtsache durchführen durfte und dass bei der vorgenommenen Art der Umbauarbeiten (Durchbruch einer Mauer) leicht Schäden in den Pachträumen entstehen konnten.

Hinweis: Hätte A von der Vornahme der Umbauarbeiten nichts gewusst, weil diese eigenmächtig von P angeordnet wurden, wäre dem A das Verschulden des P gemäß § 278 zuzurechnen. Denn das EBV begründet ein gesetzliches Schuldverhältnis iSd § 278.[5]

Ergebnis

E hat gegen A einen Schadensersatzanspruch wegen der Beschädigung der Mauer nach §§ 990 Abs. 1 S. 1, 989.

II. § 823 Abs. 1

Ein Anspruch des E gegen A auf Schadensersatz könnte sich daneben aus § 992 iVm § 823 Abs. 1 ergeben.

Die Voraussetzungen des § 992 sind jedoch nicht erfüllt. A hat den Besitz weder durch verbotene Eigenmacht noch durch eine Straftat erlangt. Vor dem Hintergrund der gesetzlichen Bestimmungen, insbesondere der §§ 992, 993 Abs. 1 aE, erscheint es im Üb-

---

[5] *Vieweg/Werner*, SachenR, § 8 Rn. 22; *Wellenhofer*, SachenR, § 22 Rn. 28; aA *Baur/Stürner*, SachenR, § 5 Rn. 15, wonach auf entsprechende Fallkonstellationen § 831 anzuwenden ist.

rigen überzeugend, in den §§ 987 ff. für diesen Fall eine das Deliktsrecht verdrängende Spezialregelung zu erblicken.

Ergebnis

31 Ein Schadensersatzanspruch des E gegen A kann daher nicht aus § 823 Abs. 1 hergeleitet werden.

§ 15 Die Abwehrrechte des Eigentümers, §§ 1004, 906

Während § 985 den Schutz des Eigentums dadurch verwirklicht, dass er dem Eigentümer die Erlangung des entzogenen oder vorenthaltenen Besitzes ermöglicht, schützt § 1004 gegen alle anderen Arten der Beeinträchtigung (**Störungen**). § 1004 gilt neben dem Eigentum entsprechend für die Grunddienstbarkeit (§ 1027), die beschränkte persönliche Dienstbarkeit (§§ 1090 Abs. 2, 1027), den Nießbrauch (§ 1065) und das Pfandrecht (§ 1227).

§ 1004 gewährt den Schutz dadurch, dass er **gegen bevorstehende, drohende Beeinträchtigungen einen Unterlassungsanspruch** (§ 1004 Abs. 1 S. 2) und **gegen bereits geschehene, noch existente Beeinträchtigungen den Anspruch auf Beseitigung** (§ 1004 Abs. 1 S. 1) gewährt. Im römischen Recht sprach man von der *actio negatoria* (heute handelt es sich um den **negatorischen Anspruch**).

Besondere Bedeutung kommt § 1004 dadurch zu, dass er über den Schutz des Eigentums hinaus zugleich als **Grundtatbestand für den Schutz aller anderen absoluten Rechte iSv § 823 Abs. 1** herangezogen wird (allgemeines Persönlichkeitsrecht, eingerichteter und ausgeübter Gewerbebetrieb, Anwartschaftsrecht usw).

I. Voraussetzungen des § 1004

> **§ 1004 setzt voraus**
>
> 1. **Eigentum** (oder sonstiges Recht iSv § 823 Abs. 1) des Anspruchsstellers
> 2. **Existente** (§ 1004 Abs. 1 S. 1) oder **drohende** (§ 1004 Abs. 1 S. 2) **Beeinträchtigung** des Eigentums (oder sonstigen Rechts)
> 3. **Störereigenschaft** des Anspruchsgegners
> 4. **Rechtswidrigkeit** der Beeinträchtigung
>
>   *Insbesondere darf den Eigentümer oder den sonstigen Berechtigten keine Duldungspflicht treffen, § 1004 Abs. 2.*
>
> *Beachte:* § 1004 setzt **kein Verschulden** voraus.

1. Beeinträchtigung

Unter einer **Beeinträchtigung** des Eigentums (oder sonstiger Rechte) iSv § 1004 versteht man **jede Störung abgesehen von der Entziehung oder Vorenthaltung des Besitzes**. Die Störung muss durch *menschliches Verhalten* verursacht werden, nicht durch Naturereignisse.

Umfasst sind zunächst **positive Einwirkungen auf die Sache i.S.e. aktiven Angriffs**, wie beispielsweise unbefugtes Betreten, laute Musik zur Nachtzeit, Ablagern von Sachen auf dem Grundstück oder Zuführen von Stoffen, vgl. § 906.

Umstritten ist, ob **negative Einwirkungen** von § 1004 erfasst sind. Gemeint sind damit Umstände, durch die der Sache die natürlichen Verbindungen zur Umwelt entzogen werden, zB Licht- oder Luftentzug. Nach der früheren Rechtsprechung wurde ein Abwehranspruch zwar nicht unmittelbar aus § 1004, aber aus § 242 oder aus § 1004 analog wegen Beeinträchtigung des Gemeingebrauchs gewährt.[1] Indes ist jedes Grundstück auf die Verbindung zur Außen- und Umwelt angewiesen. § 1004 will den ganzen Eigentumsinhalt schützen, dazu gehört auch die funktionsgerechte Verwendung des Eigentums. Das Eigentum kann also auch durch negative Einwirkungen iSv § 1004 beeinträchtigt werden.[2] Allerdings können solche negativen Einwirkungen gemäß § 906 analog erlaubt sein.

8   **Ideelle Einwirkungen** sind solche, die dem ästhetischen oder sittlichen Empfinden des Berechtigten widersprechen, beispielsweise der ständige Anblick eines Schrottplatzes in einer Wohngegend. Die Rechtsprechung hat § 1004 bezüglich ideeller Einwirkungen bisher nicht angewandt, teilweise allerdings offen gelassen, ob bei schwerwiegenden Beeinträchtigungen etwas anderes gilt.[3]

2. Störer

9   Störer können grundsätzlich **auch schuldlose** Personen sein.

10 **Handlungsstörer** ist derjenige, **auf dessen Verhalten der beeinträchtigende Zustand in kausaler Weise zurückgeht.** Beispiele dafür sind der nächtliche Trompeter, der Gaststätteninhaber, der nachts im Freien musizieren lässt, oder derjenige, der eine Hauswand mit Parolen versieht.

11 Beim **Zustandsstörer** geht die **Beeinträchtigung vom Zustand einer Sache oder Anlage aus.** Hier ist die Störereigenschaft zu bejahen, wenn der Halter (zumeist der Eigentümer der Sache) oder Betreiber (zumeist der Besitzer der Sache) **aufgrund seiner Herrschafts- und Einwirkungsmöglichkeit den störenden Zustand beseitigen kann und der Zustand jedenfalls mittelbar auf eine Willensbetätigung des Störers zurückzuführen ist.**[4] Wenn beispielsweise die Wurzeln eines Baumes in das Nachbargrundstück hinüberwachsen oder künstlich angelegte Erdaufschüttungen ins Rutschen geraten oder der Nachbar einen Teich anlegt, in dem sich quakende Frösche ansiedeln, ist der jeweilige Nachbar, von dessen Grundstück die Beeinträchtigung ausgeht, Zustandsstörer. In einem solchen Fall kann der gestörte Eigentümer die **Beseitigung der Störung sogar selbst vornehmen** und die dadurch entstehenden **Kosten nach bereicherungsrechtlichen Grundsätzen** erstattet verlangen.[5] Denn dann wird der Störer von einer ihm nach § 1004 Abs. 1 S. 1 obliegenden Verpflichtung befreit und daher auf sonstige Weise iSd § 812 Abs. 1 S. 1, 2. Var. bereichert.

3. Rechtswidrigkeit

12 Aus § 1004 Abs. 2 geht hervor, dass der Anspruch aus Abs. 1 **ausgeschlossen** ist, wenn den gestörten Eigentümer eine **Duldungspflicht** trifft. Duldungspflichten können sich direkt **aus dem Gesetz ergeben** oder auf der Einräumung von **dinglichen oder obligatorischen Rechten** beruhen. Hierzu zählen:

a. § 906 als wichtigste gesetzliche Duldungspflicht
b. Obligatorische Rechte (zB Miete, Pacht)
c. Dingliche Rechte (zB Nießbrauch)

---

[1] BGH NJW 1991, 1671 (1672); 1998, 2058 (2059).
[2] BGH NJW 2000, 2901; *Wellenhofer*, SachenR, § 24 Rn. 10.
[3] BGH NJW 1975, 170.
[4] Zuletzt BGH Urt. v. 18.12.2015 – V ZR 160/14.
[5] BGHZ 60, 235 (243); BGH NJW 1986, 2640; 2005, 1366 (1367).

d. Verteidigender Notstand, § 228, und Angriffsnotstand, § 904
e. Das nachbarschaftliche Gemeinschaftsverhältnis

a) § 906

Die wichtigste gesetzliche Duldungspflicht ergibt sich aus § **906**. Die Vorschrift dient insbesondere dem **Nachbarschutz** und grenzt gegenseitige Befugnisse der Nachbarn voneinander ab. Sie betrifft den **Immissionsschutz** für Grundstückseigentümer.

Immissionen sind alle **unkörperlichen Einwirkungen** von einem Grundstück auf ein anderes, beispielsweise Dämpfe, Rauch, Ruß, Geräusche, aber auch leicht körperliche Stoffe wie Laub, Bienenflug und Staubbelästigungen, nicht jedoch Steinbrocken.

Zu dulden sind **unwesentliche Einwirkungen** (Abs. 1 S. 1), beispielsweise eine einmal jährlich stattfindende Gartenparty, bei der Grillbratenduft zum Nachbarn zieht, ferner **wesentliche, aber ortsübliche und nicht wirtschaftlich verhinderbare Einwirkungen** (Abs. 2 S. 2). Im Extremfall ist allerdings eine **Rücksichtnahme aufgrund des nachbarschaftlichen Gemeinschaftsverhältnisses** geboten, welches eine Sonderbeziehung zwischen Nachbarn darstellt, die sich aus § 242 ergibt. **Nicht zu dulden** sind im Gegenzug **wesentliche und ortsunübliche Einwirkungen**, sowie **wesentliche, ortsübliche, aber wirtschaftlich verhinderbare Einwirkungen**, zB durch Schalldämpfung.

Trifft den Eigentümer eine Duldungspflicht aus § 906 Abs. 2 S. 1, kann er gegebenenfalls nach § **906 Abs. 2 S. 2** einen **Ausgleich in Geld** verlangen. § 906 Abs. 2 S. 2 normiert eine verschuldensunabhängige Entschädigungspflicht.

Zu beachten ist, dass § 906 wie § 1004 nicht nur den Eigentümer als Beeinträchtigten betrifft, sondern auch **sonstige Berechtigte**, wie den Besitzer, den dinglich Berechtigten oder den Gewerbebetriebsinhaber.

b) Weitere spezielle gesetzliche Duldungspflichten

Weitere spezielle gesetzliche Duldungspflichten sind für den **Überbau** (§ 912) und für den **Notweg** (§ 917) geregelt.

Der **rechtswidrige, aber entschuldigte Überbau** ist vom Nachbarn **zu dulden**. Ein solcher liegt vor, wenn die Grenzüberschreitung ohne Vorsatz oder grobe Fahrlässigkeit erfolgte *und* vom Nachbarn kein sofortiger Widerspruch erhoben wurde. Der **rechtswidrige, unentschuldigte Überbau** ist dagegen **nicht zu dulden**. Wenn die Grenzüberschreitung also vorsätzlich oder grob fahrlässig erfolgte oder der Nachbar sofort widersprochen hat, hat dieser Ansprüche aus § 1004 und gegebenenfalls aus §§ 990, 989 oder § 823 wegen Verschlechterung seines Grundstückes. Das Verschulden eines Architekten muss sich der Bauherr nach der Rechtsprechung gemäß § 166 analog zurechnen lassen.[6]

Nach § 917 kann der Eigentümer eines Grundstücks von seinem Nachbarn die Einräumung eines **Notwegs** verlangen, wenn das Grundstück **keine Verbindung zu öffentlichen Wegen aufweist**, eine solche jedoch **zur ordnungsgemäßen Nutzung notwendig ist**.

In beiden Fällen kann der duldungspflichtige Eigentümer eine angemessene **Entschädigung** verlangen, §§ 912 Abs. 2, 917 Abs. 2.

---

6 BGHZ 42, 63 (69).

II. Rechtsfolge des § 1004

22 Als Rechtsfolge kann dem beeinträchtigten Eigentümer oder sonstigen Berechtigten ein **Unterlassungsanspruch (Abs. 1 S. 2)** oder ein **Beseitigungsanspruch (Abs. 1 S. 1)** zustehen.

1. Unterlassungsanspruch

23 Der Unterlassungsanspruch ist in § 1004 Abs. 1 S. 2 für den Fall geregelt, dass **weitere Beeinträchtigungen zu besorgen** sind (sog. Wiederholungsgefahr). Entgegen dem Wortlaut von § 1004 Abs. 1 S. 2 gibt es den Anspruch allerdings auch **schon gegen die erste drohende Beeinträchtigung** des Eigentums (sog. Erstbegehungsgefahr). Hier kann nach allgemeiner Meinung eine **„vorbeugende"** Unterlassungsklage erhoben werden.

2. Beseitigungsanspruch

24 Bei dem Anspruch auf Beseitigung nach § 1004 Abs. 1 S. 1 ist die Beeinträchtigung **bereits geschehen und verbleibt**. Der Störungszustand soll **für die Zukunft entfernt** werden.

25 Problematisch ist allerdings der **Umfang des Beseitigungsanspruchs in Abgrenzung zu einem Schadensersatzanspruch nach § 823**, der nur bei schuldhaften Störungen einschlägig ist.

26 Die **Störquellentheorie** verlangt als **actus contrarius** zu der Störung nur die **Entfernung der Störungsquelle** von der beeinträchtigten Sache. Bei einem Dammbruch beispielsweise ist nach § 1004 Abs. 1 S. 1 nur das Loch im Damm als Störungsquelle zu schließen. Die Beseitigung der Überschwemmungsschäden kann darüber hinaus lediglich unter den Voraussetzungen des § 823 verlangt werden.[7]

27 Die **Wiederbenutzbarkeitstheorie** geht zu Recht noch weiter. Nach ihr hat der Beseitigungsanspruch auch zum Inhalt, den **Zustand der Benutzbarkeit wiederherzustellen**.[8] Bei einer vom Störer durch Öl verursachten Bodenkontaminierung ist nicht nur das Absaugen des Öls geschuldet, sondern auch das Abtragen des verseuchten Erdreiches, um den ursprünglichen Zustand des beeinträchtigten Grundstücks wiederherzustellen.[9] Bei der „Pappelentscheidung" gewährte der BGH einen Anspruch auf Wiederbenutzbarkeit der Tennisplätze, deren Belag durch eindringendes Wurzelwerk von Pappeln des Nachbargrundstücks zerstört worden war.[10] In einem anderen Beispiel verstopften Baumwurzeln einen Abwasserkanal. Nach § 1004 Abs. 1 S. 1 sind die Verstopfung zu beseitigen und der Kanal instand zu setzen.[11] Die Wiederbenutzbarkeitstheorie findet ihre **Rechtfertigung in § 906 Abs. 2 S. 2**, der dem beeinträchtigten Eigentümer einen Ausgleich für die Duldungspflicht einer wesentlichen, aber ortsüblichen Beeinträchtigung gewährt. Wenn der Eigentümer schon für einen *rechtmäßigen* Eingriff in seinen Rechtskreis einen Ausgleich für die Nichtbenutzbarkeit verlangen kann, kann man den *rechtswidrig* Eingreifenden nicht besser stellen, sondern muss ihm zumuten können,

---

7 *Baur/Stürner*, SachenR, Rn. 20; *Larenz/Canaris*, SchuldR, § 86 V 3 c.
8 BGH NJW 1997, 2234 (2235); 2005, 1366 (1367).
9 BGH NJW 2005, 1366 (1367 f.).
10 BGH NJW 1997, 2234 (2235).
11 BGH NJW 1995, 395 (396).

den Zustand der Benutzbarkeit wiederherzustellen. Andernfalls würde der negatorische Beseitigungsanspruch weitgehend entwertet.

Geldersatz für den bis zur Beseitigung entstandenen Vermögensschaden gewährt § 1004 Abs. 1 allerdings nach allgemeiner Ansicht nicht.[12] Diese Einschränkung ergibt sich daraus, dass der Anspruch aus § 1004 Abs. 1 im Gegensatz zu § 823 Abs. 1 iVm §§ 249 ff. verschuldensunabhängig ist.

---

12 *Wellenhofer*, SachenR, § 24 Rn. 40.

Zweiter Teil:
Immobiliarsachenrecht

§ 16 Übertragung und Belastung von Grundstücksrechten und Belastung von Grundstücken mit einem Recht, §§ 873 ff.

1 § 929 im Mobiliarsachenrecht entspricht § 873 im Immobiliarsachenrecht. Zur Übertragung und Belastung eines Rechts an einem Grundstück und zur Belastung eines Grundstücks mit einem Recht sind nach § 873 **Einigung und Eintragung** im Grundbuch erforderlich. § 873 gilt damit für:

1. Die Eigentumsübertragung am Grundstück (Übereignung)
   Beachte: Von der Übereignung des Grundstücks selbst ist die Übertragung des schuldrechtlichen Auflassungsanspruchs gemäß §§ 398 ff. zu unterscheiden. Dabei handelt es sich um die Abtretung des Anspruchs auf Übereignung des Grundstücks, zB aus einem Kaufvertrag, für die §§ 873, 925 nicht gelten.
2. Die Belastung eines Grundstücks mit
   a) Einer Hypothek, § 1113
   b) Einer Grundschuld, § 1191
   c) Einem Nießbrauch, § 1030
   d) Einer Grunddienstbarkeit, § 1018 (zB einem Wegerecht zugunsten des jeweiligen Eigentümers des herrschenden Grundstücks)
   e) Einer beschränkten persönlichen Dienstbarkeit, § 1090 (zB einem Wohnrecht zugunsten eines persönlich Berechtigten)
3. Die Übertragung oder Belastung eines solchen Rechts

I. Einigung

2 Erste Voraussetzung von § 873 ist die Einigung zwischen Rechtsveräußerer und Rechtserwerber über die Übertragung beziehungsweise Belastung des Rechts. Insoweit kann bis auf wenige im Folgenden dargestellte Besonderheiten auf die Ausführungen zu § 929 verwiesen werden. Im Fall der Übereignung eines Grundstückes wird die Einigung zwischen Veräußerer und Erwerber als **Auflassung** bezeichnet, § 925 Abs. 1 S. 1.

1. Bindungswirkung des § 873 Abs. 2

3 Die Einigung gemäß § 873 Abs. 1 muss – wie bei § 929 – grundsätzlich im Zeitpunkt der Vollendung des Rechtserwerbs noch vorliegen. Bis dahin ist sie, anders als bei einem schuldrechtlichen Vertrag, **frei widerruflich**, es sei denn, es ist eine **Bindungswirkung nach § 873 Abs. 2** eingetreten.

4 Nach § 873 Abs. 2 ist die Einigung bindend, wenn die Erklärungen der Vertragsparteien **notariell beurkundet, vor dem Grundbuchamt abgegeben** oder bei dem **Grundbuchamt eingereicht** wurden oder wenn der Berechtigte eine den **§§ 19, 29 GBO** entspre-

chende Eintragungsbewilligung an seinen Vertragspartner ausgehändigt hat. Damit ist die *Auflassung* in der Form des § 925 Abs. 1 grundsätzlich immer bindend, weil sie der notariellen Beurkundung bedarf. Vor einer zuständigen Stelle iSv § 925 Abs. 1 bedeutet in aller Regel vor dem Notar bei gleichzeitiger Anwesenheit beider Parteien, § 925 Abs. 1 S. 2.

Nach herrschender Auffassung **erwirbt der Auflassungsempfänger**, also derjenige, der durch die Auflassung begünstigt wird, **mit Stellung des Eintragungsantrags durch ihn beim Grundbuchamt (§ 13 GBO) ein Anwartschaftsrecht**.[1] Denn nach der Antragstellung steht ihm mangels Einflussmöglichkeit des Eigentümers auf das weitere Verfahren eine nicht mehr entziehbare Rechtsposition zu.

5

Der BGH hat außerdem entschieden, dass mit Eintritt der Bindungswirkung nach § 873 Abs. 2 Änderungen an einem zugrundeliegenden schuldrechtlichen Kaufvertrag (hier: nachträgliche Ermäßigung des Kaufpreises) trotz der Vorschrift des § 311b Abs. 1 S. 1 formlos möglich sind.[2] Der primäre Zweck des § 311b Abs. 1 S. 1 liegt darin, den Verkäufer vor einer übereilten, leichtfertigen Verpflichtung zur Verfügung über Grund und Boden zu schützen. Dieser Zweck hat sich erledigt, wenn die Verpflichtung bereits erfüllt oder die Leistungshandlung des Verkäufers unwiderruflich erbracht ist. Letzteres ist bei Eintritt der Bindung nach § 873 Abs. 2 der Fall.

2. Nachträgliche Verfügungsbeschränkungen

Der Berechtigte muss – wie bei § 929 – grundsätzlich noch **bei Eintritt der Rechtsänderung verfügungsbefugt** sein. Ansonsten ist die Verfügung unwirksam.

6

Davon macht zunächst § **130 Abs. 2** eine Ausnahme, falls der **Erklärende nach Abgabe der Erklärung stirbt oder geschäftsunfähig wird**. Die Willenserklärung bleibt wirksam, ist aber für den Erben widerruflich, soweit noch keine Bindungswirkung nach § 873 Abs. 2 eingetreten ist.

7

Eine weitere Ausnahme macht § **878 für nachträglich eintretende Verfügungsbeschränkungen**. Nach § 878 ist die Verfügung dennoch wirksam, wenn die Verfügungsbeschränkung eingetreten ist, **nachdem** die Erklärung des Berechtigten gemäß § 873 abgegeben wurde, **Bindungswirkung** entfaltet hat (§ 873 Abs. 2) und der vollständige **Eintragungsantrag beim Grundbuchamt gestellt** wurde. § 878 gilt sowohl für absolute als auch für relative Verfügungsbeschränkungen.

8

Mögliche nachträgliche Verfügungsbeschränkungen iSv § 878
§§ 20 Abs. 1, 23 Abs. 1 ZVG – Der Beschluss, durch den die Zwangsversteigerung eines Grundstücks angeordnet wird, gilt zugunsten des Gläubigers als Beschlagnahme des Grundstücks, § 20 ZVG. Die Beschlagnahme hat nach § 23 Abs. 1 S. 1 ZVG die Wirkung eines Veräußerungsverbots iSv §§ 135, 136 BGB.
§§ 80 Abs. 1, 81 Abs. 1 S. 1 InsO – Durch die Eröffnung des Insolvenzverfahrens geht das Recht des Schuldners, das zur Insolvenzmasse gehörende Vermögen zu verwalten und über es zu verfügen, auf den Insolvenzverwalter über, § 80 Abs. 1 InsO. Verfügungen des Schuldners sind nach § 81 Abs. 1 S. 1 InsO unwirksam.

9

---

[1] BGHZ 49, 197 (200 ff.).
[2] BGH NJW 2018, 3523.

Mögliche nachträgliche Verfügungsbeschränkungen iSv § 878
§§ 2205, 2211 BGB – Bei Anordnung der Testamentsvollstreckung hat der Testamentsvollstrecker den Nachlass zu verwalten und der Erbe kann über einen Nachlassgegenstand nicht mehr verfügen.
§§ 135, 136 BGB – Gesetzliche und behördliche, insbesondere gerichtliche, Veräußerungsverbote

10 Im Ergebnis sind daher drei Fälle zu unterscheiden:

a) Bei Todeseintritt oder Geschäftsunfähigkeit **vor** Eintritt der Bindungswirkung nach § 873 Abs. 2 gilt § 130 Abs. 2: Die Erklärung bleibt wirksam, aber ist nicht bindend. Daher kann der Erbe oder Betreuer widerrufen.

b) Bei sonstigen Verfügungsbeschränkungen, die **vor** Eintritt der Bindungswirkung oder dem Eintragungsantrag beim Grundbuchamt entstehen, wird die Erklärung wirkungslos, arg. ex § 878.

c) War die Erklärung nach § 873 Abs. 2 bindend und ist der Eintragungsantrag gestellt, bleibt sie wirksam und bindend, trotz Geschäftsunfähigkeit oder Tod, §§ 130 Abs. 2, 873 Abs. 2, oder sonstiger Verfügungsbeschränkung des Erklärenden, § 878.

II. Eintragung

11 § 873 setzt neben der Einigung die Eintragung der Übertragung oder Belastung im Grundbuch voraus. Das Grundbuch ist ein staatliches Register, welches von den Amtsgerichten geführt wird. Es besteht aus dem Bestandsverzeichnis und drei Abteilungen, für das Eigentum (Abt. 1), die Grundpfandrechte (Abt. 3) und die sonstigen Grundstücksrechte (Abt. 2).

12
Exkurs: Formelles Grundbuchrecht
Das formelle Grundbuchrecht ist im Wesentlichen in der Grundbuchordnung (GBO) geregelt. Die Grundvoraussetzungen für eine Eintragung im Grundbuch sind:
(1) **Eintragungsantrag nach § 13 GBO** vom unmittelbar Betroffenen oder unmittelbar Begünstigten der Rechtsänderung
(2) **Eintragungsbewilligung** aller von der Rechtsänderung Betroffenen **in öffentlicher oder öffentlich beglaubigter Urkunde gemäß §§ 19, 29 GBO**
*Diesbezüglich spricht man vom **formellen Konsensprinzip** des Grundbuchrechts: Das Grundbuchamt überprüft nur, wer von der jeweiligen Eintragung betroffen ist (zB ist der Eigentümer von der Eintragung eines Grundpfandrechts betroffen) und ob der Betroffene eine formell rechtmäßige Eintragungsbewilligung abgegeben hat. Davon macht nur § 20 GBO eine Ausnahme: Im Falle der **Auflassung** eines Grundstücks überprüft das Grundbuchamt auch die materielle Wirksamkeit der Auflassungserklärungen (**materielles Konsensprinzip**).*
(3) **Voreintragung des Betroffenen gemäß § 39 GBO**.
Nach §§ 39, 40 GBO genügt es, wenn der Betroffene Erbe des eingetragenen Berechtigten ist.

> **Exkurs: Formelles Grundbuchrecht**
> Nach §§ 17, 45 GBO sind Grundbucheintragungen formellrechtlich nach zeitlicher Priorität des Eingangs der Anträge zu tätigen. Der zeitlich erste Antrag ist zuerst zu erledigen, danach der zweite usw. Materiellrechtlich entscheidet aber über den **Rang der Rechte untereinander allein die Reihenfolge der Eintragungen**, § 879, nicht der Eingangszeitpunkt der Anträge. Das heißt: Eine Eintragung unter Verstoß gegen § 45 GBO macht das Grundbuch nicht unrichtig; ein Anspruch aus § 894 auf Grundbuchberichtigung ist daher nicht gegeben.

III. Die Unrichtigkeit des Grundbuchs und ihre Folgen

1. Öffentlicher Glaube des Grundbuchs, §§ 891, 892

Beispiel: Der 17-jährige M veräußert ohne Zustimmung seiner Eltern ein ihm gehörendes Grundstück an K. Kaufvertrag und Auflassung werden von einem Notar beurkundet. K wird im Grundbuch als Eigentümer eingetragen. Niemandem war die Minderjährigkeit des M aufgefallen. Nach einem Jahr veräußert K das Grundstück an A. A wird im Grundbuch als Eigentümer eingetragen. Hat er Eigentum an dem Grundstück erworben, auch wenn die Eltern des M ihre Zustimmung zu allen Rechtsgeschäften ihres Sohnes verweigern?

Ursprünglich war M Eigentümer. Er könnte sein Eigentum gemäß § 873 Abs. 1, 925 Abs. 1 durch Einigung und Eintragung an K verloren haben. Da M jedoch minderjährig ist, ist nicht nur der Kaufvertrag zwischen M und K ohne die nach §§ 2, 106, 107 erforderliche Einwilligung der Eltern schwebend unwirksam, sondern auch die Auflassung. Denn M würde sein Grundstückseigentum verlieren, was für ihn einen rechtlichen Nachteil bedeutet. Eine Genehmigung der Eltern als gesetzliche Vertreter des M (§§ 1626, 1629) nach §§ 108 Abs. 1, 182, 184 wurde verweigert. Daher ist die Auflassung endgültig unwirksam. M ist Eigentümer geblieben. Mit der Eintragung des K ist das Grundbuch zunächst unrichtig.

> **Folgen der Unrichtigkeit des Grundbuchs, §§ 891, 892**
>
> a) Definition
>
> Das Grundbuch ist unrichtig, wenn die **materielle Rechtslage** (M ist Eigentümer) **nicht mit der formellen Grundbuchlage** (K ist als Eigentümer eingetragen) **übereinstimmt**.
>
> b) Öffentlicher Glaube des Grundbuchs
>
> Da das Grundbuch ein verlässliches Informationssystem für den Rechtsverkehr darstellen soll, löst das Gesetz den Konflikt zwischen materieller und formeller Rechtslage über §§ **891, 892** zulasten des wahren Berechtigten und zugunsten eines **gutgläubigen Erwerbers**. Man spricht vom öffentlichen Glauben des Grundbuchs bzgl. der Vollständigkeit und Richtigkeit. Die Eintragung im Grundbuch verwirklicht das **Publizitätsprinzip** des Sachenrechts parallel zum Besitz bei §§ 932 ff. **Die Richtigkeit des Grundbuchs wird vermutet, § 891**, positiv wie negativ. Parallele Vermutungen gelten für das Handelsregister (§ 15 HGB) und den Erbschein (§ 2365).
> *Beachte*: Bei § 892 schadet, anders als bei § 932 Abs. 2, nur positive Kenntnis im Rahmen eines gutgläubigen Erwerbs.

> **Folgen der Unrichtigkeit des Grundbuchs, §§ 891, 892**
>
> c) **Fiktionen des § 892**
>
> Zugunsten des Erwerbers greift § 892, soweit das Grundbuch unrichtig ist, mit **drei Fiktionen:**
>
> (1) Zu Unrecht **eingetragene Rechte** (zB das Eigentum) **gelten als bestehend**; ein **gutgläubiger Erwerb** des Rechts ist möglich.
>
> (2) Zu Unrecht **nicht oder nicht mehr eingetragene Rechte** (zB eine Hypothek) **gelten als nicht bestehend**; ein **gutgläubiger lastenfreier Erwerb** ist möglich.
>
> (3) Zu Unrecht **nicht oder nicht mehr eingetragene Verfügungsbeschränkungen** (zB die Anordnung der Zwangsversteigerung, vgl. § 19 ZVG) **gelten als nicht bestehend**, § 892 Abs. 1 S. 2; ein **gutgläubiger Erwerb** ist möglich.
>
> *Merke*: Nicht von § 892 erfasst werden zu Unrecht eingetragene Verfügungsbeschränkungen, die materiell nicht bestehen, aber im Grundbuch eingetragen sind. Das ergibt sich im Umkehrschluss aus § 892 Abs. 1 S. 2. § 892 kann also keine Verfügungsbeschränkungen fingieren.
>
> d) **Voraussetzungen des gutgläubigen Erwerbs**
>
> Aus § 892 ergeben sich für den gutgläubigen (lastenfreien) Erwerb neben der nach § 873 Abs. 1 erforderlichen Einigung und Eintragung folgende Voraussetzungen:
> 1. **Unrichtigkeit des Grundbuchs**
> 2. **Legitimation des Verfügenden** durch die Unrichtigkeit
> 3. Erwerber hat **keine Kenntnis** von der Unrichtigkeit
> 4. **Kein** im Grundbuch eingetragener **Widerspruch**

16 Für den obigen Fall bedeutet dies:

17 Da K unrichtigerweise im Grundbuch als Eigentümer eingetragen war und A von der Unrichtigkeit des Grundbuchs keine Kenntnis hatte, konnte A gutgläubig Eigentum an dem Grundstück erwerben, § 892 Abs. 1 S. 1. Da A auch eingetragen wurde, stimmen jetzt materielle und formelle Rechtslage wieder überein.

18
> **Zeitpunkt der Gutgläubigkeit im Sinne von § 892**
>
> Gutgläubigkeit iSv § 892 muss – wie bei § 932 Abs. 2 – **grundsätzlich noch im Zeitpunkt der Vollendung des Rechtserwerbs** bestehen. Nach § 892 Abs. 2 ist es jedoch ausreichend, dass der Erwerber bei **Stellung des** (vollständigen) **Eintragungsantrags** keine Kenntnis von der Unrichtigkeit des Grundbuchs hat, soweit eine Grundbucheintragung erforderlich ist. Erlangt der Erwerber nach Antragstellung Kenntnis von der Unrichtigkeit, ist dies unschädlich. In Ausnahmefällen kommt es auf den **Zeitpunkt der Einigung** an, wenn diese erst später wirksam zustande kommt.

19 *Weitere Beispielsfälle:*

a) Obgleich A Eigentümer ist und sein Grundstück mit einer Hypothek belastet ist, werden B versehentlich als Eigentümer eingetragen und die Hypothek gelöscht. – Das Grundbuch ist sowohl in Bezug auf das Eigentum des B als auch bezüglich der Lastenfreiheit unrichtig. Wenn B das Grundstück an den gutgläubigen C veräußert, erwirbt C mit seiner Eintragung Eigentum, und zwar ohne die Belastung mit einer Hypothek (lastenfrei).

b) Peter Müller ist Eigentümer eines Grundstücks. Als er für mehrere Monate ins Krankenhaus muss, benutzt sein Sohn, der ebenfalls Peter Müller heißt, die Gelegenheit, sich Geld zu verschaffen. Er verkauft durch notariellen Kaufvertrag das väterliche Grundstück, als dessen Eigentümer er sich ausgibt, an K. Es folgen Auflassung und Eintragung des K ins Grundbuch, das K eingesehen hat und aus dem er festgestellt hat, dass als Eigentümer Peter Müller eingetragen ist. Ist K Eigentümer geworden?

K könnte das Eigentum von Peter Müller Junior gemäß §§ 873, 892 Abs. 1 S. 1 erworben haben. Die Voraussetzungen des § 873 Abs. 1 sind erfüllt: K und Peter Müller Junior haben sich geeinigt und K wurde im Grundbuch als Eigentümer eingetragen. Allerdings war Peter Müller Junior nicht Eigentümer, sondern sein Vater. Möglich ist nur der gutgläubige Erwerb von einem Nichtberechtigten nach § 892 Abs. 1 S. 1. Voraussetzung hierfür ist die Unrichtigkeit des Grundbuchs. Das **Grundbuch ist jedoch richtig**, denn Peter Müller Senior ist als Eigentümer eingetragen und auch nach materieller Rechtslage Eigentümer des Grundstücks. K konnte das Eigentum nicht gemäß §§ 873 Abs. 1, 892 Abs. 1 S. 1 erwerben. Er hat sich **lediglich über die Identität der im Grundbuch eingetragenen Person geirrt**. Dieser Irrtum ist **unbeachtlich**. K ist somit nicht Eigentümer geworden.

2. Anspruch auf Grundbuchberichtigung und Eintragung eines Widerspruchs, §§ 894, 899

Die genannten Beispiele zeigen, dass der benachteiligte Berechtigte im Falle der Unrichtigkeit des Grundbuchs ein **dringendes Interesse an der Berichtigung des Grundbuchs** hat. Daher gewährt § 894 einen materiellrechtlichen **Anspruch** gegen denjenigen, der durch den unrichtigen Grundbuchzustand formell begünstigt wird, **auf Zustimmung zur Berichtigung des Grundbuchs** (zur Vollstreckung eines solchen Anspruchs vgl. § 894 ZPO).[3] Der von dem unrichtigen Grundbuchzustand Begünstigte wird durch die Grundbuchberichtigung iSv § 19 GBO betroffen. Das heißt, dass seine Bewilligung zu der Grundbuchberichtigung erforderlich ist. § 894 gewährt also einen materiellrechtlichen Anspruch **auf Erteilung der formellrechtlich notwendigen Bewilligung nach § 19 GBO**. Beispielsweise hat Peter Müller Senior im obigen Fall gegen K einen Anspruch auf Zustimmung zu seiner Wiedereintragung als Eigentümer.

Wegen der regelmäßig langen Dauer eines solchen Berichtigungsverfahrens besteht allerdings für die Zwischenzeit die Gefahr eines gutgläubigen Erwerbs gemäß § 892. Daher gewährt § 899 dem wahren Berechtigten das Recht auf Eintragung eines **Widerspruchs als „Sicherungsmittel eigener Art"** gegen die Richtigkeit des Grundbuchs. Der Widerspruch sichert das materielle, dingliche Recht des wahren Berechtigten. § 899 **setzt wiederum einen Berichtigungsanspruch nach § 894 und damit die Unrichtigkeit des Grundbuchs voraus**.

Der Widerspruch **vernichtet den öffentlichen Glauben des Grundbuchs** gemäß § 892 Abs. 1 S. 1. Ein gutgläubiger Erwerb ist daher trotz Unkenntnis von der Unrichtigkeit des Grundbuchs und auch bei fehlender Kenntnis von der Eintragung des Widerspruchs ausgeschlossen.

---

3 Interessant zur Rechtsnatur des Anspruchs aus § 894 BGB: BGH NJW 2019, 71 (Rn. 23 ff.) im Zusammenhang mit der (verneinten) Rechtsfrage, ob sich die Rechtskraft eines zu § 894 ergangenen Urteils auch auf das Bestehen oder Nichtbestehen des dinglichen Rechts erstreckt, dessen Eintragung im Grundbuch angegriffen wird, § 322 Abs. 1 ZPO.

23 Die **Eintragung** des Widerspruchs erfolgt gemäß § 899 Abs. 2 entweder **aufgrund einer Bewilligung** des Betroffenen (gleichzeitig Bewilligung iSv § 19 GBO) **oder**, im Regelfall, **aufgrund einer einstweiligen Verfügung** gegen den Betroffenen (vgl. §§ 935, 941 ZPO).

3. Beispiel zur Veranschaulichung

24 Im Jahr 2011 lässt die geschäftsunfähige E ihr Grundstück an A auf, der im Grundbuch als Eigentümer eingetragen wird. Am 01.09.12 vereinbaren A und K den Kauf des Grundstückes durch K und erklären gleichzeitig die Auflassung. Auch der Eintragungsantrag beim zuständigen Grundbuchamt wird am 01.09.12 gestellt. Am 15.12.12 erfolgt die Eintragung des K. Dieser hatte

(1) im November 2012 erfahren, dass A wegen der Geschäftsunfähigkeit der E nicht Eigentümer des Grundstücks geworden ist.

(2) bereits im August 2012 munkeln hören, dass E vielleicht etwas geistesgestört sei, hatte aber nicht weiter nachgeforscht.

E begehrt von K die Zustimmung zur eigenen Wiedereintragung. Zu Recht?

25 E könnte gegen K einen Anspruch auf Zustimmung zur Grundbuchberichtigung gemäß § 894 haben. Dazu müsste das Grundbuch unrichtig sein. Im Grundbuch ist K als Eigentümer eingetragen. Fraglich ist, ob er auch nach der materiellen Rechtslage Eigentümer ist. Ursprünglich war E Eigentümerin. Sie hat ihr Eigentum mangels Geschäftsfähigkeit nicht wirksam auf A übertragen, § 105 Abs. 1. K könnte das Eigentum durch das Rechtsgeschäft mit A also nur gutgläubig gemäß § 892 Abs. 1 S. 1 erworben haben.

1. Im Grundbuch war A unrichtigerweise als Eigentümer eingetragen. K war zunächst gutgläubig bezüglich der Eigentümerstellung des A. Er erfuhr aber im November 2012, zwischen der Stellung des Eintragungsantrags und der Eintragung im Grundbuch, dass A nicht Eigentümer ist. Grundsätzlich schließt diese Kenntnis den gutgläubigen Erwerb nach § 892 Abs. 1 S. 1 aus. Allerdings ist für die Kenntnis gemäß **§ 892 Abs. 2** der Zeitpunkt der Antragsstellung maßgeblich. In diesem Zeitpunkt war K noch gutgläubig und hat somit das Eigentum gemäß §§ 873 Abs. 1, 892 Abs. 1 S. 1 erworben. Materielle und formelle Rechtslage stimmen überein. E hat keinen Anspruch aus § 894.

2. Gemäß § 892 Abs. 1 S. 1 schließt nur die **positive Kenntnis** von der Unrichtigkeit des Grundbuchs den gutgläubigen Erwerb aus; **grob fahrlässige Unkenntnis reicht nicht aus**. Mithin konnte K auch in der Fallvariante (2) das Eigentum gutgläubig von A erwerben, so dass ein Anspruch aus § 894 nicht gegeben ist.

26 *Abwandlung:* E hatte vor Eintragung des K einen Widerspruch im Grundbuch erwirkt. K wird gleichwohl eingetragen. Hat E gegen K einen Berichtigungsanspruch aus § 894?

27 Der im Grundbuch vor der Eigentumsumschreibung auf K eingetragene Widerspruch vernichtet die Möglichkeit des gutgläubigen Erwerbs, **§ 892 Abs. 1 S. 1**. Auf den guten Glauben des K kommt es nicht an. Entscheidend ist, dass der **Widerspruch vor Vollendung des Rechtserwerbs eingetragen** war. K hat somit kein Eigentum an dem Grundstück erworben. Das Grundbuch ist unrichtig, so dass der Anspruch aus § 894 gegeben ist.

4. Die Gesellschaft bürgerlichen Rechts im Grundbuch, § 899 a

Ist eine Gesellschaft bürgerlichen Rechts im Grundbuch eingetragen, wird durch § 899 a in Ansehung des eingetragenen Rechts eine Vermutung dahin gehend erzeugt, dass die nach § 47 Abs. 2 S. 1 GBO eingetragenen Gesellschafter auch tatsächlich die Gesellschafter der GbR sind. Siehe dazu ausführlich *Wolf/Wellenhofer*, SachenR, § 19 Rn. 36 ff. inklusive Beispielsfall mit Lösungsvorschlag.

§ 17 Die Vormerkung, §§ 883 ff.

1 Die Vormerkung nach §§ 883 ff. ist **kein dingliches**, sondern ein **quasi dingliches Recht**. Sie dient gemäß § 883 Abs. 1 der **Sicherung eines schuldrechtlichen Anspruchs auf Einräumung oder Aufhebung eines dinglichen Rechts an einem Grundstück**. Sie „*prophezeit*"[1] den Rechtserwerb. Der schuldrechtliche Anspruch kann gemäß § 883 Abs. 1 S. 2 auch künftig oder bedingt sein. Das setzt allerdings voraus, dass der Rechtsboden für die Entstehung des Anspruchs hinreichend konkret ist, insbesondere dann, wenn die Entstehung des endgültigen Anspruchs nicht mehr in der Hand des künftig Verpflichteten liegt.[2] Beispiele dafür sind Vorverträge, bindende Verkaufsangebote und aufschiebend bedingte Ansprüche auf Rückauflassung.

2 Häufigster Anwendungsfall ist die sog. Auflassungsvormerkung, die dem Käufer eines Grundstücks den Anspruch auf Übereignung des Grundstücks aus § 433 Abs. 1 S. 1 sichert.

3 *Beispiel*: A schließt einen notariellen Kaufvertrag über ein Grundstück mit B zum Kaufpreis von 100.000 EUR, §§ 433, 311 b Abs. 1 S. 1. Drei Tage später schließt A mit C über dasselbe Grundstück einen notariellen Kaufvertrag zu einem Kaufpreis von 120.000 EUR. C wird nach der Auflassung im Grundbuch eingetragen.

4 C erwirbt vom Berechtigten A Eigentum an dem Grundstück, §§ 873 Abs. 1, 925 Abs. 1. Dass A an den Vertrag mit B gebunden ist, hindert ihn nicht, eine vertragswidrige Verfügung über das Grundstück vorzunehmen. Diesem Dilemma beugt die Eintragung einer Auflassungsvormerkung vor, denn **nach § 883 Abs. 2 sind Zwischenverfügungen, soweit sie den Anspruch des Vormerkungsberechtigten vereiteln oder beeinträchtigen, gegenüber dem Vormerkungsberechtigten unwirksam**. In diesem Fall kann der Vormerkungsberechtigte gemäß § 888 Abs. 1 von dem Erwerber Zustimmung zur Löschung der Zwischeneintragung verlangen.

5 Die Vormerkung ist **streng akzessorisch**. Sofern kein schuldrechtlicher Anspruch (mehr) gegeben ist, ist die Vormerkung unwirksam. Ein gutgläubiger Erwerb der Vormerkung ist in diesem Fall nicht möglich. Die Unwirksamkeit einer Vormerkung mangels Sicherungsanspruchs bleibt **auch im Fall einer Heilung des schuldrechtlichen Vertrags** bestehen (zB nach § 311 b Abs. 1 S. 2 beim Grundstückskaufvertrag). Denn die Heilung wirkt ex nunc. Vor der Heilung lag nach wie vor kein Anspruch zugrunde, so dass die Vormerkung nicht wirksam entstehen konnte.

6 Die Akzessorietät der Vormerkung zeigt sich auch im Falle eines Schuldnerwechsels: Wird die Verpflichtung aus dem vormerkungsgesicherten Anspruch auf Übertragung des Eigentums an dem Grundstück im Wege der befreienden Schuldübernahme (§§ 414, 415) von einem neuen Schuldner übernommen, ohne dass er Eigentümer des von der Vormerkung betroffenen Grundstücks wird, erlischt die Vormerkung. Denn es fehlt dann an der notwendigen Identität zwischen dem Schuldner des vormerkungsgesicherten Anspruchs und dem Eigentümer des von der Vormerkung betroffenen Grundstücks, so dass es sich inhaltlich nicht mehr um denselben gesicherten Anspruch handelt.[3] Erwirbt der neue Schuldner dagegen zeitgleich auch das Eigentum an dem betroffenen Grundstück, bleibt die Vormerkung bestehen. Ungeachtet des Schuldner-

---

1 *H. Westermann*, SachenR, 5. Aufl., § 84 IV 2.
2 BGHZ 12, 115 (118); *Wellenhofer*, SachenR, § 18 Rn. 5.
3 BGHZ 134, 182 (188); NJW 2014, 2431.

wechsels bleibt der Sicherungsanspruch hier aufgrund der Identität von Schuldner und Eigentümer inhaltlich unverändert.[4]

I. Erstbestellung einer Vormerkung, §§ 883, 885

Wegen der strengen Akzessorietät der Vormerkung ist zu ihrer Bestellung immer ein **sicherungsfähiger Anspruch** erforderlich. Des Weiteren erfolgt die Eintragung einer Vormerkung gemäß § 885 Abs. 1 S. 1 aufgrund der **Bewilligung des Betroffenen oder einer einstweiligen Verfügung (§§ 935 ff. ZPO)**. Die Bewilligung ist materielle Voraussetzung für die Wirksamkeit der Vormerkung und zugleich formelle Voraussetzung nach § 19 GBO. Damit die Vormerkung ihre Sicherungswirkung nach § 883 entfaltet, muss sie schließlich **im Grundbuch eingetragen** werden.

Voraussetzungen der Vormerkung
1. Bestehen eines Sicherungsanspruchs, § 883 Abs. 1 S. 1 *Der Anspruch kann gemäß § 883 Abs. 1 S. 2 auch künftig oder bedingt sein.* 2. Bewilligung oder einstweilige Verfügung, § 885 Abs. 1 S. 1 *Beachte: Die Bewilligung stellt ein einseitiges Rechtsgeschäft dar und ist nicht mit der Einigung nach § 873 Abs. 1 zu verwechseln.* 3. Berechtigung des Bewilligenden *Im Falle der Nichtberechtigung kommt ein gutgläubiger Ersterwerb der Vormerkung in Betracht (siehe dazu unten Rn. 16 ff.).* 4. Eintragung im Grundbuch, §§ 883, 885

II. Zweiterwerb der Vormerkung, §§ 398, 401

Die Vormerkung ist auch **bezüglich ihrer Übertragung streng an den Sicherungsanspruch gebunden**. Sie wird nicht selbstständig übertragen, sondern **durch Abtretung der gesicherten Forderung nach § 398**. Das folgt aus einer **analogen Anwendung von § 401 Abs. 1**, der die ebenfalls streng akzessorische Hypothek betrifft.[5] Auf die Übertragung der Vormerkung findet die Vorschrift für ihren Ersterwerb, § 885 Abs. 1, demnach *keine* Anwendung. Denn der Ersterwerber der Vormerkung ist weder Grundstückseigentümer noch hat er ein Recht an einem Grundstück iSd § 885 Abs. 1.

Beispiel: V bewilligt zugunsten des K, dem er sein Grundstück verkauft hat, eine Vormerkung, die im Grundbuch eingetragen wird. V und K heben den Kaufvertrag wieder auf. Nunmehr tritt K den vorgemerkten angeblichen Anspruch auf Auflassung des Grundstücks unter Bezugnahme auf die noch im Grundbuch eingetragene Vormerkung an Z ab. Hat Z gegen V einen Anspruch auf Übereignung des Grundstücks?

Z könnte gegen V einen von K erworbenen Übereignungsanspruch gemäß §§ 433 Abs. 1 S. 1, 398 haben. Jedoch hatte K gegen V nach Aufhebung des Kaufvertrags keinen Anspruch aus § 433 Abs. 1 S. 1 mehr. Gleichzeitig ist auch die streng akzessorische Vormerkung wirkungslos geworden, vgl. § 883 Abs. 1. Ein gutgläubiger Erwerb von

---

4 BGH NJW 2014, 2431 (2432).
5 RGZ 142, 331 (333).

Forderungen findet nicht statt. Ebenso wenig kann eine Vormerkung ohne zugrunde liegenden schuldrechtlichen Anspruch gutgläubig erworben werden. Z hat also durch die Abtretung des K nach § 398 weder eine Forderung noch eine für diese bestehende Vormerkung gemäß § 401 analog erworben. Er hat keinen Anspruch auf Übereignung des Grundstücks.

III. Wirkungen der Vormerkung, §§ 883 Abs. 2, 888

12 Die Vormerkung bewirkt **keine Grundbuchsperre**. Verfügungen des Schuldners des vorgemerkten Anspruchs sind auch nach Eintragung einer Vormerkung möglich und grundsätzlich wirksam. Allerdings sind **vormerkungswidrige Verfügungen gegenüber dem aus der Vormerkung Begünstigten** *relativ* **unwirksam, § 883 Abs. 2**. Wegen der so gesicherten Rechtsposition ist der Vormerkungsberechtigte Inhaber eines **Anwartschaftsrechts**.

13 Von § 883 Abs. 2 werden nur *Verfügungen*, nicht die Vermietung oder Verpachtung des Grundstücks erfasst. § 883 Abs. 2 kann hier nach hM auch nicht analog angewandt werden.[6]

14 Gemäß § 888 Abs. 1 hat der Vormerkungsberechtigte einen **Anspruch auf Zustimmung** zu der Eintragung oder Löschung im Grundbuch, die zur Verwirklichung seines Sicherungsanspruchs erforderlich ist. Der Anspruch richtet sich gegen denjenigen, der gegenüber dem Vormerkungsberechtigten unwirksam ein Recht erworben hat. Seine Zustimmung ist erforderlich, da er aufgrund seiner Löschung und der Eintragung des Vormerkungsberechtigten der Betroffene ist (§ 19 GBO). § 888 Abs. 1 ist ein unselbstständiger dinglicher Hilfsanspruch.

Trotz des Charakters als bloß unselbstständiger Hilfsanspruch sieht der BGH den Zustimmungsanspruch aus § 888 Abs. 1 als Schuldverhältnis iSv § 280 Abs. 1 an und gewährt dem Vormerkungsberechtigten aus §§ 280 Abs. 1 und 2, 286 und aus § 288 einen Anspruch auf Ersatz des Verzögerungsschadens, wenn der vormerkungswidrig Eingetragene mit der Erfüllung des Zustimmungsanspruchs in Verzug ist.[7]

15 Aus den Wirkungen der §§ 883 Abs. 2, 888 BGB ergibt sich ein Schutz des Vormerkungsberechtigten, der dem Schutz des dinglichen Vollrechts angenähert ist. Aus diesem Grund kann eine **analoge Anwendung der §§ 987 ff.** angebracht sein. Dazu folgendes

Beispiel: Eigentümer E verkauft sein Grundstück mittels notariellem Kaufvertrag an Käufer K. Zugunsten des K wird eine Auflassungsvormerkung im Grundbuch eingetragen. Noch bevor K im Grundbuch als Eigentümer eingetragen wird, lässt E das Grundstück an den Dritten D auf. Das Grundstück wird auf D umgeschrieben. Nun kommt es zu einem Sturm, bei dem das Dach des auf dem Grundstück stehenden Gebäudes so beschädigt wird, dass es hereinregnet. D lässt das Dach reparieren. Nun verlangt K von E gemäß § 433 Abs. 1 S. 1 Übergabe und Übereignung des Grundstücks und macht zu diesem Zweck gegenüber D die Wirkung der Vormerkung aus §§ 888 Abs. 1, 883 Abs. 2 geltend. D muss der Löschung seiner Eigentümerstellung aus dem Grund-

---

6 BGHZ 13, 1 (4 f.); aA *Prütting*, SachenR, Rn. 190.
7 BGH NJW 2016, 2104; anders noch BGH NJW 1968, 788.

buch zustimmen und K wird als neuer Eigentümer eingetragen. D fragt sich, ob er die Kosten für die Reparatur des Daches von K ersetzt verlangen kann.

Im Verhältnis von D zu K findet der Verwendungsersatzanspruch aus § 994 keine unmittelbare Anwendung, da D bei Vornahme der Verwendung Eigentümer des Grundstücks war. § 883 Abs. 2 hindert den Eigentumserwerb des D nicht, er macht ihn nur gegenüber K *relativ* unwirksam. Trotzdem ist die Interessenlage dieselbe. D ist Besitzer des Grundstücks im Zeitpunkt der Verwendung. Aufgrund der Wirkungen der §§ 883 Abs. 2, 888 verbleiben die Verwendungen aber nicht in seinem Vermögen, sondern er muss sie im Rahmen der Zustimmung nach § 888 dem K zukommen lassen. Deshalb kann § 994 analog angewandt werden.[8] Insofern ist jedoch zu beachten, dass die Vormerkung im Grundbuch eingetragen war. Folglich war D bösgläubig, so dass die Verwendungen gemäß § 994 Abs. 2 nur nach den Vorschriften über die Geschäftsführung ohne Auftrag zu ersetzen sind. Bei der Reparatur des Daches zum Schutz gegen den Regen entspricht die Übernahme der Geschäftsführung dem Interesse und dem mutmaßlichen Willen des Eigentümers, so dass D die Kosten über § 994 Abs. 2 iVm §§ 683 S. 1, 670 von K ersetzt verlangen kann.

IV. Gutgläubiger Erwerb der Vormerkung

1. Gutgläubiger Ersterwerb der Vormerkung, § 893

Beispiel: V ist in der ersten Grundbuchabteilung eingetragen, obgleich er nicht Eigentümer des Grundstücks ist. Er verkauft das Grundstück an K und bewilligt eine Auflassungsvormerkung zugunsten des gutgläubigen K, die auch im Grundbuch eingetragen wird. Nunmehr tritt K den vorgemerkten Anspruch auf Übereignung gegen V an Z ab. Hat Z einen durch Vormerkung gesicherten Übereignungsanspruch gegen V?

Dazu müsste zunächst K einen Anspruch auf Übereignung des Grundstücks und eine entsprechende Vormerkung erworben haben. Der Übereignungsanspruch ergibt sich aus dem Kaufvertrag mit V aus § 433 Abs. 1 S. 1. Der Wirksamkeit des Kaufvertrags steht nicht entgegen, dass die Übereignung für den Nichteigentümer V von Anfang an unmöglich war, § 311 a Abs. 1. V hat die Vormerkung allerdings nicht als Berechtigter iSd § 885 Abs. 1 bewilligt. In Betracht kommt daher nur ein **gutgläubiger Ersterwerb der Vormerkung** durch K.

Beachte: Ein gutgläubiger Erwerb **in Ansehung der dinglichen Berechtigung** *des Bewilligenden kommt auch bei der Vormerkung in Betracht, niemals jedoch in Ansehung der schuldrechtlichen Forderung. Erforderlich ist also immer das* **Bestehen eines schuldrechtlichen Anspruchs**.

Nach welcher Vorschrift sich der gutgläubige Ersterwerb der Vormerkung richtet, ist umstritten. Nach richtiger Auffassung der Rechtsprechung scheidet die unmittelbare Anwendung von § 892 aus, weil es sich bei der Vormerkung nicht um ein dingliches Recht an einem Grundstück handelt, sondern nur um ein **quasi dingliches Recht**.[9] Allerdings ergibt sich die Möglichkeit des gutgläubigen Erwerbs einer Vormerkung aus § 893, 2. Var. iVm § 892. Denn die Vormerkung entfaltet gemäß § 883 Abs. 2 eine

---

8 BGHZ 75, 288.
9 BGHZ 57, 341 (342 f.).

dingliche Bindungswirkung für das Grundstück, so dass die Bewilligung der Vormerkung nach § 885 Abs. 1 eine Verfügung über das Grundstück darstellt.

19 V war bei der Bewilligung der Vormerkung fälschlicherweise im Grundbuch als Eigentümer eingetragen und K war gutgläubig bzgl. der Eigentümerstellung des V. Mithin hat er die den Auflassungsanspruch sichernde Vormerkung gemäß §§ 893, 2. Var., 892 gutgläubig erworben. K hat den Auflassungsanspruch aus § 433 Abs. 1 S. 1 gemäß § 398 wirksam an Z abgetreten. Dadurch ist die Vormerkung nach § 401 Abs. 1 analog mit auf Z übergegangen. Somit hat Z einen durch Vormerkung gesicherten Übereignungsanspruch gegen V. Die Frage eines gutgläubigen Zweiterwerbs der Vormerkung stellt sich hier nicht, da Z die Vormerkung von dem Berechtigten K erworben hat.

2. Gutgläubiger Zweiterwerb der Vormerkung

20 *Abwandlung:* K und V haben wiederum einen Kaufvertrag über das Grundstück geschlossen. Bei der Bewilligung der Vormerkung wusste K jedoch, dass V nicht Eigentümer des Grundstücks ist, womit er die Vormerkung nicht gutgläubig erwerben konnte. Nun tritt K die Forderung aus § 433 Abs. 1 S. 1 an Z ab. Hat Z einen durch Vormerkung gesicherten Übereignungsanspruch gegen V?

21 K ist bezüglich der Vormerkung Nichtberechtigter, so dass das Grundbuch insoweit unrichtig ist. Es stellt sich die Frage, ob Z im Rahmen der Forderungsabtretung nach § 398 die Vormerkung gutgläubig von K erwerben konnte.

22 Nach der überwiegenden Literaturauffassung ist **kein gutgläubiger Zweiterwerb** der Vormerkung möglich, weil sich der **Zweiterwerb** – im Gegensatz zum Ersterwerb – **in Analogie zu § 401 Abs. 1 kraft Gesetzes** vollzieht und nicht kraft Rechtsgeschäfts, wie §§ 893, 892 es verlangen.[10] Nach dieser Auffassung hätte Z zwar durch die Abtretung gemäß § 398 einen Übereignungsanspruch gegen V erworben, der aber nicht durch eine Vormerkung gesichert ist.

23 Die Rechtsprechung bejaht gleichwohl die **Möglichkeit eines gutgläubigen Zweiterwerbs**.[11] Der Erwerb der Vormerkung sei nämlich nicht isoliert zu betrachten, sondern **in Verbindung mit dem rechtsgeschäftlichen Erwerb des Übereignungsanspruchs**. Die Vormerkung sei das akzessorische „Anhängsel". Daher handele es sich um *einen* rechtsgeschäftlichen Erwerb der aus Übereignungsanspruch und Vormerkung bestehenden Einheit. Nach dieser Auffassung hat Z die Vormerkung gemäß §§ 893, 2. Var., 892 gutgläubig erworben. Danach hat er einen durch Vormerkung gesicherten Übereignungsanspruch.

3. Rechtsstellung des gutgläubigen Erwerbers einer Vormerkung

24 *Abwandlung:* V bewilligt als fälschlicherweise eingetragener Eigentümer eine Auflassungsvormerkung zugunsten des gutgläubigen K. Dieser wird als Vormerkungsberechtigter im Grundbuch eingetragen. Vor der Eigentumsumschreibung von V auf K, aber nach Eintragung der Vormerkung im Grundbuch, erwirkt der wahre Eigentümer E die Eintragung eines Widerspruchs gegen die Richtigkeit des Grundbuchs, § 899 Abs. 1. Konnte K noch gutgläubig Eigentum an dem Grundstück erwerben?

---

10 Palandt/*Herrler*, § 885 Rn. 19; Soergel/*Stürner*, § 893 Rn. 8; Staudinger/*Picker*, § 892 Rn. 60; *Baur/Stürner*, SachenR, § 20 Rn. 52; *Wellenhofer*, SachenR, § 19 Rn. 36; vgl. *Medicus/Petersen*, BürgerlichesR, Rn. 557.
11 BGHZ 25, 16 (23 f.).

Im Rahmen des gutgläubigen Eigentumserwerbs nach § 892 Abs. 1 S. 1 stellt sich das Problem, dass bereits ein Widerspruch gegen die Richtigkeit des Grundbuchs eingetragen war, der einen gutgläubigen Erwerb grundsätzlich ausschließt. Nach hM **schadet eine nach Erwerb der Vormerkung erlangte Kenntnis der wahren Sachlage oder ein nachfolgend eingetragener Widerspruch allerdings nicht mehr**.[12] Dies ergibt sich aus dem Rechtsgedanken von § 883 Abs. 2, der darin besteht, den Erwerb des Vormerkungsberechtigten umfassend zu sichern. Der Erwerb der Vormerkung führt somit zu einer über § 892 Abs. 2 hinausgehenden Vorverlagerung des für den gutgläubigen Erwerb rechtsrelevanten Zeitpunktes.

V. Zusammenfassung: Grundsätze zur Vormerkung

Folglich sind **zum gutgläubigen Erwerb der Vormerkung drei Grundsätze** zu beachten:

- Wenn ein schuldrechtlicher Anspruch nicht (mehr) besteht, ist ein gutgläubiger Erwerb der zu Unrecht eingetragenen Vormerkung ausgeschlossen.
- Wenn ein Sicherungsanspruch besteht, ist i.R.d. Ersterwerbs der Vormerkung ein gutgläubiger Erwerb möglich nach §§ 893, 2. Var., 892.
- Wenn ein Sicherungsanspruch besteht, ist ein gutgläubiger Zweiterwerb der zu Unrecht eingetragenen Vormerkung nach überwiegender Literaturauffassung wegen des *gesetzlichen* Erwerbs gemäß § 401 Abs. 1 analog nicht möglich. Nach Ansicht der Rechtsprechung kommt jedoch aufgrund der Einheit zwischen *rechtsgeschäftlichem* Erwerb des Übereignungsanspruchs und dem Übergang der Vormerkung ein gutgläubiger Zweiterwerb in Betracht.

Zur **Lage nach Erwerb der Vormerkung gelten ebenfalls drei Grundsätze**:

1. Vormerkungswidrige Verfügungen sind gegenüber dem Berechtigten – relativ – unwirksam (§ 883 Abs. 2).
2. Kenntniserlangung von der Unrichtigkeit des Grundbuchs nach Erwerb der Vormerkung schadet i.R.v. § 892 Abs. 1 nicht.
3. Die Eintragung eines Widerspruchs nach Erwerb der Vormerkung schadet nicht (§ 883 Abs. 2 analog).

Die Vormerkung *prophezeit* **den Rechtserwerb**.

---

[12] BGHZ 57, 341 (343 f.); Jauernig/*Berger*, § 883 Rn. 26; Palandt/*Herrler*, § 885 Rn. 13.

§ 18 Grundlagen des Hypotheken- und Grundschuldrechts: Bestellung und Übertragung

I. Grundlagen

1 Wie bereits aufgezeigt, kann die Sicherung einer Forderung des Gläubigers gegen seinen Schuldner auf verschiedene Weise erfolgen. Sicherungsmittel des Sachenrechts sind insbesondere die Sicherungsabtretung/-zession, die Sicherungsübereignung oder das Pfandrecht an *beweglichen* Sachen *(siehe dazu Fall 3 inkl. Exkurs zum Pfandrecht § 5 Rn. 17)*. Entsprechend ist auch die **Sicherung einer Forderung durch Bestellung eines Pfandrechts an *unbeweglichen* Sachen** möglich. Bei einem solchen **Grundpfandrecht** handelt es sich entweder um eine **Hypothek** (§§ 1113 ff.) oder um eine **Grundschuld** (§§ 1191 ff.).

2 Der wesentliche Unterschied zwischen den beiden Grundpfandrechten besteht darin, dass die **Hypothek** im Gegensatz zur Grundschuld **streng akzessorisch** und somit in ihrer Entstehung, ihrem Bestand und ihrer Übertragung von der zugrunde liegenden Forderung abhängig ist, vgl. §§ 1113 Abs. 1, 1153. Ist eine Hypothek bestellt, die zugrundeliegende Forderung aber nicht entstanden oder später erloschen, steht die „Hypothek" daher nach § 1163 Abs. 1 S. 1, 2 dem Eigentümer zu *(forderungsentkleidete Hypothek)* und wandelt sich gemäß § 1177 Abs. 1 S. 1 in eine Eigentümergrundschuld um. In ihrer Akzessorietät entspricht die Hypothek damit dem Pfandrecht an beweglichen Sachen (§§ 1204, 1250).

3 Die **Grundschuld** ist dagegen **nicht akzessorisch**, §§ 1191 Abs. 1, 1192 Abs. 1. Die Vorschriften über die Hypothek finden auf sie nur insoweit Anwendung, als sie nicht das Zugrundeliegen einer Forderung voraussetzen, § 1192 Abs. 1. Die **Grundschuld bleibt auch ohne den Sicherungsanspruch bestehen**. § 1163 gilt daher nicht. Allerdings kann das Nichtbestehen des Sicherungsanspruchs bei der Grundschuld gegebenenfalls zu **schuldrechtlichen Ansprüchen** auf Rückübertragung führen, die sich aus einer zugrunde liegenden **Sicherungsabrede** (bei der sog. Sicherungsgrundschuld) oder aus § 812 ergeben können. Die Bestellung einer **Sicherungsgrundschuld**, die inzwischen in § 1192 Abs. 1 a legaldefiniert ist, ist in der Praxis der **Regelfall**.

4 Ebenso wie beim Pfandrecht an beweglichen Sachen ist bei Grundpfandrechten eine **Trennung zwischen der schuldrechtlichen und der sachenrechtlichen Ebene** erforderlich:

1. **Schuldrechtlich** besteht eine **Zahlungspflicht** (zB aus einem Darlehensvertrag nach § 488 Abs. 1 S. 2) des Schuldners gegenüber seinem Gläubiger. Diesen Anspruch möchte der Gläubiger sichern.
2. **Sachenrechtlich** entsteht durch das Grundpfandrecht kein zusätzlicher Zahlungsanspruch, sondern eine **Duldungspflicht** des Eigentümers, mit dem Inhalt, dass sich der Berechtigte „aus dem Grundstück" befriedigen darf, § 1113 Abs. 1 (für die Hypothek) und § 1191 Abs. 1 (für die Grundschuld). Der Eigentümer haftet mit seinem Grundstück, vgl. § 1147.

5 Aufgrund dieser Trennung müssen der Schuldner der Forderung und der Eigentümer des belasteten Grundstücks nicht zwingend identisch sein.

II. Bestellung und Übertragung einer Hypothek

Bei der Bestellung (Ersterwerb) und der Übertragung (Zweiterwerb) einer Hypothek ist jeweils zwischen **Brief- und Buchhypothek** zu unterscheiden, vgl. § 1116. Gesetzlicher Regelfall ist nach § 1116 Abs. 1 die Briefhypothek, über die ein Hypothekenbrief erteilt wird. Die Unterscheidung wirkt sich insbesondere bei den Voraussetzungen für die Übertragung der Hypothek aus. Die **Buchhypothek erfordert zu ihrer Übertragung die Eintragung ins Grundbuch, während die Briefhypothek auch außerhalb des Grundbuchs übertragen werden kann.** Damit ist die Briefhypothek umlauffähiger als die Buchhypothek.

6

Exkurs zum Hypotheken-/Grundschuldbrief
Der Hypotheken- oder Grundschuldbrief wird gemäß §§ 56 Abs. 1 S. 1, 60 Abs. 1 GBO **vom Grundbuchamt an den Eigentümer des Grundstücks erteilt**. Die inhaltlichen Anforderungen an einen Brief sind in §§ 56–59 GBO geregelt. Er muss die Bezeichnung als Hypotheken- bzw. Grundschuldbrief enthalten, den Geldbetrag der Hypothek oder Grundschuld, die Bezeichnung des belasteten Grundstücks und mit Unterschrift, Siegel und Stempel des Grundbuchamts versehen sein.
Für den Brief gilt § 952 Abs. 2 iVm Abs. 1 S. 1. Das Eigentum an ihm steht dem Gläubiger der Hypothek oder Grundschuld zu (*das Recht am Papier folgt dem Recht aus dem Papier*). Der Brief kann also nicht Gegenstand besonderer Rechte sein.

7

1. Bestellung der Hypothek

Ausgangspunkt für die Bestellung einer Brief- oder Buchhypothek ist **§ 873 Abs. 1**, da die Hypothekenbestellung eine *Belastung eines Grundstücks mit einem Recht* iSv § 873 Abs. 1 darstellt, **§ 1113 Abs. 1**. Die Grundvoraussetzungen des Ersterwerbs für beide Arten der Hypothek sind nach § 873 Abs. 1 also **Einigung und Eintragung** im Grundbuch sowie die **Berechtigung** des Bestellers. Aufgrund der strengen Akzessorietät der Hypothek (§ 1113 Abs. 1) ist außerdem immer das **Bestehen der zu sichernden Geldforderung** erforderlich. Besonderheiten für die **Briefhypothek** ergeben sich daneben aus § 1117 und für die **Buchhypothek** aus § 1116 Abs. 2.

8

Somit gelten folgende

9

Voraussetzungen zur Bestellung einer Briefhypothek, §§ 873 Abs. 1, 1113, 1117
1. Bestehen des Sicherungsanspruchs, § 1113 Abs. 1 *Nach § 1113 Abs. 2 kann die Hypothek auch für künftige oder bedingte Forderungen bestellt werden.* 2. Einigung über die Hypothekenbestellung, § 873 Abs. 1 3. Eintragung im Grundbuch, § 873 Abs. 1 *(in Abt. 3)*

> **Voraussetzungen zur Bestellung einer Briefhypothek, §§ 873 Abs. 1, 1113, 1117**
>
> 4. Übergabe des Hypothekenbriefs, § 1117
>   *Grundsätzlich erfolgt die Übergabe vom Eigentümer an den Erwerber der Hypothek, § 1117 Abs. 1 S. 1. Aus § 1117 Abs. 1 S. 2, Abs. 2 ergeben sich aber mögliche Sonderformen.*
> 5. Berechtigung des Bestellers
>   *Ansonsten kommt gegebenenfalls ein gutgläubiger Erwerb nach § 892 Abs. 1 S. 1 in Betracht.*

10 und folgende

> **Voraussetzungen zur Bestellung einer Buchhypothek, §§ 873 Abs. 1, 1113, 1116 Abs. 2 S. 3**
>
> 1. Bestehen des Sicherungsanspruchs, § 1113 Abs. 1
> 2. Einigung über die Hypothekenbestellung und Einigung über den Ausschluss des Briefes, §§ 873 Abs. 1, 1116 Abs. 2 S. 3
> 3. Eintragung der Hypothek und Eintragung des Ausschlusses des Briefes im Grundbuch, §§ 873 Abs. 1, 1116 Abs. 2 S. 3
> 4. Berechtigung des Bestellers
>   *Ansonsten kommt gegebenenfalls ein gutgläubiger Erwerb nach § 892 Abs. 1 S. 1 in Betracht.*

2. Übertragung der Hypothek

a) Übertragung der Briefhypothek

11 Die Übertragung der Briefhypothek kann im Gegensatz zur Übertragung der Buchhypothek außerhalb des Grundbuchs erfolgen und richtet sich nach §§ 398, 1153, 1154 Abs. 1 S. 1. Erforderlich ist gemäß § 1153 Abs. 1 die **Übertragung der gesicherten Forderung durch Abtretung** gemäß § 398. Für die Abtretung gelten gemäß § 1154 Abs. 1 S. 1 die besonderen Erfordernisse, dass der Zedent eine **schriftliche Abtretungserklärung** erteilen und den **Hypothekenbrief an den Zessionar übergeben** muss. Im Übrigen muss der Zedent grundsätzlich **Forderungsinhaber und Berechtigter der Hypothek** sein. Dass die Hypothek der Forderung folgt, ergibt sich auch aus § 401 Abs. 1.

12
> **Voraussetzungen zur Übertragung einer Briefhypothek, §§ 398, 1153, 1154 Abs. 1 S. 1**
>
> 1. Abtretung des Sicherungsanspruchs, §§ 398, 1153 Abs. 1
> 2. Form der Abtretung:
>   a) Schriftliche Abtretungserklärung, § 1154 Abs. 1 S. 1 oder Eintragung im Grundbuch, § 1154 Abs. 2
>   b) Übergabe des Briefes, § 1154 Abs. 1 S. 1
> 3. Berechtigung des Zedenten
>   a) Bzgl. des Sicherungsanspruchs
>   b) Bzgl. der Hypothek

b) Übertragung der Buchhypothek

Auch bei der Übertragung der Buchhypothek ist aufgrund der strengen Akzessorietät der Hypothek immer die Übertragung der gesicherten Forderung notwendig, §§ 398, 1153 Abs. 1, 401 Abs. 1. Darüber hinaus bedarf die Übertragung der Eintragung ins Grundbuch, §§ 1154 Abs. 3, 873 Abs. 1.

> **Voraussetzungen zur Übertragung einer Buchhypothek, §§ 398, 1153, 1154 Abs. 3, 873 Abs. 1**
> 1. Abtretung des Sicherungsanspruchs, §§ 398, 1153 Abs. 1
> 2. Eintragung im Grundbuch, §§ 1154 Abs. 3, 873 Abs. 1
> 3. Berechtigung des Zedenten
>   a) Bzgl. des Sicherungsanspruchs
>   b) Bzgl. der Hypothek

3. Beispiel zum Verständnis

G hat dem S ein Darlehen von 50.000 EUR gewährt. Zur Sicherung wird eine Briefhypothek am Grundstück des S, der Eigentümer des Grundstücks und Schuldner ist, bestellt. G gerät in finanzielle Schwierigkeiten. Da die Darlehensrückzahlungsforderung gegen S noch nicht fällig ist, möchte G diese Forderung gewinnbringend veräußern. Die Bank B erklärt sich bereit, die Darlehensrückzahlungsforderung und die dafür bestellte Hypothek von G zu erwerben. Welche Rechtsgeschäfte sind zwischen G und B erforderlich, damit die Forderung einschließlich der Hypothek auf B übertragen wird?

G möchte seine Forderung und die dafür bestehende Briefhypothek auf B übertragen. Eine solche Übertragung richtet sich nach §§ 398, 1153 Abs. 1, 1154 Abs. 1 S. 1. Erforderlich ist ein Abtretungsvertrag zwischen G und B über die Übertragung der Darlehensforderung, § 398 S. 1. Gemäß § 1154 Abs. 1 S. 1 muss G darüber hinaus eine schriftliche Abtretungserklärung an B erteilen und den Hypothekenbrief an B übergeben. **Rechtsfolge** einer solchen Forderungsabtretung ist, dass gemäß §§ 1153 Abs. 1, 401 Abs. 1 gleichzeitig die Hypothek auf B übergeht.

III. Bestellung und Übertragung einer Grundschuld

Wie bereits ausgeführt, ist die Grundschuld **nicht akzessorisch**. Das ergibt sich aus § 1191 im Vergleich zu § 1113. § 1113 ermöglicht nur die „Befriedigung wegen einer ihm *(dem Gläubiger)* zustehenden Forderung". § 1191 ist von einer solchen Forderung losgelöst formuliert. Im Übrigen wird die Grundschuld wie eine Hypothek behandelt, das heißt, es **finden die Vorschriften über die Hypothek Anwendung, soweit sie nicht eine zugrunde liegende Forderung voraussetzen**, § 1192 Abs. 1.

1. Bestellung der Grundschuld

Auch bei der Grundschuld ist gemäß §§ 1192 Abs. 1, 1116 zwischen der **Brief- und der Buchgrundschuld** zu differenzieren. Die Voraussetzungen der Grundschuldbestellung sind also identisch mit denen der Hypothekenbestellung, allerdings mit der Maßgabe, dass die Sicherungsforderung unbeachtet bleibt.

> **Voraussetzungen zur Bestellung einer Briefgrundschuld,**
> **§§ 873 Abs. 1, 1191, 1192 Abs. 1, 1117**
>
> 1. Einigung über die Grundschuldbestellung, §§ 873 Abs. 1, 1191
> 2. Eintragung im Grundbuch, § 873 Abs. 1 *(in Abt. 3)*
> 3. Übergabe des Grundschuldbriefs, §§ 1192 Abs. 1, 1117
> 4. Berechtigung des Bestellers
>
>   *Ansonsten ist gegebenenfalls ein gutgläubiger Erwerb nach § 892 Abs. 1 S. 1 möglich.*

> **Voraussetzungen zur Bestellung einer Buchgrundschuld,**
> **§§ 873 Abs. 1, 1191, 1192 Abs. 1, 1116 Abs. 2 S. 3**
>
> 1. Einigung über die Grundschuldbestellung und Einigung über den Ausschluss des Briefes, §§ 873 Abs. 1, 1191, 1192 Abs. 1, 1116 Abs. 2 S. 3
> 2. Eintragung der Grundschuld und Eintragung des Ausschlusses des Briefes im Grundbuch, §§ 873 Abs. 1, 1192 Abs. 1, 1116 Abs. 2 S. 3
> 3. Berechtigung des Bestellers
>
>   *Ansonsten ist gegebenenfalls ein gutgläubiger Erwerb nach § 892 Abs. 1 S. 1 möglich.*

2. Übertragung der Grundschuld

Für die Übertragung der Grundschuld gelten die Ausführungen zur Übertragung der Hypothek, allerdings mit der Maßgabe, dass die Sicherungsforderung unbeachtet bleibt. Insbesondere findet § 1153 keine Anwendung. Denn § 1192 Abs. 1 verweist nicht auf Vorschriften, die eine Akzessorietät voraussetzen. Die Grundschuld geht nicht als Anhängsel mit der Forderung zusammen auf einen neuen Gläubiger über, sondern **muss eigenständig durch Abtretung gemäß §§ 398, 413 übertragen werden**. Für die Form dieser Abtretung gilt § 1154 über § 1192 Abs. 1 entsprechend.

> **Voraussetzungen zur Übertragung einer Briefgrundschuld,**
> **§§ 398, 413, 1192 Abs. 1, 1154 Abs. 1 S. 1**
> *(wiederum außerhalb des Grundbuchs möglich)*
>
> 1. Einigung über die Abtretung *der Grundschuld*, §§ 398 S. 1, 413
> 2. Form der Abtretung
>   a) Schriftliche Abtretungserklärung, §§ 1192 Abs. 1, 1154 Abs. 1 S. 1, oder Eintragung im Grundbuch, § 1154 Abs. 2
>   b) Übergabe des Briefes, §§ 1192, 1154 Abs. 1 S. 1
> 3. Berechtigung des Zedenten bzgl. der Grundschuld

> **Voraussetzungen zur Übertragung einer Buchgrundschuld,**
> **§§ 398, 413, 1192 Abs. 1, 1154 Abs. 3, 873 Abs. 1**
>
> 1. Einigung über die Abtretung der Grundschuld, §§ 398 S. 1, 413
> 2. Eintragung der Abtretung im Grundbuch, §§ 1192 Abs. 1, 1154 Abs. 3, 873 Abs. 1
> 3. Berechtigung des Zedenten bzgl. der Grundschuld

§ 19 Verwertung der Hypothek und der Grundschuld

I. Anspruch auf Duldung der Zwangsvollstreckung, § 1147

Zentrale Anspruchsgrundlage für die Verwertung einer Hypothek oder Grundschuld ist § 1147 (iVm § 1192 Abs. 1). Die Vorschrift gewährt dem Berechtigten des Grundpfandrechts ein **dingliches Verwertungsrecht gegenüber dem Eigentümer** des belasteten Grundstücks. Er kann sich aus dem Grundstück, vgl. §§ 1113, 1191, 1147, im Wege der Zwangsvollstreckung befriedigen. Gemäß § 866 ZPO erfolgt eine solche Zwangsvollstreckung in ein Grundstück durch Eintragung einer Sicherungshypothek oder durch **Zwangsversteigerung oder Zwangsverwaltung** des Grundstücks, geregelt im ZVG. § 1147 begründet **keine schuldrechtliche Zahlungspflicht** des Eigentümers, sondern eine **Pflicht zur Duldung der Zwangsvollstreckung** in das Grundstück. Der Eigentümer *haftet* nur mit dem Grundstück.

Prozessrechtlich wird der Gläubiger regelmäßig einen **auf Zahlung gerichteten persönlichen Titel** gegen seinen Schuldner und einen **auf Duldung der Zwangsvollstreckung gerichteten dinglichen Titel** aus § 1147 gegen den Grundstückseigentümer erwirken. Sind Schuldner und Eigentümer identisch, können beide Streitgegenstände im Wege der objektiven Klagehäufung nach § 260 ZPO verbunden werden. Im Regelfall unterwirft sich der Eigentümer in einer notariellen Grundschuldbestellungsurkunde der sofortigen Zwangsvollstreckung in sein Grundstück, §§ 800 Abs. 1, 794 Abs. 1 Nr. 5 ZPO. Eines weiteren Vollstreckungstitels, insbesondere eines Urteils, bedarf es dann zur Durchsetzung des Anspruchs aus § 1147 nicht mehr.

Aufgrund der Trennung von persönlichem Anspruch gegen den Schuldner und dinglichem Anspruch gegen den Eigentümer sind **Zahlungen durch den Eigentümer** regelmäßig keine Zahlungen auf die zugrunde liegende Schuld, sondern **dienen der Abwendung der Zwangsvollstreckung in das Grundstück**. Sie erfolgen also **auf die Hypothek bzw. auf die Grundschuld**. Dies wird besonders deutlich, wenn Eigentümer und persönlicher Schuldner nicht identisch sind.

II. Umfang der Haftung des Grundstücks (Haftungsverband der Hypothek/Grundschuld)

§ 1147 ermöglicht dem Hypotheken- bzw. Grundschuldgläubiger die Befriedigung aus dem Grundstück, vgl. auch §§ 1113, 1191, und aus den Gegenständen, auf die sich das Grundpfandrecht bezieht, den sog. **mithaftenden Gegenständen**. Die Befriedigung erfolgt insbesondere durch die **Zwangsversteigerung des Grundstücks**, § 866 ZPO iVm den Vorschriften des ZVG. Es stellt sich damit die Frage, welchen Umfang die Zwangsversteigerung hat, was der meistbietende Ersteher erwirbt bzw. was der Eigentümer verliert. Umgangssprachlich ausgedrückt: *„Was kommt unter den Hammer?"*

1. Umfang der Zwangsversteigerung

Gemäß § 90 Abs. 1 ZVG erwirbt der Ersteher durch den Zuschlag **Eigentum an dem Grundstück**. Nach § 90 Abs. 2 ZVG erwirbt er mit dem Grundstück zugleich die Gegenstände, auf die sich die Versteigerung erstreckt.

6 Die Versteigerung wiederum erstreckt sich gemäß § 55 Abs. 1 ZVG auf alle **Gegenstände, deren Beschlagnahme (§ 20 Abs. 1 ZVG) noch wirksam ist**. Ferner erstreckt sie sich gemäß **§ 55 Abs. 2 ZVG auf Zubehörstücke (§ 97), die sich im Besitz des Schuldners befinden**, auch wenn sie einem Dritten gehören.

7 Die nach § 55 Abs. 1 ZVG maßgebliche Beschlagnahme des Grundstücks erfolgt durch den Beschluss über die Anordnung der Zwangsversteigerung, § 20 Abs. 1 ZVG, und umfasst gemäß § 20 Abs. 2 ZVG auch die **Gegenstände, auf die sich die Hypothek bzw. Grundschuld erstreckt**.

2. Haftungsverband der Hypothek/Grundschuld

8 Auf welche Gegenstände sich das Grundpfandrecht bezieht, richtet sich nach § 1120 (iVm § 1192 Abs. 1), dem sog. **Haftungsverband der Hypothek/Grundschuld**. Zum Verständnis des § 1120 sollte man zwischen Erzeugnissen (vgl. § 99), Bestandteilen (§§ 93–95) und Zubehör (§§ 97, 98) differenzieren.

a) Erzeugnisse, vgl. § 99

9 Nach § 1120 erstreckt sich das Grundpfandrecht auf die **vom Grundstück getrennten Erzeugnisse**, beispielsweise geerntete Äpfel, soweit der Grundstückseigentümer gemäß § 953 oder der Eigenbesitzer gemäß §§ 955 Abs. 1, 872 das Eigentum an ihnen mit der Trennung erwirbt. Die Hypothek erstreckt sich also beispielsweise nicht auf die geernteten Äpfel, an denen der Pächter nach § 956 oder der Nießbraucher nach § 954 Eigentum erworben hat.

10 **Vor der Trennung** sind die Erzeugnisse wesentliche Bestandteile des Grundstücks, § 94 Abs. 1 S. 1.

b) Bestandteile, §§ 93–95

11 Auf **wesentliche Bestandteile** iSv § 94 erstreckt sich das Grundpfandrecht ohnehin. Denn sie können gemäß § 93 nicht Gegenstand besonderer Rechte sein, womit sich das Grundpfandrecht am Grundstückseigentum zwangsläufig auch auf die wesentlichen Bestandteile erstreckt.[1]

12 **Unwesentliche Bestandteile** fallen dann in den Haftungsverband, wenn sie im Eigentum des Grundstückseigentümers oder des Eigenbesitzers stehen und im Zeitpunkt der Hypotheken- bzw. Grundschuldbestellung mit dem Grundstück verbunden waren.[2] Sie fallen demnach nicht in den Haftungsverband, wenn sie bereits bei Bestellung des Grundpfandrechts vom Grundstück getrennt waren.[3]

13 **Scheinbestandteile** iSv § 95 sind keine Bestandteile und können allenfalls als Zubehörstücke haften.[4]

---

[1] BeckOK BGB/*Rohe*, § 1120 Rn. 4; *Wellenhofer*, SachenR, § 26 Rn. 23.
[2] BeckOK BGB/*Rohe*, § 1120 Rn. 4 f.; Palandt/*Herrler*, § 1120 Rn. 2 ff.
[3] RGZ 135, 197 (201).
[4] Palandt/*Herrler*, § 1120 Rn. 2.

c) Zubehör, §§ 97, 98

Letztlich erstreckt sich die Hypothek gemäß § 1120 auf das **Zubehör des Grundstücks** (**§§ 97, 98**), **welches dem Eigentümer gehört**, beispielsweise auf den Trecker des Eigentümers eines Bauernhofes.

Für den Umfang der Zwangsversteigerung gilt dennoch § 55 Abs. 2 ZVG: Die Versteigerung erstreckt sich auch auf Zubehörstücke im Besitz des Eigentümers, selbst wenn sie einem Dritten gehören.

3. Möglichkeit der Enthaftung, §§ 1121, 1122

Fällt eine Sache nach § 1120 (iVm § 1192 Abs. 1) grundsätzlich in den Haftungsverband der Hypothek/Grundschuld, ist nach den Vorschriften der §§ 1121, 1122 eine Enthaftung möglich.

§ 1121 regelt die Möglichkeit einer Enthaftung durch **Veräußerung *und* Entfernung**, das heißt durch Übereignung der beweglichen Sache (§§ 932 ff.) und dauerhaftes Wegschaffen vom Grundstück. Im Einzelnen ist die Enthaftung nach § 1121 in ihren Voraussetzungen vom Zeitpunkt der Beschlagnahme (§ 20 ZVG) abhängig. Sofern die **Veräußerung *und* die Entfernung *vor* der Beschlagnahme** erfolgen, tritt nach § 1121 Abs. 1 stets eine Enthaftung ein.

Soweit *vor der Veräußerung oder der Entfernung die Beschlagnahme* erfolgt ist, ist eine Enthaftung grundsätzlich nicht mehr möglich. Etwas anderes gilt nur, soweit der Erwerber *bzgl. der Beschlagnahme* gutgläubig iSv § 932 Abs. 2 war. Sofern die **Entfernung nach der Beschlagnahme und der Veräußerung** stattgefunden hat, gilt § 1121 Abs. 2 S. 2. Der Erwerber muss *im Zeitpunkt der Entfernung* gutgläubig gewesen sein. Für den Fall, dass die **Veräußerung nach der Beschlagnahme und der Entfernung** erfolgt ist, tritt die Enthaftung nach §§ 136, 135 Abs. 2, 932 ff. ein, wenn der Erwerber bei der Veräußerung gutgläubig war.[5] Da die Beschlagnahme als Verfügungsbeschränkung im Grundbuch einzutragen ist, scheidet die Gutgläubigkeit regelmäßig aus, unabhängig davon, ob der Erwerber das Grundbuch eingesehen hat oder nicht.

§ 1122 regelt die Möglichkeit der Enthaftung **ohne Veräußerung**.

(1) Für **Erzeugnisse und Bestandteile** gilt Abs. 1: Voraussetzungen der Enthaftung sind die Trennung vom Grundstück innerhalb einer ordnungsgemäßen Wirtschaft (zB das Ernten reifer Früchte) *und* die dauerhafte Entfernung vom Grundstück vor der Beschlagnahme.

(2) Für **Zubehör** gilt Abs. 2: Die Enthaftung tritt durch Aufhebung der Zubehöreigenschaft innerhalb einer ordnungsgemäßen Wirtschaft ein.

4. Zusammenfassung

Die Frage, ob das Eigentum an bestimmten Sachen im Rahmen einer Zwangsversteigerung auf den Ersteher übergegangen ist oder dem Eigentümer verbleibt, ist somit anhand der Vorschriftenkette §§ 90, 55, 20 ZVG, 1120, 93 ff. zu bestimmen. Gegebenenfalls ist noch eine mögliche **Enthaftung nach §§ 1121, 1122** zu prüfen.

---

5 Siehe zum Ganzen Palandt/*Herrler*, § 1121 Rn. 5 ff.

III. Zwangsverwaltung

21 Neben der Zwangsversteigerung kann die Zwangsvollstreckung in ein Grundstück auch durch **Zwangsverwaltung** erfolgen. Diese richtet sich nach §§ 146 ff. ZVG und beinhaltet die **Befriedigung aus den Nutzungen (§ 100) des Grundstücks**, vgl. § 155 ZVG. Der Eigentümer bleibt Eigentümer seines Grundstücks, verliert aber die Verfügungsbefugnis, die auf den Zwangsverwalter übergeht, § 152 Abs. 1 ZVG. Die Nutzungen werden durch den Zwangsverwalter zugunsten der Gläubiger verwertet. Ein solches Verfahren bietet sich insbesondere bei landwirtschaftlichen Betrieben oder großen Mietshäusern an.

§ 20 Rechtsfolgen der Erfüllung bei Hypothek und Grundschuld

Ein Problemschwerpunkt im Hypotheken- und Grundschuldrecht liegt in den Rechtsfolgen von Erfüllungshandlungen durch den persönlichen Schuldner oder den Eigentümer. Diese sind nicht einheitlich, sondern danach zu **differenzieren**, ob

- es sich um eine (streng akzessorische) **Hypothek** oder um eine (nicht akzessorische) **Grundschuld** handelt,
- der **Grundstückseigentümer** oder der **persönliche Schuldner** erfüllt,
- auf die **schuldrechtliche Forderung** oder auf das **Grundpfandrecht** geleistet wird.

I. Erfüllung bei der Hypothek

1. Durch den persönlichen Schuldner

Wenn der persönliche Schuldner zahlt, **erlischt** zunächst **die schuldrechtliche Forderung nach § 362 Abs. 1**, unabhängig davon, ob er gleichzeitig Eigentümer des Grundstücks ist oder nicht. Fraglich ist, wie sich das Erlöschen der Forderung auf die Hypothek auswirkt.

a) Grundsatz der Entstehung einer Eigentümergrundschuld, §§ 1163 Abs. 1 S. 2, 1177 Abs. 1 S. 1

Durch das Erlöschen der Forderung ist die Hypothek *forderungsentkleidet*. Nach § 1163 Abs. 1 S. 2 erwirbt sie grundsätzlich der Eigentümer. Mangels zugrunde liegender Forderung wandelt sich die Hypothek gemäß § 1177 Abs. 1 S. 1 in eine **Eigentümergrundschuld** um. Auf diese Weise erhält der Eigentümer unter Umständen eine wertvolle Rangposition im Grundbuch.

b) Ausnahme: § 1164 Abs. 1 S. 1

Ausnahmsweise geht die Hypothek jedoch gemäß § 1164 Abs. 1 S. 1 auf den persönlichen Schuldner, der nicht Eigentümer ist, als Fremdhypothek über, soweit dieser vom Eigentümer Ersatz für seine Zahlung verlangen kann.

Beispielsfall: „Die fehlgeschlagene Schuldübernahme"

G gewährt S ein Darlehen von 50.000 EUR. Zur Sicherung des Darlehensrückzahlungsanspruchs aus § 488 Abs. 1 S. 2 bestellt S ihm eine Hypothek an seinem Grundstück. Anschließend verkauft und veräußert S sein Grundstück an D gemäß §§ 433, 311 b Abs. 1 S. 1, 873, 925 zu einem Kaufpreis von 150.000 EUR. Aufgrund der Belastung des Grundstücks mit der Hypothek des G iHv 50.000 EUR vereinbaren S und D eine Anrechnung der 50.000 EUR auf den Kaufpreis, so dass D nur noch 100.000 EUR bezahlen muss. Gleichzeitig vereinbaren S und D, dass D nicht nur die Hypothek, sondern auch die Darlehensrückzahlungsschuld aus § 488 Abs. 1 S. 2 übernimmt, §§ **415 Abs. 1 S. 1, 416 Abs. 1 S. 1**. Diese Schuldübernahme hängt allerdings von der Genehmigung des G ab, § 415 Abs. 1 S. 1. G verweigert die Genehmigung und verlangt von S die Rückzahlung des Darlehens. Weil D nicht für S zahlt, bleibt S nichts anderes übrig, als den Anspruch aus § 488 Abs. 1 S. 2 zu erfüllen. Hat S dadurch die Hypothek am Grundstück des D erworben?

6   Gemäß § 415 Abs. 3 S. 2 bleibt D trotz der Genehmigungsverweigerung des G im Innenverhältnis gegenüber S verpflichtet, den Anspruch des G rechtzeitig zu befriedigen. Hierbei handelt es sich um einen Fall der Erfüllungsübernahme iSv § 329. Diese Verpflichtung kann D infolge der Zahlung des S an G jedoch nicht mehr erfüllen. Denn der Anspruch aus § 488 Abs. 1 S. 2 ist gemäß § 362 Abs. 1 erloschen. Die Leistungspflicht des D gegenüber S ist mithin nach § 275 Abs. 1 wegen Unmöglichkeit ausgeschlossen.

7   S kann jedoch einen Ersatzanspruch aus §§ 280 Abs. 1, 3, 283 gegen D geltend machen. D hat den Ausschluss der Leistungspflicht zu vertreten, weil er S nicht durch rechtzeitige Zahlung an G von seiner Rückzahlungspflicht befreit hat. Nach § 1164 Abs. 1 S. 1 geht die Hypothek somit auf den persönlichen Schuldner S als Fremdhypothek über. Denn ihm steht für seine Zahlung ein Ersatzanspruch aus §§ 280 Abs. 1, 3, 283 gegen den Eigentümer D zu, der nun durch die Hypothek gesichert ist. Es hat eine **Forderungsauswechslung** stattgefunden.

2. Durch den Grundstückseigentümer

8   Wenn der Grundstückseigentümer zahlt, der **zugleich persönlicher Schuldner** ist, gelten die obigen Ausführungen. Es entsteht eine **Eigentümergrundschuld** gemäß §§ 1163 Abs. 1 S. 2, 1177 Abs. 1 S. 1.

9   Wenn der Eigentümer dagegen **nicht zugleich persönlicher Schuldner** der Forderung ist, gelten die §§ 1142, 1143. Nach § 1142 Abs. 1 ist der Eigentümer **berechtigt**, den Gläubiger der schuldrechtlichen Forderung zu befriedigen, um die Zwangsvollstreckung in sein Grundstück zu vermeiden. § 267 Abs. 2 findet insoweit keine Anwendung. Befriedigt der Eigentümer den Gläubiger, **geht die Forderung** gegen den persönlichen Schuldner **gemäß § 1143 Abs. 1 S. 1** kraft Gesetzes auf ihn **über**. Gemäß §§ 1153 Abs. 1, 412, 401 Abs. 1 folgt die **Hypothek der Forderung** als **Eigentümerhypothek**. Die Hypothek bleibt daher *forderungsbekleidet*. Es liegt somit kein Fall der Eigentümergrundschuld vor. Die Eigentümerhypothek wird jedoch gemäß § 1177 Abs. 2 wie eine Eigentümergrundschuld behandelt.

3. Zusammenfassung

10 Zusammenfassend gilt im Hypothekenrecht demnach der **Grundsatz**, dass die Hypothek durch schuldrechtliche Erfüllungshandlungen *forderungsentkleidet* wird und sich gemäß §§ 1163 Abs. 1 S. 2, 1177 Abs. 1 S. 1 zur **Eigentümergrundschuld** umwandelt.

11 **Ausnahmen** gelten über § 1143, wenn der Eigentümer zahlt, der nicht zugleich persönlicher Schuldner ist, und über § 1164 Abs. 1 S. 1, wenn der persönliche Schuldner wegen der eigenen Zahlung einen Ersatzanspruch gegen den Eigentümer erwirbt. Dann entsteht im Fall von § 1143 eine *forderungsbekleidete* Eigentümerhypothek und im Fall von § 1164 Abs. 1 S. 1 eine *forderungsbekleidete* Fremdhypothek.

II. Erfüllung bei der Grundschuld

1. Zahlung auf die schuldrechtliche Forderung

12 Die Grundschuld ist nicht akzessorisch. Wenn die Forderung nicht oder nicht mehr besteht, bleibt die Fremdgrundschuld als solche bestehen. § 1163 gilt nicht über § 1192

Abs. 1. Zahlungen auf die schuldrechtliche Forderung berühren die dingliche Grundschuld nicht. Dies gilt unabhängig davon, ob sie vom persönlichen Schuldner oder Eigentümer erfolgen. Allerdings ergibt sich im Regelfall ein **schuldrechtlicher Rückgewähranspruch des Eigentümers** aus dem der Sicherungsgrundschuld zugrundeliegenden **Sicherungsvertrag**. Danach ist der Grundschuldgläubiger regelmäßig verpflichtet, bei Wegfall des Sicherungszwecks die Löschung der Grundschuld zu bewilligen (§§ 875, 1183, 1192 Abs. 1), eine Verzichtserklärung abzugeben, die eine Eigentümergrundschuld entstehen lässt (§§ 1168 Abs. 1, 1192 Abs. 1), oder die Grundschuld an den Eigentümer oder einen Dritten abzutreten (§§ 1154, 1192 Abs. 1).[1] Aus einem solchen Rückgewähranspruch kann der Eigentümer eine **Einrede gegen einen Anspruch aus §§ 1192 Abs. 1, 1147** herleiten.

2. Zahlung auf die Grundschuld

Bei Zahlungen auf die Grundschuld ist zwischen **drei Fallgruppen** zu differenzieren: 13

1. **Zahlung durch den *Nur*-Eigentümer**
   Zahlt der Eigentümer, der nicht persönlicher Schuldner der Forderung ist, auf die Grundschuld, erwirbt er sie als **Eigentümergrundschuld**. Dies ergibt sich aus **§§ 1192 Abs. 1, 1143 Abs. 1 S. 1 analog**, mit der Maßgabe, dass bei der Anwendung von § 1143 Abs. 1 S. 1 die Grundschuld an die Stelle der „Forderung" tritt.[2] Die schuldrechtliche Forderung erlischt nicht und geht auch nicht kraft Gesetzes auf den Eigentümer über, denn insoweit findet § 1143 über § 1192 Abs. 1 keine Anwendung.[3] § 1143 gilt gemäß § 1192 Abs. 1 nur für die Grundschuld, nicht für die Forderung. Allerdings hat der Eigentümer gegen den Gläubiger im Regelfall einen schuldrechtlichen Anspruch auf Abtretung der Forderung aus dem Sicherungsvertrag.[4]

2. **Zahlung durch den *persönlich schuldenden* Eigentümer**
   Zahlt der Eigentümer, der auch persönlicher Schuldner der Forderung ist, auf die Grundschuld, erwirbt er sie ebenfalls als **Eigentümergrundschuld**. Nach Auffassung der Rechtsprechung ergibt sich dies aus **§§ 1192 Abs. 1, 1143 Abs. 1 S. 1 analog**, wobei wiederum an die Stelle der „Forderung" die Grundschuld tritt.[5] Nach anderer Ansicht gilt **§ 1163 Abs. 1 S. 2 analog**, weil der darin enthaltene Grundgedanke auch bei der Grundschuld zutrifft.[6] Gleichzeitig **erlischt die schuldrechtliche Forderung**, weil auf sie ebenfalls geleistet wird.[7]

3. **Zahlung durch den *Nur*-Schuldner oder durch Dritte**
   Zahlt der persönliche Schuldner oder ein Dritter, der nicht Eigentümer des belasteten Grundstücks ist und dem **kein Ablösungsrecht** zusteht, auf die Grundschuld, so erfolgt die Zahlung gemäß **§ 267 analog** für den Eigentümer. Dieser erwirbt somit in Analogie zu §§ 1192 Abs. 1, 1143 oder §§ 1192 Abs. 1, 1163 Abs. 1 S. 2 die Grundschuld (**Eigentümergrundschuld**). Der Zahlende hat gegen den Eigentümer

---

1 BGH NJW 2014, 3772.
2 BGH NJW-RR 2003, 11 (12).
3 BGHZ 105, 154 (157f.).
4 BGH NJW-RR 1999, 504 (505).
5 BGH NJW 1986, 2108 (2112).
6 *Wolf/Wellenhofer*, SachenR, § 28 Rn. 13.
7 BGHZ 105, 154 (157).

gegebenenfalls einen **Anspruch auf Abtretung der Grundschuld** aus einer vertraglichen Vereinbarung oder aus § 812.

Hat der Dritte ein **Ablösungsrecht** und macht er davon Gebrauch, gilt § 268 Abs. 3 über §§ **1192 Abs. 1, 1150** entsprechend für die Grundschuld.[8] Auch hier ist das Wort „Forderung" durch das Wort „Grundschuld" zu ersetzen. Der Dritte erwirbt die Grundschuld als **Fremdgrundschuld**. Ein solches Ablösungsrecht kann sich insbesondere aus § 268 Abs. 1 ergeben, wenn dem Dritten aufgrund der Zwangsvollstreckung in das Grundstück ein Rechts- oder Besitzverlust droht.

3. Bestimmung des Zahlungsgegenstandes

14 Ob auf die Grundschuld oder die Forderung gezahlt wird, ergibt sich vorrangig aus dem **Sicherungsvertrag**. Regelmäßig wird vereinbart, dass Zahlungen nur auf die Forderung erfolgen, um die Entstehung einer Eigentümergrundschuld zu verhindern. Im Übrigen ist der **Wille des Zahlenden** maßgebend, vgl. § 366 Abs. 1. Dabei gilt:

1. Der persönliche **Schuldner** zahlt auf die schuldrechtliche **Forderung**.
2. Der **Eigentümer** zahlt auf die **Grundschuld**.
3. Der **persönlich schuldende Eigentümer** zahlt zugleich auf die **Forderung** *und* die **Grundschuld**.

4. Zusammenfassung

15 Im Grundschuldrecht sind demnach **vier Fallkonstellationen** möglich:

1. Zahlungen auf die schuldrechtliche Forderung berühren die Grundschuld nicht. Es kann sich aber ein Rückgewähranspruch aus dem Sicherungsvertrag ergeben.
2. Zahlungen auf die Grundschuld durch den *Nur*-Eigentümer führen zu einer Eigentümergrundschuld (§§ 1192 Abs. 1, 1143), die Forderung bleibt bestehen. Der Eigentümer hat im Regelfall einen schuldrechtlichen Anspruch auf Abtretung der Forderung gegen den persönlichen Schuldner aus dem Sicherungsvertrag.
3. Zahlungen auf die Grundschuld durch den persönlich schuldenden Eigentümer führen zu einer Eigentümergrundschuld (§§ 1192 Abs. 1, 1143 analog oder §§ 1192 Abs. 1, 1163 Abs. 1 S. 2 analog). Die Forderung erlischt.
4. Zahlungen durch den Nichteigentümer (persönlicher Schuldner oder Dritte) auf die Grundschuld führen gemäß §§ 267, 1192 Abs. 1, 1143 zu einer Eigentümergrundschuld. Der Zahlende hat gegebenenfalls einen Anspruch auf Abtretung der Grundschuld aus Vertrag oder aus § 812. Im Falle eines Ablösungsrechts des Dritten führen sie zu einer Fremdgrundschuld für den Ablösungsberechtigten gemäß §§ 1192 Abs. 1, 1150, 268 Abs. 3.

---

[8] BGHZ 104, 26 (29 f.); Palandt/*Herrler*, § 1191 Rn. 10.

§ 21 Achter Fall „Zahlung auf die Grundschuld"

I. Schwerpunkte

Der achte Fall setzt sich mit den Rechtsfolgen einer **Zahlung auf die Grundschuld durch einen Nichteigentümer** auseinander. In diesem Zusammenhang geht es um den **Übergang der Grundschuld, Ausgleichsansprüche** des zahlenden Nichteigentümers und den **Haftungsverband** der Grundschuld (*Fallabwandlung*).

II. Sachverhalt

Die Eheleute F und M benötigen dringend Geld. Deshalb schließen sie gemeinschaftlich einen Darlehensvertrag mit der B-Bank über einen Betrag von 100.000 EUR ab. Für den Fall, dass das Darlehen nicht zurückgezahlt wird, verlangt B eine Sicherheit. Diese leistet F, indem sie B wirksam eine Briefgrundschuld an einem ihr allein gehörenden Grundstück bestellt.

Weil die Darlehensraten nicht rechtzeitig zurückgezahlt werden, kündigt B wirksam den Darlehensvertrag. Für den Fall der Nichterfüllung der ausstehenden Darlehensforderung droht sie mit der Zwangsversteigerung des Grundstücks der F. Um dies zu verhindern, zahlt M mit Einverständnis der F aus seinem Vermögen die noch zu erbringende Darlehenssumme von 60.000 EUR an B. Bei der Zahlung erklärt M gegenüber B ausdrücklich, er leiste „auf die Grundschuld". B händigt ihm den Grundschuldbrief aus.

F und M trennen sich. Nun fordert F den Grundschuldbrief von M heraus. Sie ist überzeugt, dass sie aufgrund der Zahlung des M Inhaberin der Grundschuld geworden sei. M jedoch verweigert die Herausgabe und verweist darauf, dass die Grundschuld durch seine Zahlung vielmehr auf ihn übergegangen sei. Im Übrigen schulde F ihm einen Ausgleich für die von ihm gezahlten 60.000 EUR.

1. Kann F von M Herausgabe des Grundschuldbriefs verlangen?
2. Kann M von F Zahlung von 60.000 EUR oder wenigstens 30.000 EUR verlangen?

Erste Abwandlung

F bestellt B wirksam die Grundschuld an ihrem Grundstück. Danach macht sie sich mit einem Unternehmen für Damenbekleidung selbstständig. Dazu betreibt sie auf ihrem Grundstück eine Textilfabrik. Zum Ausliefern ihrer Mode kauft F bei dem Autohändler A einen Lieferwagen. Das Fahrzeug wird von A auf das Grundstück der F geliefert und an sie übereignet. Weil F auch den Lieferwagen nicht selbst bezahlen kann, nimmt sie bei der X-Bank ein Darlehen auf und übereignet das Fahrzeug sicherungshalber an X.

Die Rückzahlung des Darlehens an B bleibt aus. B will das Grundstück der F zwangsversteigern. Auch X kündigt ihr Darlehen wirksam gegenüber F. X meint, B dürfe im Rahmen der geplanten Zwangsversteigerung auf das Fahrzeug, das inzwischen im Eigentum der X stünde, nicht zugreifen. Vielmehr könne sie, die X, den Lieferwagen selbst verwerten.

7 Wie ist die Rechtslage?

Zweite Abwandlung

8 A hat den Lieferwagen unter Eigentumsvorbehalt an F geliefert. Mit Zustimmung der F überträgt er das Eigentum an dem Fahrzeug Zug um Zug gegen Zahlung des Kaufpreises durch X unmittelbar auf diese.

9 Wer hat nun ein Verwertungsrecht an dem Lieferwagen?

III. Lösungsvorschlag zum Ausgangsfall

I. Anspruch auf Herausgabe des Grundschuldbriefes

10 F könnte gegen M einen Anspruch auf Herausgabe des Grundschuldbriefes aus § 985 haben. Das setzt eine Vindikationslage zwischen F und M voraus.

11 **1. M ist Besitzer** des Briefes, § 854 Abs. 1.

2. Eigentum der F

12 Fraglich ist, ob F Eigentümerin des Briefes ist. Das Recht am Grundschuldbrief folgt gemäß **§ 952 Abs. 2 iVm Abs. 1 S. 1** dem Recht aus dem Grundschuldbrief. Zu prüfen ist demnach, ob F Inhaberin der Grundschuld ist.

13 Ursprünglich wurde die Grundschuld von der Grundstückseigentümerin F wirksam für B bestellt, §§ 873 Abs. 1, 1191, 1192 Abs. 1, 1117. Damit war zunächst B Inhaberin der Grundschuld und gleichzeitig Eigentümerin des Grundschuldbriefes. Zu untersuchen ist, ob sich daran durch die Zahlung des M auf die Grundschuld und die anschließende Herausgabe des Briefes an M etwas geändert hat.

a) Übergang der Grundschuld auf M

14 Die Grundschuld könnte durch die Zahlung des M auf ihn als Fremdgrundschuld übergegangen sein.

aa) Gemäß §§ 1192 Abs. 1, 1150, 268 Abs. 3 S. 1

15 Die Grundschuld könnte gemäß §§ 1192 Abs. 1, 1150, 268 Abs. 3 S. 1 auf M übergegangen sein. §§ 1150, 268 Abs. 3 S. 1 sprechen zwar von der „Forderung", sind aber nach allgemeiner Ansicht analog anwendbar, wenn „auf die Grundschuld" gezahlt wird.[1] Es handelt sich nämlich nicht um Vorschriften, die nach ihrer Konstruktion und ihrem Sinngehalt eine für die Hypothek typische Akzessorietät zwischen Forderung und dinglichem Recht voraussetzen, vgl. § 1192 Abs. 1. §§ 1192 Abs. 1, 1150, 268 Abs. 3 S. 1 setzen für den Übergang der Grundschuld voraus, dass ein ablösungsberechtigter Dritter den Grundschuldgläubiger befriedigt hat.

(1) Dritter iSv § 268

16 Fraglich ist bereits, ob M überhaupt Dritter iSv § 268 ist. Denn gemäß § 427 haftet er neben F als Gesamtschuldner für die durch die Grundschuld gesicherte Darlehens-

---

[1] BGHZ 104, 26 (29 f.); Palandt/*Herrler*, § 1191 Rn. 10.

schuld gegenüber B. Dies kann jedoch offen bleiben, wenn M jedenfalls kein Ablösungsrecht iSd § 268 zusteht.

(2) Ablösungsrecht bezüglich der Grundschuld

Ein Ablösungsrecht steht dem Dritten gemäß §§ 1150, 268 Abs. 1 S. 1, 2 zu, wenn die **Zwangsvollstreckung** in einen Gegenstand des Schuldners **droht** und der Dritte dadurch ein **Recht an dem Gegenstand des Schuldners** verlieren könnte. Zwar droht B mit der Zwangsversteigerung des Grundstücks der F, allerdings hat M weder ein **dingliches Recht** an dem Grundstück noch ein **obligatorisches Recht, kraft dessen** er Besitzer des Grundstücks wäre (zB als Mieter oder Vermieter). Ihm droht folglich kein Rechtsverlust durch die Zwangsversteigerung.

(3) Ablösungsrecht bezüglich der Darlehensschuld

M könnte als Gesamtschuldner der Darlehensschuld gemäß §§ 427, 421 ein Ablösungsrecht bezüglich der Darlehensforderung zustehen. Jedoch setzen §§ 1192 Abs. 1, 1150, 268 Abs. 3 S. 1 ein Ablösungsrecht **bezüglich der Grundschuld** voraus. Die Grundschuld ist **nicht akzessorisch**, Rechtshandlungen in Bezug auf die gesicherte Forderung betreffen die Grundschuld daher nicht.

Somit scheidet ein Übergang der Grundschuld gemäß §§ 1192 Abs. 1, 1150, 268 Abs. 3 S. 1 auf M aus.

bb) Gemäß §§ 1192 Abs. 1, 1164 Abs. 1 S. 1

Die Grundschuld ist auch nicht nach §§ 1192 Abs. 1, 1164 Abs. 1 S. 1 iVm § 426 Abs. 1 S. 1 auf M übergegangen. Denn § 1164 ist anders als § 1150 **Ausdruck des Akzessorietätsgrundsatzes** und daher **nicht auf die Grundschuld anwendbar**.[2]

cc) Gemäß §§ 426 Abs. 2, 412, 401

Der Übergang der Grundschuld auf M kann auch nicht aus §§ 426 Abs. 2, 412, 401 hergeleitet werden. M hat nicht als Gesamtschuldner auf die Darlehensforderung, sondern ausdrücklich als Dritter **auf die Grundschuld geleistet**. Selbst wenn man einen Tilgungseffekt auch bezüglich der gesicherten Forderung annimmt *(siehe dazu unten Rn. 33)*, gehört die Sicherungsgrundschuld **mangels Akzessorietät nicht** zu den Rechten, die nach § 401 kraft Gesetzes übergehen.[3]

Die Grundschuld ist demnach nicht auf M übergegangen.

b) Übergang der Grundschuld auf F

Mangels Ablösungsrechts des M stellt sich die Frage, ob M dennoch an B „auf die Grundschuld" mit der Folge leisten konnte, dass sie F als Eigentümergrundschuld zusteht.

---

[2] Palandt/*Herrler*, § 1164 Rn. 5; *Goertz/Roloff* JuS 2000, 762 (764).
[3] BGH NJW 1974, 100 (101); Palandt/*Grüneberg*, § 401 Rn. 5.

aa) Leistungsrecht des M

24 Für schuldrechtliche Forderungen regelt § 267 Abs. 1 S. 1 die Folgen der Zahlung durch Dritte. Die Rechtsprechung bejaht eine **analoge Anwendung von § 267** auf die Grundschuld **jedenfalls dann, wenn Schuldner, Gläubiger und Eigentümer mit der Zahlung** durch den Dritten **einverstanden** sind.[4] F, M und B waren sich über die Zahlung des M auf die Grundschuld einig. Mithin war M gemäß § 267 Abs. 1 S. 1 analog zur Zahlung auf die Grundschuld berechtigt.

bb) Übergang auf den Eigentümer

25 Soweit ein Dritter gemäß § 267 Abs. 1 S. 1 für den Eigentümer auf die Grundschuld zahlt, geht diese nach allgemeiner Ansicht grundsätzlich auf den Eigentümer als **Eigentümergrundschuld** über. Dies ergibt sich entweder aus dem **Rechtsgedanken des § 1143 oder des § 1163 Abs. 1 S. 2**. Die Zahlung ist so zu werten, als hätte sie der Eigentümer selbst vorgenommen.

26 Mithin ist F Inhaberin der Grundschuld und damit gemäß § 952 Abs. 2 auch Eigentümerin des Grundschuldbriefes geworden.

3. Kein Recht zum Besitz, § 986 Abs. 1 S. 1

27 M könnte jedoch ein Recht zum Besitz iSd § 986 Abs. 1 S. 1 innehaben. Ein solches könnte sich aus einem **Zurückbehaltungsrecht** des M gemäß § 273 Abs. 1 ergeben, falls M aus demselben rechtlichen Verhältnis Gegenansprüche gegen F zustehen.

28 Es ist bereits umstritten, ob ein Zurückbehaltungsrecht ein Recht zum Besitz iSv § 986 Abs. 1 S. 1 darstellen kann.[5] Die herrschende Literaturmeinung hält dem entgegen, dass ein Zurückbehaltungsrecht gemäß § 274 Abs. 1 nur zu einer Zug-um-Zug Verurteilung führen und nicht bereits die Anspruchsentstehung verhindern soll, was bei einem Recht zum Besitz iSv § 986 Abs. 1 S. 1 der Fall wäre. Die Rechtsprechung nimmt zwar ein Recht zum Besitz an, kommt im Ergebnis aber ebenfalls zu einer Zug-um-Zug Verurteilung. Die Streitfrage kann also offen bleiben.

29 Jedenfalls ist zu überprüfen, ob M ein fälliger Gegenanspruch gegen F aus demselben rechtlichen Verhältnis zusteht, § 273 Abs. 1. „Dasselbe rechtliche Verhältnis" ist weit auszulegen. Es genügt ein zusammenhängendes einheitliches Lebensverhältnis.[6] Ein Ausgleichsanspruch des M für seine Zahlung von 60.000 EUR hätte also zur Folge, dass F die Herausgabe des Briefes gemäß § 985 nur Zug um Zug gegen Erfüllung des Gegenanspruchs verlangen kann.

II. Gegenanspruch auf Zahlung

30 Fraglich ist, ob M gegen F ein Gegenanspruch auf Zahlung von 60.000 EUR bzw. wenigstens 30.000 EUR zusteht.

---

[4] BGH NJW 1969, 2237 (2238).
[5] Siehe dazu oben § 12 Rn. 5.
[6] BGHZ 115, 99 (103); *Looschelders*, SchuldR AT, § 15 Rn. 4.

§ 21 Achter Fall „Zahlung auf die Grundschuld"

1. Gesamtschuldnerausgleich, § 426

a) § 426 Abs. 1 S. 1

M könnte einen Zahlungsanspruch in Höhe von 30.000 EUR gegen F aus § 426 Abs. 1 S. 1 haben. Danach sind Gesamtschuldner im Verhältnis zueinander zu gleichen Anteilen verpflichtet, soweit nichts anderes bestimmt ist (hälftige Ausgleichspflicht von Gesamtschuldnern).

aa) Gesamtschuldnerschaft von M und F

M und F haben den Darlehensvertrag mit B gemeinschaftlich abgeschlossen. Gemäß § 427 sind sie damit Gesamtschuldner des Rückzahlungsanspruchs.

bb) Befriedigung durch einen der Gesamtschuldner

Problematisch ist, dass M **nicht auf die Darlehensforderung gezahlt** und somit grundsätzlich nicht die Gesamtschuld getilgt hat. Allerdings ist zu bedenken, dass der **Tilgungseffekt einer Zahlung auf eine Sicherungsgrundschuld**, die der Sicherung des schuldrechtlichen Darlehensanspruchs dient, **auch hinsichtlich der Forderung** eintritt.[7] Dies entspricht dem Sicherungszweck der Grundschuld. B selbst geht davon aus, dass sie den Darlehensanspruch verloren hat, wie die Briefrückgabe deutlich macht. Deshalb gilt § 426 analog.

cc) Ausgleichsanspruch

Da M die Restforderung vollständig getilgt hat, ist F ihm gegenüber gemäß § 426 **Abs. 1 S. 1 zur Ausgleichung** in Höhe ihres hälftigen Anteils **verpflichtet**, also zur Zahlung von 30.000 EUR.

b) §§ 426 Abs. 2 S. 1, 488 Abs. 1 S. 2

Gemäß § 426 Abs. 2 S. 1 geht die Darlehensforderung der B aus § 488 Abs. 1 S. 2 in Höhe des Ausgleichsanspruchs aus § 426 Abs. 1 S. 1 gegen F kraft Gesetzes auf M über. M hat also auch aus §§ 426 Abs. 2 S. 1, 488 Abs. 1 S. 2 einen Anspruch gegen F auf Zahlung von 30.000 EUR.

Beachte: § 426 Abs. 1 S. 1 und § 426 Abs. 2 S. 1 stellen zwei verschiedene Anspruchsgrundlagen mit unterschiedlichen Vorteilen dar. Während dem Ausgleichsanspruch aus § 426 Abs. 1 S. 1 keine Einwendungen aus dem Außenverhältnis zum Gläubiger entgegengehalten werden können, gehen bei dem Forderungsübergang nach § 426 Abs. 2 S. 1 die für die Gläubigerforderung bestehenden akzessorischen Sicherungsrechte nach § 401 mit über.[8]

2. Geschäftsführung ohne Auftrag, §§ 683 S. 1, 670, 677

Darüber hinaus könnte M gegen F einen Anspruch auf Zahlung von 60.000 EUR aus §§ 683 S. 1, 670, 677 (berechtigte GoA) haben.

Dazu müsste M mit der Zahlung auf die Grundschuld ein **fremdes Geschäft** der F mit **Fremdgeschäftsführungswillen** wahrgenommen haben. F haftete allein für den dingli-

---

7 BGH NJW 1992, 3228 (3229); Palandt/*Herrler*, § 1191 Rn. 35.
8 *Looschelders*, SchuldR AT, Rn. § 54 Rn. 28.

chen Anspruch aus §§ 1192 Abs. 1, 1147. Leistungen auf die Grundschuld gehören mithin objektiv zu ihrem Interessenkreis, es liegt ein für M **objektiv fremdes Geschäft** vor. Insofern wird ein **Fremdgeschäftsführungswille** des M grundsätzlich **vermutet**. In Höhe von 30.000 EUR ist diese Vermutung jedoch **widerlegt**, da M mit diesem Betrag ausschließlich eigene Interessen wahrnahm, um nämlich seine Inanspruchnahme aus dem Darlehensvertrag zu verhindern.

39 Im Übrigen war M nicht beauftragt oder in sonstiger Weise berechtigt (§ 677); auch entsprach das Geschäft **dem Interesse und dem wirklichen Willen** der F (§ 683).

40 M steht also auch ein Anspruch gegen F in Höhe von 30.000 EUR aus §§ 683 S. 1, 670, 677 zu.

3. Ungerechtfertigte Bereicherung, § 812 Abs. 1 S. 1, 1. Var.

41 Die berechtigte GoA stellt einen Rechtsgrund für die Vermögensmehrung der F dar. Ein Anspruch aus § 812 Abs. 1 S. 1, 1. Var. scheidet somit aus.

III. Ergebnis zum Ausgangsfall

42 F hat gegen M einen Anspruch auf Herausgabe des Grundschuldbriefes Zug um Zug gegen Zahlung von 30.000 EUR.

IV. Lösungsvorschlag zur ersten Abwandlung

43 Fraglich ist, ob X den Lieferwagen verwerten darf. Das wäre gemäß § 903 S. 1 der Fall, wenn sie (Sicherungs-)**Eigentümerin** des Fahrzeugs ist und kein Recht eines Dritten der Verwertung entgegensteht. Als entgegenstehendes Recht kommt ein **Verwertungsrecht** der B in Betracht, falls sich die **Grundschuld** auch auf den Lieferwagen erstreckt.

I. Sicherungseigentum der X

44 Ursprünglich war A Eigentümer des Lieferwagens. Dieser hat das Eigentum gemäß § 929 S. 1 durch Einigung und Übergabe auf F übertragen. F wiederum hat den Lieferwagen durch Einigung und Vereinbarung eines Besitzmittlungsverhältnisses gemäß **§§ 929 S. 1, 930** an X **zur Sicherung übereignet**. Die Sicherungsabrede stellt ein ähnliches Verhältnis iSv § 868 dar.

45 Somit kann X mit der Sache gemäß § 903 S. 1 grundsätzlich nach Belieben verfahren und das Fahrzeug verwerten. Dazu ist sie auch gegenüber F berechtigt, da diese die Darlehensraten nicht mehr zurückgezahlt hat und daher der **Sicherungsfall** eingetreten ist.

II. Entgegenstehende Grundschuld der B

46 Etwas anderes könnte allerdings gelten, wenn das **Verwertungsrecht** an dem Lieferwagen B **aus der Grundschuld** zusteht, §§ 1191, 1192 Abs. 1, 1120.

1. Haftungsverband der Grundschuld

Nach §§ 1192 Abs. 1, 1120 erstreckt sich die Grundschuld der B auch auf das **Grundstückszubehör**, es sei denn, es ist nicht in das Eigentum der F gelangt. Der Lieferwagen ist für die Auslieferung der von F produzierten Kleider notwendig. Er dient mithin dem wirtschaftlichen Zweck der Textilfabrik auf dem Grundstück der F. Somit ist das Fahrzeug Zubehör des Grundstücks, **§ 97 Abs. 1 S. 1**. Außerdem war F aufgrund des Erwerbs von A gemäß § 929 S. 1 zunächst **Eigentümerin** des Lieferwagens. Mithin erstreckt sich die Grundschuld gemäß §§ 1192 Abs. 1, 1120 auch auf den Lieferwagen.

2. Enthaftung durch Veräußerung

Durch die Sicherungsübereignung des Fahrzeugs an X könnte gemäß §§ **1192 Abs. 1, 1121** eine Enthaftung eingetreten sein. Allerdings setzt § 1121 in allen Varianten die **Veräußerung und Entfernung** vom Grundstück voraus. Der Lieferwagen ist auf dem Grundstück der F verblieben und nicht entfernt worden. Somit bleibt der Wagen mit der Grundschuld der B belastet.

Ergebnis

X kann das Fahrzeug **nicht** selbst **verwerten**, denn dieses Recht steht B als Grundschuldinhaberin zu.

V. Lösungsvorschlag zur zweiten Abwandlung

Fraglich ist wiederum, ob sich der Haftungsverband der Grundschuld nach §§ 1192 Abs. 1, 1120 auf den Lieferwagen erstreckt. Dazu müsste es sich bei dem Fahrzeug um **Grundstückszubehör im Eigentum** der F gehandelt haben. F ist jedoch niemals Eigentümerin des Wagens geworden. A hat das Fahrzeug nur unter **Eigentumsvorbehalt** an F geliefert, §§ 449 Abs. 1, 929 S. 1, 158 Abs. 1. Zum Vollerwerb seitens der F ist es nicht gekommen. Das Eigentum ist vielmehr **unmittelbar von A auf X übergegangen**, §§ 929 S. 1, 931. § 161 Abs. 1 S. 1 steht der Übereignung nicht entgegen, denn F hatte ihr ausdrücklich zugestimmt.

Die Grundschuld könnte sich allenfalls gemäß §§ 1192 Abs. 1, 1120 analog auf ein Anwartschaftsrecht an dem Zubehörstück erstrecken.[9] Allerdings besteht ein solches Anwartschaftsrecht für F nicht mehr, da X den Kaufpreis bezahlt und mit Zustimmung der F das Eigentum an dem Lieferwagen erworben hat. Ein Eigentumserwerb der F von A ist nicht mehr möglich.

Somit unterfällt der Lieferwagen nicht dem Haftungsverband der Grundschuld, so dass X zur Verwertung des Fahrzeugs berechtigt ist.

Beachte: Käme es tatsächlich zu einer Zwangsversteigerung durch B, würde sich die Versteigerung gemäß § 55 Abs. 2 ZVG auch auf den Lieferwagen im Besitz der F erstrecken. Daher könnte ein etwaiger Ersteher gemäß § 90 Abs. 2 ZVG das Eigentum an dem Fahrzeug erwerben.

---

9 BGHZ 35, 85.

§ 22 Schutz des öffentlichen Glaubens bei Grundpfandrechten

1 Der Schutz des öffentlichen Glaubens des Grundbuchs gilt auch im Hypotheken- und Grundschuldrecht (§ 892). Darüber hinaus ermöglicht § 1138 speziell für die Hypothek aufgrund ihrer strengen Akzessorietät zur schuldrechtlichen Forderung einen **gutgläubigen Erwerb der Hypothek in Ansehung der Forderung**. Außerdem enthalten §§ 1140, 1155 (ggfs. iVm § 1192 Abs. 1) Sonderregelungen zum gutgläubigen Erwerb der **Brief**hypothek bzw. -grundschuld.

I. Konstellationen zu §§ 892 Abs. 1 S. 1, 1138

2 Aus dem Zusammenspiel von § 892 Abs. 1 S. 1 als Grundtatbestand und § 1138 als Sondervorschrift für die akzessorische Hypothek ergeben sich **fünf mögliche Fallkonstellationen** für den gutgläubigen Erwerb von Grundpfandrechten:

1. *Der Nichteigentümer bestellt dem Gläubiger zur Sicherung eines Darlehens eine Hypothek oder Grundschuld.*
   Unmittelbar aus § 892 Abs. 1 S. 1 ergibt sich, dass ein **gutgläubiger Ersterwerb** der Hypothek/Grundschuld **vom Nichteigentümer** möglich ist, sofern dieser unrichtigerweise im Grundbuch eingetragen ist. Für die Hypothek gilt dies jedoch nur, soweit eine schuldrechtliche Forderung tatsächlich besteht.
2. *Die zu sichernde Forderung des Gläubigers gegen den Schuldner besteht, allerdings wurde die Hypothek oder Grundschuld nicht wirksam bestellt, zB aufgrund einer unwirksamen Einigung, aber dennoch eingetragen. Der Gläubiger tritt die Darlehensforderung (Zweiterwerb der Hypothek, §§ 398, 1153, 1154) bzw. die Grundschuld (Zweiterwerb der Grundschuld, §§ 398, 413, 1192 Abs. 1, 1154) an einen Dritten ab.*
   Ebenfalls unmittelbar aus § 892 Abs. 1 S. 1 ergibt sich die Möglichkeit eines **gutgläubigen Zweiterwerbs** einer nicht bestehenden Hypothek/Grundschuld, die zu Unrecht im Grundbuch eingetragen ist. Bei der Hypothek muss die Forderung tatsächlich bestehen und wirksam abgetreten werden. In diesem Fall erwirbt der gutgläubige Zessionar zugleich mit der Forderung auch die Hypothek, § 1153 Abs. 1.
3. *Der Gläubiger hat die Hypothek wirksam erworben, die zugrunde liegende Forderung erlischt aber im Nachhinein. Nun tritt der Gläubiger, für den im Grundbuch noch eine Fremdhypothek eingetragen ist, die vermeintliche Forderung an einen Dritten ab.*
   Mit Erlöschen der Forderung ist gemäß § 1163 Abs. 1 S. 2 eine **Eigentümergrundschuld** entstanden. Das Grundbuch, in dem noch eine Fremdhypothek eingetragen ist, ist demnach unrichtig. Gemäß §§ 1138, 892 wird die **Forderung** jedoch *in Ansehung der Hypothek* fingiert. Das heißt, durch § 1138 wird der öffentliche Glaube an die Existenz der Forderung nur insoweit geschützt, als dies zum Erwerb der Hypothek erforderlich ist. Lediglich im Hinblick auf die Hypothek wird die Forderung fingiert. Der Zessionar kann nur die Hypothek als Grundpfandrecht geltend machen, dagegen erwirbt er nicht die schuldrechtliche Forderung. Es entsteht eine **forderungsentkleidete Hypothek**.[1]

---

1 MüKo BGB/*Lieder*, § 1138 Rn. 16.

Beispiel: Zugunsten von Hypothekengläubiger H ist zur Sicherung eines Kaufpreisanspruchs gegen E iHv 100.000 EUR eine Hypothek auf dem Grundstück des E bestellt worden. Die Kaufpreisforderung erlischt gemäß § 362 Abs. 1 durch Zahlung des E. Dennoch tritt H die hypothekarisch gesicherte Forderung unter Berufung auf den Inhalt des Grundbuchs an D ab. Voraussetzung dafür ist gemäß §§ 398, 1154, 1153 Abs. 1 unter anderem das Bestehen der Forderung. Trotz deren Erlöschens erwirbt der gutgläubige D die Hypothek gemäß §§ 1138, 892 als dingliches Verwertungsrecht. Ihm steht der Anspruch aus § 1147 zu. Die schuldrechtliche Forderung erwirbt er dagegen nicht, er hat keinen Anspruch aus § 433 Abs. 2. Bei der **Grundschuld** hat das Erlöschen der Forderung mangels Akzessorietät keinen Einfluss auf das Bestehen der Grundschuld. Der Dritte würde die Grundschuld **vom Berechtigten** erwerben. Allerdings müsste er sich im Falle der Sicherungsgrundschuld die Einrede des fehlenden Sicherungsfalles entgegenhalten lassen, § 1192 Abs. 1a (s. dazu § 24 mit Exkurs zu den Einwendungen und Einreden gegen Grundpfandrechte).

4. *Die **Forderung** besteht von vornherein **nicht**.* Der Gläubiger hat die **Hypothek** mangels Sicherungsforderung ***nicht wirksam erworben***. Trotzdem wurde eine Hypothek im Grundbuch eingetragen. Im Folgenden tritt der Gläubiger die vermeintliche, hypothekarisch gesicherte Forderung an einen Dritten ab.
Es gilt dasselbe wie bei der dritten Fallkonstellation. Gemäß §§ **1138, 892** erwirbt der gutgläubige Zessionar die Hypothek als dingliches Verwertungsrecht, jedoch nicht die persönliche Forderung.
Für die **Grundschuld** stellt sich kein Problem, sie ist sowohl in ihrer Entstehung als auch in ihrer Übertragung unabhängig von der gesicherten Forderung. Der Dritte würde die Grundschuld **vom Berechtigten** erwerben. Auch hier ist jedoch § 1192 Abs. 1a zu beachten.

5. *Sowohl die Forderung als auch die Hypothek bestehen, allerdings stehen sie unterschiedlichen Gläubigern zu (**unterschiedliche Gläubigerschaft**).* Forderungsinhaber ist also jemand anderes als der durch das Grundbuch ausgewiesene Hypothekengläubiger.
Beispiel: Der geisteskranke A ist Inhaber einer Forderung gegen Grundstückseigentümer S. Zur Sicherung der Forderung ist zugunsten des A auf dem Grundstück des S eine Buchhypothek wirksam bestellt worden. Beides überträgt A an B, der als neuer Hypothekengläubiger im Grundbuch eingetragen wird. B wiederum überträgt beides an C. Ist C mit seiner Eintragung Inhaber der Hypothek und der Forderung geworden?[2]

   a) Bzgl. der **Hypothek:** C könnte die Hypothek von B gemäß §§ 398, 1153, 1154 Abs. 3, 873 Abs. 1 erworben haben. Das setzt grundsätzlich voraus, dass B Inhaber der Sicherungsforderung und der dafür bestellten Hypothek war. Allerdings hat B weder die Forderung noch die Hypothek von A wirksam erworben, denn die Willenserklärungen des A i.R.d. Abtretung an B waren gemäß § 105 Abs. 1 nichtig. C konnte die Hypothek jedoch gemäß §§ **892, 1138** gutgläubig von B erwerben, denn B war zu Unrecht im Grundbuch als Hypothekengläubiger eingetragen.

   b) Bzgl. der **Forderung:** Fraglich ist, ob C mit der Hypothek auch die persönliche Forderung erworben hat. Im Unterschied zu den obigen Konstellationen 3.

---

2 Vgl. *Wellenhofer*, SachenR, § 27 Rn. 52.

und 4. zu § 1138 **besteht** die Forderung zwar **materiellrechtlich**, sie steht jedoch einem **anderen Gläubiger** zu. Während C Inhaber der Hypothek geworden ist, ist A Gläubiger der Darlehensforderung geblieben. Nach herrschender Meinung gilt in diesem Fall das sog. **Mitlaufgebot**.³ § 1153 Abs. 2 bestimmt ausdrücklich, dass die Hypothek nicht ohne die Forderung übertragen werden kann, soweit sie überhaupt besteht. Mithin hat C gemäß § 1153 Abs. 2 mit der Hypothek auch die gesicherte Forderung erworben. Die Forderung wird quasi „mitgerissen".⁴

Bei der **Grundschuld** verbleibt es mangels Akzessorietät dabei, dass C die Grundschuld gemäß § 892 gutgläubig erwirbt, die Forderung jedoch nach wie vor A zusteht.

II. Die Bedeutung des Hypotheken-/Grundschuldbriefs für den öffentlichen Glauben, §§ 1140, 1155

3   Im Rahmen des Schutzes des öffentlichen Glaubens kommt dem Hypotheken-/Grundschuldbrief erhebliche Bedeutung zu. Das resultiert daraus, dass die **Übertragung** einer Briefhypothek oder -grundschuld **außerhalb des Grundbuchs** erfolgen kann, vgl. § 1154 Abs. 1 S. 1. Das Grundbuch wird dadurch unrichtig, so dass gemäß § 892 Abs. 1 S. 1 die Möglichkeit eines gutgläubigen Erwerbs besteht. Dem Erwerber des Grundpfandrechts steht aus § 894 ein Anspruch auf Berichtigung des Grundbuchs zu.

1. Grundbucheintragung als Anknüpfungspunkt des guten Glaubens

4   Die Grundbucheintragung ist auch bei der Briefhypothek/-grundschuld der öffentliche Verlautbarungsakt. Der Brief ist insoweit nur eine „Abschrift" des Grundbuchs. Einen **Schutz des guten Glaubens an die Richtigkeit des Briefes gibt es daher grundsätzlich nicht**.⁵

5   *Beispiel:* Die Hypothek ist erloschen und im Grundbuch gelöscht, der Brief ist jedoch noch nicht vernichtet. Der Briefinhaber tritt die angebliche Hypothek schriftlich an einen gutgläubigen Dritten ab und übergibt den Hypothekenbrief, § 1154 Abs. 1 S. 1. Der Dritte hat die Hypothek nicht erworben. Es liegt **kein Fall des § 892 Abs. 1 S. 1** vor, denn das **Grundbuch ist richtig**.

6   Allerdings nimmt der Erwerber den Brief zur Kenntnis. Gerade deshalb besteht für ihn weniger Anlass, das Grundbuch einzusehen. Denn auch der Brief ist ein vom Grundbuchamt erstelltes **amtliches Zeugnis**, das **öffentliches Vertrauen** rechtfertigt. Daher wird der Schutz des öffentlichen Glaubens an das Grundbuch einerseits gemäß § 1140 durch die im Brief gemachten Angaben eingeschränkt. Andererseits gewährt § 1155 auch für den Brief in gewissem Umfang einen Schutz des öffentlichen Glaubens.

---

3   Soergel/*Konzen*, § 1138 Rn. 7; *Baur/Stürner*, SachenR, § 38 Rn. 28; *Prütting*, SachenR, Rn. 694; aA MüKo/*Lieder*, § 1153 Rn. 17; Staudinger/*Wolfsteiner*, § 1138 Rn. 10.
4   *Wellenhofer*, SachenR, § 27 Rn. 53.
5   *H. Westermann*, SachenR, 5. Aufl., § 106 IV 1.

2. Beseitigung des öffentlichen Glaubens an das Grundbuch durch den Brief, § 1140

Soweit eine **unrichtige Grundbucheintragung im Widerspruch zum Inhalt des Briefes** oder eines darauf angebrachten Vermerks steht, zerstört der Brief gemäß § 1140 S. 1 den öffentlichen Glauben an das Grundbuch.

Beispiel:[6] Im Grundbuch ist eine Briefhypothek zur Sicherung einer Kaufpreisforderung des G iHv 100.000 EUR eingetragen. In Wahrheit beträgt der Kaufpreis nur 50.000 EUR und die Forderung steht nicht G, sondern W zu. Dies ist aus dem Hypothekenbrief ersichtlich. Überträgt G die hypothekarisch gesicherte Forderung gemäß §§ 398, 1153, 1154 Abs. 1 S. 1 auf D, so kann sich D nicht auf den öffentlichen Glauben des Grundbuchs berufen. Ein gutgläubiger Erwerb durch D gemäß §§ 1138, 892 scheitert, weil der öffentliche Glaube gemäß § 1140 durch den (richtigen) Hypothekenbrief zerstört wird.

§ 1140 schließt eine Berufung auf § 892 auch dann aus, wenn der **Inhalt des Hypothekenbriefes ebenfalls unrichtig** ist.[7] Er zerstört den öffentlichen Glauben an den unrichtigen Grundbuchinhalt immer dann, wenn eine **Divergenz** zwischen Grundbuchinhalt und Brief besteht.

Ein **Widerspruch**, der auf dem Brief angebracht ist, wirkt wie ein im Grundbuch eingetragener Widerspruch, § 1140 S. 2.

§ 1140 findet allerdings keine Anwendung, wenn die Angaben im Grundbuch richtig sind und der Brief einen unrichtigen Inhalt aufweist. In diesem Fall gilt allein der richtige Grundbuchinhalt, der daher jede Erwägung eines gutgläubigen Erwerbes ausschließt.

3. Erweiterung des Schutzes des öffentlichen Glaubens, § 1155

§ 1155 macht eine Ausnahme von dem Grundsatz, dass kein öffentlicher Glaube an den Brief existiert. Die Vorschrift **erweitert den Schutz des öffentlichen Glaubens**. Der Besitzer des Briefes wird bei Vorliegen der Voraussetzungen des § 1155 durch den Verweis auf §§ 891 ff. so behandelt, als sei er als Gläubiger des Grundpfandrechts im Grundbuch eingetragen.

Die Vorschrift des § 1155 ist erforderlich, weil eine Briefhypothek/-grundschuld, wie oben ausgeführt, außerhalb des Grundbuchs übertragbar ist. §§ 892, 1138 ermöglichen aber nur einen vom Rechtsschein des Grundbuchs gerechtfertigten gutgläubigen Erwerb. Ohne Sonderregelung würde eine fehlende Berechtigung desjenigen, der durch den Besitz des Briefes legitimiert ist, nicht durch einen gutgläubigen Erwerb ersetzt werden können. Für den Erwerber eines Briefrechts würde eine verminderte Sicherheit bestehen. Diese Lücke schließt § 1155 zugunsten des **Verkehrsschutzes**.

---

6 *Müller/Gruber*, SachenR, Rn. 3482 ff.
7 NK BGB SachenR/*Zimmer*, § 1140 Rn. 5; *Müller/Gruber*, SachenR, Rn. 3486; *Wolff/Raiser*, SachenR, § 142 VII 1.

> **Voraussetzungen für einen gutgläubigen Erwerb des Briefrechts nach §§ 1155, 892**
> 1. Zedent ist **Besitzer des Briefes**
> 2. Zedent ist durch eine **zusammenhängende, auf einen im Grundbuch eingetragenen Gläubiger zurückreichende Kette von öffentlich beglaubigten Abtretungserklärungen** als Hypothekengläubiger ausgewiesen
> 3. Voraussetzungen des § 892 im Übrigen (keine Kenntnis von der fehlenden Berechtigung des Briefinhabers und kein Widerspruch)

14

15 Der Besitz des Briefes und eine Reihe von öffentlich beglaubigten Abtretungserklärungen ersetzen also die Eintragung des Zedenten im Grundbuch. Damit korrespondierend hat der jeweilige Zessionar gemäß § 1154 Abs. 1 S. 2 einen Anspruch auf öffentliche Beglaubigung der Abtretungserklärung, um sich legitimieren zu können. Da § 1155 nicht auf §§ 932 ff. verweist, hindert eine **eigenmächtige Besitzverschaffung** des Briefes seitens des Zedenten den gutgläubigen Erwerb des Zessionars nicht.[8]

16 *Beispiel:*[9] Im Grundbuch ist H als Gläubiger einer Briefhypothek eingetragen. Er tritt die hypothekarisch gesicherte Forderung unter Briefübergabe mit öffentlich beglaubigter Abtretungserklärung an J ab, §§ 398, 1154 Abs. 1 S. 1, 2. J tritt die Hypothek an K ab, wobei er wiederum den Brief übergibt und eine öffentlich beglaubigte Abtretungserklärung erteilt. Diese Abtretung ist aber aufgrund eines Mangels bei der Einigung unwirksam, so dass K nicht Hypothekengläubiger wird.

17 Der öffentliche Glaube an die Hypothekenberechtigung des K wird gemäß § 1155 genauso geschützt, als wäre K im Grundbuch als Hypothekengläubiger eingetragen. Das bedeutet: Überträgt K die Hypothekenforderung an L, erwirbt dieser die Hypothek gemäß §§ 892, 1138 iVm § 1155, es sei denn, L kannte die fehlende Berechtigung des K oder ein Widerspruch ist im Grundbuch oder auf dem Brief eingetragen, §§ 892 Abs. 1 S. 1, 1140.

18 Die letzte Abtretungserklärung *(im obigen Beispiel die Abtretung an L)* bedarf zur Herbeiführung des Erwerbs kraft öffentlichen Glaubens nicht der öffentlichen Beglaubigung. § 1155 setzt nur voraus, dass **bis zum *Zedenten*** eine Reihe öffentlich beglaubigter Abtretungserklärungen vorliegt. Vorher unterbricht eine einzige privatschriftliche Abtretungserklärung die Legitimationskette. Die Kette der Abtretungserklärungen in öffentlich beglaubigter Form muss **nahtlos vom Zedenten zu dem im Grundbuch eingetragenen Gläubiger** führen.

III. Beispiel zum Verständnis

19 S schließt mit G einen Darlehensvertrag ab. Zur Sicherung des Darlehensrückzahlungsanspruchs des G bestellt E, ein Freund des S, dem G wirksam eine Briefhypothek an seinem Grundstück.

20 Später tritt G die Darlehensforderung mit öffentlich beglaubigter Abtretungserklärung an A ab und übergibt den Hypothekenbrief. A wiederum tritt die Forderung in schriftlicher Form an B ab und übergibt diesem den Brief. Im Nachhinein stellt sich heraus, dass G bei der Abtretung an A vorübergehend geistesgestört war, § 105 Abs. 2.

---

8 *H. Westermann*, SachenR, 5. Aufl., § 106 IV 2 b; *Wellenhofer*, SachenR, § 27 Rn. 45.
9 *Müller/Gruber*, SachenR, Rn. 3491.

Hat B gegen E einen Anspruch auf Duldung der Zwangsvollstreckung in das Grundstück und gegen S einen Anspruch auf Rückzahlung des Darlehens?

1. Anspruch aus § 1147

B kann von E Duldung der Zwangsvollstreckung in dessen Grundstück verlangen, falls die Voraussetzungen des § 1147 vorliegen.

Dazu müsste er Inhaber der Briefhypothek am Grundstück des E sein. Zunächst war G Inhaber der wirksam bestellten Briefhypothek am Grundstück des E, §§ 873, 1113, 1117 Abs. 1.

G könnte die Hypothek gemäß § 1153 Abs. 1 durch Abtretung der Sicherungsforderung auf A übertragen haben. Die Forderungsabtretung von G an A gemäß §§ 398, 1154 Abs. 1 S. 1 ist allerdings nach § 105 Abs. 2 unwirksam. A konnte weder die Forderung noch die Hypothek erwerben, denn §§ 1138, 892 helfen nur über die Nichtberechtigung des Veräußerers hinweg, nicht aber über dessen fehlende Geschäftsfähigkeit.

Demnach könnte B die Hypothek von A nur gutgläubig gemäß §§ 1138, 892 erworben haben. Allerdings ist A im vorliegenden Fall nicht durch das Grundbuch legitimiert. Im Grundbuch ist immer noch G als Hypothekengläubiger eingetragen. In diesem Fall hilft § 1155. Briefbesitzer A steht einem eingetragenen Gläubiger gleich, weil er sich durch eine Kette von öffentlich beglaubigten Abtretungserklärungen, die bis zum im Grundbuch eingetragenen Gläubiger G reicht, legitimieren kann. §§ 1138, 892 finden daher in gleicher Weise Anwendung, als wäre der Besitzer des Briefes A als Gläubiger im Grundbuch eingetragen; der **Briefbesitzer wird in das Grundbuch „projiziert"**. Somit konnte B nach §§ 892, 1138 die Hypothek vom nichtberechtigten A erwerben. Die fehlende Forderungsinhaberschaft des A ist in Ansehung der Hypothek gemäß § 1138 irrelevant. B erwirbt zunächst eine *forderungsentkleidete* Hypothek.

B hat gegen E einen Anspruch aus § 1147.

2. Anspruch aus § 488 Abs. 1 S. 2

B könnte gegen S einen Anspruch auf Rückzahlung der Darlehenssumme gemäß § 488 Abs. 1 S. 2 aus übergegangenem Recht haben.

Ursprünglicher Inhaber der Forderung aus § 488 Abs. 1 S. 2 war G. Er hat diese wegen § 105 Abs. 2 nicht wirksam an A abgetreten.

Fraglich ist, ob B die Darlehensforderung dennoch erwerben konnte. **§ 1138** fingiert zwar das Bestehen der Forderung, aber **nur in Ansehung der Hypothek**, ohne selbst einen gutgläubigen Erwerb der Forderung zu ermöglichen. Bliebe es dabei, wäre B Inhaber des dinglichen Rechts, während G weiterhin Inhaber der Forderung wäre. Es käme zu einem Auseinanderfallen von Hauptrecht (Forderung) und akzessorischem „Anhängsel" (Hypothek); ein Zustand, der § 1153 Abs. 1, 2 widerspräche. Daher gilt nach hM das sog. **Mitlaufgebot des § 1153 Abs. 2**. Danach erwirbt der gutgläubige Erwerber der Hypothek auch die Forderung, sofern sie besteht.

Mithin steht dem B auch die persönliche Forderung aus § 488 Abs. 1 S. 2 zu. B kann S aus § 488 Abs. 1 S. 2 in Anspruch nehmen.

§ 23 Neunter Fall „Unrichtiger Erbschein"

I. Schwerpunkte

1 Der neunte Fall geht im Rahmen der Bestellung einer Buchhypothek auf das Zusammenspiel zwischen dem öffentlichen Glauben des Erbscheins (§ 2366) und dem des Grundbuchs (§ 892) ein.

II. Sachverhalt[1]

2 A, der im Grundbuch als Eigentümer eines in Wirklichkeit dem B gehörenden Grundstücks eingetragen ist, stirbt und wird von seinem Sohn S allein beerbt. Infolge eines Irrtums des Nachlassgerichtes erhält jedoch C einen Erbschein, in dem er als Alleinerbe des A ausgewiesen wird.

3 Im Februar 2012 will C dem D, der C für den Grundstückseigentümer hält, für ein bereits ausgezahltes Darlehen iHv 5.000 EUR eine Buchhypothek an dem Grundstück bestellen. Am 12.2.2012 werden die Einigung über die Bestellung einer Buchhypothek iHv 5.000 EUR sowie die Eintragungsbewilligung des C durch Notar N beurkundet. Einen Tag später reicht N die beurkundeten Erklärungen beim Grundbuchamt ein, wo sie am 15.2.2012 eingehen.

4 Am 17.2.2012 erfährt D, dass das Grundstück im Eigentum des B steht. Am 18.2.2012 gehen sowohl bei D als auch bei dem Grundbuchamt Nachrichten des C ein, in denen dieser – ohne Angabe von Gründen – die von ihm am 12.2.2012 abgegebene Einigungserklärung widerruft. Am 19.2.2012 trägt das Grundbuchamt die Hypothek für D in das Grundbuch ein. Im März 2012 wird B im Wege der Grundbuchberichtigung als Eigentümer des Grundstücks im Grundbuch eingetragen.

5 Nach Fälligkeit der Hypothek im Februar 2013 fordert D sowohl C als auch B erfolglos zur Zahlung von 5.000 EUR auf. Er erhebt daraufhin gegen B Klage auf Duldung der Zwangsvollstreckung in das Grundstück.

6 Ist die Klage begründet?

III. Lösungsvorschlag

7 Die Klage ist begründet, wenn D gegen B einen Anspruch auf Duldung der Zwangsvollstreckung aus § 1147 hat.

8 Dazu müsste D Inhaber einer Hypothek an dem Grundstück des B sein. Unter den Voraussetzungen der §§ 873 Abs. 1, 1113 Abs. 1, 1116 Abs. 2 könnte er eine Buchhypothek an dem Grundstück erworben haben.

---

[1] *Eckert/Hattenhauer*, 75 Klausuren aus dem BGB, Fall 67.

1. Ersterwerb der Buchhypothek

Gemäß § 1113 Abs. 1 erfolgt die Bestellung einer Hypothek „wegen einer ... Forderung". D hat gegen C einen zu sichernden Darlehensrückzahlungsanspruch aus § 488 Abs. 1 S. 2. Die erforderliche **Sicherungsforderung** besteht also.

§§ 873 Abs. 1, 1116 Abs. 2 S. 3 setzen für den Ersterwerb einer Buchhypothek weiter voraus, dass sich der Rechtserwerber mit dem **Berechtigten** über die Hypothekenbestellung und den Ausschluss des Briefes geeinigt hat. Eine **Einigung** hat lediglich zwischen D und C stattgefunden. Berechtigter Eigentümer war jedoch B. In Betracht kommt also nur ein **gutgläubiger Erwerb** vom Nichtberechtigten.

2. Gutgläubiger Erwerb vom Nichtberechtigten

Im Zeitpunkt der Einigung zwischen D und C war der verstorbene A im Grundbuch als Eigentümer eingetragen. C ist jedoch weder Erbe des A noch gehört das Grundstück zu dessen Nachlass, da A niemals Eigentümer war. C ist also „in doppelter Hinsicht" Nichtberechtigter, es liegt ein sog. „**Doppelfehler**" vor. Das heißt, D müsste die Hypothek sowohl bezüglich des Erbrechts des C als auch bezüglich des Eigentums des Erblassers A gutgläubig erworben haben, sog. „**doppelter gutgläubiger Erwerb**".[2]

a) Öffentlicher Glaube des Erbscheins, §§ 2366, 2365

Der **gute Glaube an das Erbrecht** des im Erbschein als Erbe bezeichneten C wird gemäß §§ 2366, 2365 geschützt. D erwirbt von C rechtsgeschäftlich ein Recht an einem Grundstück. Er kennt weder die Unrichtigkeit des Erbscheins noch hat das Nachlassgericht die Rückgabe des Erbscheins verlangt. Somit gilt zugunsten des gutgläubigen D der Inhalt des Erbscheins als richtig, **soweit die Vermutung des § 2365 reicht**. Diese erstreckt sich auf das **Erbrecht** des C.

Problematisch ist allerdings, dass das Grundstück **kein Erbschaftsgegenstand** ist. Denn A war nicht dessen Eigentümer. Der **gute Glaube an die Zugehörigkeit** des Grundstücks **zum Nachlass** wird **über § 2366 nicht geschützt**. § 2366 setzt die Zugehörigkeit zum Nachlass vielmehr voraus. § 2366 schützt also nur den Glauben an das Erbrecht, nicht an die Nachlasszugehörigkeit eines Gegenstandes.

b) Öffentlicher Glaube des Grundbuchs, § 892

Allerdings könnte der gute Glaube an das Eigentum des A und damit an die Nachlasszugehörigkeit des Grundstücks gemäß **§ 892 Abs. 1 S. 1** geschützt sein. A war im Grundbuch als Eigentümer eingetragen, obwohl B der wahre Eigentümer des Grundstücks gewesen ist. Folglich war das **Grundbuch unrichtig**. Aufgrund der unrichtigen Eintragung des A wurde dieser **legitimiert**. Mit dem Tod des A ging sein Vermögen auf seinen Erben über, § 1922, so dass nun der **Erbe durch die Vermutung der §§ 891, 892 Abs. 1 S. 1 legitimiert** wird. Der wahre Erbe des A ist zwar S, gemäß §§ 2365, 2366 gilt zugunsten des D jedoch C als Erbe. Somit konnte D die Hypothek gemäß §§ 2366, 892 Abs. 1 S. 1 vom „doppelt" nichtberechtigten C erwerben, soweit die übrigen Voraussetzungen des gutgläubigen Erwerbs vorliegen.

---

2 BeckOK BGB/*Siegmann/Höger*, § 2366 Rn. 23; MüKo BGB/*Grziwotz*, § 2366 Rn. 40.

c) Gutgläubigkeit

15 Im **Zeitpunkt der Einigung** hielt D den C für den Grundstückseigentümer, er hatte **keine Kenntnis** von der Unrichtigkeit des Grundbuchs oder des Erbscheins.

16 Fraglich ist, ob der **gute Glaube** des D **entfallen** ist, denn D hat vor seiner Eintragung als Hypothekengläubiger Kenntnis davon erlangt, dass B der wahre Grundstückseigentümer ist. Diese Kenntnis hat D aber erst erlangt, nachdem der Eintragungsantrag am 15.2.2012 beim Grundbuchamt eingegangen ist. Gemäß **§ 892 Abs. 2** schadet nur die Kenntniserlangung bis zum **Zeitpunkt der Antragsstellung**. Ein gutgläubiger Erwerb des D war also weiterhin möglich.

17 Da im Grundbuch auch kein Widerspruch eingetragen ist, ist ein gutgläubiger Erwerb gemäß §§ 873 Abs. 1, 2366, 892 Abs. 1 S. 1, Abs. 2 möglich.

d) Widerruf der Einigung

18 Die Einigungserklärung des C könnte jedoch durch seinen Widerruf vom 18.2.2012 entfallen sein. Grundsätzlich können die Beteiligten ihre Einigungserklärung bis zur Vollendung des Rechtserwerbs frei widerrufen. Dies ergibt sich aus einem Umkehrschluss zu § 873 Abs. 2. Im vorliegenden Fall wurden die Einigungserklärungen jedoch **notariell beurkundet**. Somit greift die Bindungswirkung des **§ 873 Abs. 2, 1. Var.** ein. Danach ist ein Widerruf der Einigungserklärung nicht mehr möglich.

e) Eintragung

19 Die Eintragung der Hypothek ins Grundbuch ist ebenfalls erfolgt. Der Widerruf des Eintragungsantrags durch C gegenüber dem Grundbuchamt ist für den materiellen Rechtserwerb unschädlich.

20 Folglich ist D Inhaber einer Hypothek an dem Grundstück des B geworden.

Ergebnis

21 D hat gegen B einen Anspruch auf Duldung der Zwangsvollstreckung aus § 1147.

§ 24 Zehnter Fall „Onkel Born" mit Exkurs zu den Einwendungen und Einreden gegen Grundpfandrechte

I. Schwerpunkte

Der abschließende zehnte Fall „Onkel Born" setzt sich **auf schuldrechtlicher Ebene** mit dem Problem auseinander, inwieweit der persönliche Schuldner nach einer Forderungsabtretung **Einwendungen und Einreden gegenüber dem Zessionar** geltend machen kann, **§§ 404, 407**. Parallel dazu stellt sich **auf dinglicher Ebene** die Frage, welche **Einwendungen und Einreden** der Eigentümer **gegenüber dem Zweiterwerber einer Hypothek** geltend machen kann, **§§ 1137, 1138, 1156, 1157**.

Zur abschließenden Erörterung dieses Problemkreises enthält der Fall einen **Exkurs** über die Geltendmachung von **Einwendungen und Einreden durch den Eigentümer gegenüber dem Gläubiger eines Grundpfandrechts**.

II. Sachverhalt

Im Sommer 2011 kauft Stemmler bei Fricke eine Betonmischmaschine und eine elektrische Kreissäge zum Kaufpreis von jeweils 3.000 EUR. Zur Sicherung des Kaufpreisanspruchs bestellt Stemmler dem Fricke wirksam eine Briefhypothek an seinem Grundstück.

Im Frühjahr 2012 zahlt der großzügige Onkel des Stemmler, Onkel Born, die 6.000 EUR an Fricke. Im Gegenzug tritt Fricke alle Rechte gegen Stemmler schriftlich und unter Übergabe des Hypothekenbriefes an Onkel Born ab. Onkel Born teilt seinem Neffen Stemmler die Abtretung mit und sagt ihm zu, dass er sich mit der Zahlung bis Ende 2012 Zeit lassen könne. Im Dezember 2012 verlangt Onkel Born von seinem Neffen die Zahlung des Kaufpreises und Duldung der Zwangsvollstreckung in dessen Grundstück.

Stemmler verweigert die Zahlung der 6.000 EUR. Die Betonmischmaschine habe von Anfang an nur Ärger gemacht, was auf einen Konstruktionsfehler zurückzuführen sei. Deshalb habe Fricke die Maschine nach einer erfolglos abgelaufenen Frist zur Behebung des Fehlers im Sommer 2012 wieder zurückgenommen. Die Kreissäge habe er – Stemmler – nicht verwenden können, weshalb sich Fricke im Sommer 2012 bereiterklärt habe, stattdessen eine Motorhandsäge zu liefern. Diese Motorhandsäge habe Fricke bis heute nicht geliefert.

Onkel Born besteht weiterhin auf allen Rechten gegen seinen Neffen Stemmler. Zu Recht?

III. Lösungsvorschlag

I. Anspruch auf Zahlung des Kaufpreises

B könnte gegen S einen Anspruch auf Zahlung des Kaufpreises für die Betonmischmaschine und die elektrische Kreissäge in Höhe von insgesamt 6.000 EUR aus abgetretenem Recht gemäß §§ 433 Abs. 2, 398, 1154 Abs. 1 S. 1 haben.

1. Wirksame Abtretung

8 Dazu müssten B und F einen wirksamen Abtretungsvertrag geschlossen haben und F müsste (noch) Inhaber der Kaufpreisforderung gegen S gewesen sein. B und F waren sich darüber einig, dass F alle Rechte gegen S an B abtritt, § 398 S. 1. Die nach § 1154 Abs. 1 S. 1 erforderliche **Form** zur Abtretung hypothekarisch gesicherter Forderungen wurde eingehalten. F hat die Abtretung schriftlich erklärt und den Hypothekenbrief an B übergeben.

9 Fraglich ist allerdings, ob F im Zeitpunkt der Abtretung noch Inhaber der abgetretenen Kaufpreisforderung war. Die Forderung ist durch den Kaufvertrag zwischen F und S im Sommer 2011 in Höhe von 6.000 EUR entstanden, § 433 Abs. 2. Sie könnte jedoch gemäß §§ 362 Abs. 1, 267 Abs. 1 S. 1 durch die Zahlung des B an F iHv 6.000 EUR erloschen sein. Dies wäre der Fall, wenn B mit seiner **Zahlung auf die Kaufpreisforderung** leisten und diese somit zum Erlöschen bringen wollte. Ob ein solcher Tilgungswille vorliegt, ist im Wege der **Auslegung gemäß** §§ 133, 157 zu ermitteln. B und F haben vereinbart, dass B im Gegenzug für die Zahlung alle Forderungen von F gegen S erwerben sollte. B wollte mit der Zahlung also nicht die Kaufpreisforderung zum Erlöschen bringen, sondern sie als Gegenleistung für seine Leistung erwerben. Die zugrunde liegende Vereinbarung zwischen B und F stellt also einen **Kauf gemäß** §§ 453 Abs. 1, 433 über die Kaufpreisforderung dar. Demnach ist die Forderung nicht gemäß §§ 362 Abs. 1, 267 Abs. 1 S. 1 erloschen.

10 Mithin hat B die Kaufpreisforderung gegen S nach §§ 398, 1154 Abs. 1 S. 1 wirksam erworben.

2. Untergang iHv 3.000 EUR für die Mischmaschine

11 Die Kaufpreisforderung könnte allerdings iHv 3.000 EUR für die Betonmischmaschine untergegangen sein, wenn sich das Vertragsverhältnis zwischen F und S in ein **Rückgewährschuldverhältnis iSv § 346 Abs. 1** umgewandelt hat und dies dem B entgegengehalten werden kann.

a) Wirksamer Rücktritt

12 S hat gegenüber F durch Rückgabe der Maschine zumindest konkludent den Rücktritt erklärt, §§ 133, 157, 349. Ein gesetzliches **Rücktrittsrecht** ergibt sich aus §§ **437 Nr. 2, 434, 323 Abs. 1**. Die Maschine war aufgrund des Konstruktionsfehlers mangelhaft. Außerdem hat S dem F erfolglos eine angemessene Frist zur Nacherfüllung gesetzt. Mithin ist S wirksam von dem Kaufvertrag mit F zurückgetreten.

b) Geltendmachung gegenüber B

13 Fraglich ist, ob S die Umwandlung in ein Rückgewährschuldverhältnis auch gegenüber B geltend machen kann. Aus § 404 ergibt sich, dass der Schuldner die Einwendungen gegenüber dem Zessionar geltend machen kann, die **im Zeitpunkt der Abtretung bereits begründet** waren. Das heißt, sie müssen ihrem **Rechtsgrund** nach bereits vorliegen. Es ist nicht erforderlich, dass bereits alle Tatbestandsvoraussetzungen erfüllt sind, wie hier zB die Rücktrittserklärung.[1] Die Voraussetzungen des § 404 sind also gegeben, wenn Einwendungen unabhängig vom Gläubigerwechsel **im Schuldverhältnis**

---

[1] BGH NJW 2006, 219 (220).

selbst ihren Grund haben. Hier beruht die Einwendung auf einer Verletzung der Pflicht aus § 433 Abs. 1 S. 2 zur mangelfreien Leistung. Mithin kann S dem B den Rücktritt entgegen halten, so dass die Kaufpreisforderung in Höhe von 3.000 EUR untergegangen ist.

3. Einrede bzgl. 3.000 EUR für die elektrische Kreissäge

Bezüglich der 3.000 EUR für die elektrische Kreissäge macht S ein **Zurückbehaltungsrecht** geltend. Er habe mit F vereinbart, dass dieser anstelle der Kreissäge eine Motorhandsäge liefern solle, was bisher nicht geschehen sei. Fraglich ist, ob S eine solche Einrede gegenüber B geltend machen kann. Dies hängt davon ab, wie die Vereinbarung, die Motorhandsäge zu liefern, rechtlich zu qualifizieren ist.

14

Einerseits kann man argumentieren, dass F seine Pflicht aus dem Kaufvertrag durch Übergabe und Übereignung der Kreissäge ordnungsgemäß erfüllt hat. Die nachträgliche Vereinbarung stellt daher ein **neues Schuldverhältnis** dar, einen Tauschvertrag iSv § 480. Nach dieser Ansicht kann S aus der Nichtlieferung der Motorhandsäge keine Einrede gegenüber B herleiten, da eine solche **zur Zeit der Abtretung gegen den Kaufpreisanspruch nicht begründet** war, § 404. Die Nichterfüllung des Tauschvertrages berührt die übergegangene Kaufpreisforderung nicht.

15

Andererseits könnte man in der Vereinbarung eine einverständliche Rückgängigmachung des alten und den Abschluss eines neuen Kaufvertrages sehen, sog. **Novation**. In diesem Falle betrifft die Nichterfüllung des neuen Kaufvertrages grundsätzlich auch die Kaufpreisforderung. Dem Schuldner steht die **Einrede des nichterfüllten Vertrages gemäß § 320** zu. Diese kann S dem B gemäß § 407 Abs. 1 jedoch nicht entgegenhalten, da S im Zeitpunkt der Novation von der Abtretung wusste.

16

Nach beiden Ansichten steht S keine Einrede bzgl. der Kaufpreiszahlung für die Kreissäge gegenüber B zu.

17

Ergebnis

B hat gegen S einen Zahlungsanspruch aus §§ 433 Abs. 2, 398, 1154 Abs. 1 S. 1 in Höhe von 3.000 EUR.

18

II. Anspruch auf Duldung der Zwangsvollstreckung

B könnte gegen S gemäß §§ 1147, 1113 Abs. 1, 1153 Abs. 1, 398, 1154 Abs. 1 S. 1 einen Anspruch auf Duldung der Zwangsvollstreckung in dessen Grundstück haben.

19

1. Inhaberschaft der Hypothek

Dazu müsste B Inhaber der Hypothek am Grundstück des S geworden sein. B könnte die Hypothek von F gemäß §§ **398, 1153 Abs. 1, 1154 Abs. 1 S. 1** erworben haben. F und B haben sich gemäß § 398 S. 1 über die Abtretung der gesicherten Kaufpreisforderung geeinigt und F hat die Abtretung schriftlich unter Übergabe des Hypothekenbriefes erklärt, § 1154 Abs. 1 S. 1. Außerdem war F im Zeitpunkt der Abtretung Inhaber der Sicherungsforderung aus § 433 Abs. 2 und der dafür wirksam bestellten Briefhypothek, §§ 873 Abs. 1, 1113 Abs. 1, 1117 Abs. 1 S. 1. Somit ist B Inhaber einer Hypothek iHv 6.000 EUR geworden.

20

2. Einwendungen und Einreden des S

21

> **Exkurs: Einwendungen und Einreden gegen den Anspruch aus § 1147 (iVm § 1192 Abs. 1)**
>
> Im Hypotheken- und Grundschuldrecht stellt sich häufig die Frage, ob der Eigentümer **gegenüber einem Zweiterwerber** des Grundpfandrechts **Einwendungen und Einreden** gegen den Anspruch aus § 1147 geltend machen kann. Solche Einwendungen und Einreden können **gegen das Grundpfandrecht selbst** gerichtet sein (zB eine Stundung der Grundschuld) oder **aus dem zugrunde liegenden persönlichen Schuldverhältnis** resultieren (zB eine Stundung der gesicherten Forderung). Dazu folgende **Fallkonstellationen:**
>
> 1. **Rechtshindernde oder rechtsvernichtende Einwendungen**, dass die eingetragene Hypothek oder Grundschuld nicht entstanden oder erloschen sei oder dem eingetragenen Gläubiger nicht zustehe, können aufgrund eines gutgläubigen Zweiterwerbs des Grundpfandrechts irrelevant sein (§§ 892, 1138, 1140, 1155). *Siehe dazu die Ausführungen in § 22 Rn. 1 ff.*
> 2. **Dingliche Einreden**, die dem Eigentümer **gegen die Hypothek** aufgrund eines Rechtsverhältnisses mit dem bisherigen Gläubiger zustehen (zB Stundung der Hypothek, anderweitige Verwertungsabrede) können gemäß **§ 1157 S. 1** auch dem neuen Gläubiger entgegengehalten werden. Allerdings ist gemäß **§§ 1157 S. 2, 892** ein **gutgläubiger einredefreier Erwerb** möglich.[2]
>
> § 1157 gilt über § 1192 Abs. 1 auch **für die Grundschuld**, vgl. § 1192 Abs. 1 a S. 2. Das heißt, eine Stundung der Grundschuld kann gemäß §§ 1192 Abs. 1, Abs. 1 a S. 2, 1157 S. 1 auch dem neuen Gläubiger entgegengehalten werden, es sei denn, der neue Gläubiger hat die Grundschuld gemäß §§ 1192 Abs. 1, Abs. 1 a S. 2, 1157 S. 2 gutgläubig einredefrei erworben.
>
> Zusätzlich enthält **§ 1192 Abs. 1 a S. 1** eine **Sonderregelung für die Sicherungsgrundschuld**. Danach können Einreden, die dem Eigentümer **aufgrund des Sicherungsvertrages** mit dem bisherigen Gläubiger **gegen die Sicherungsgrundschuld** zustehen (1. Var.) oder sich **aus dem Sicherungsvertrag ergeben** (2. Var.), jedem Erwerber der Grundschuld entgegengesetzt werden. § 1192 Abs. 1 a S. 1 erfasst **alle Einreden des fehlenden Sicherungsfalles**. Einreden, die dem Eigentümer aufgrund des Sicherungsvertrages gegen die Grundschuld *zustehen*, sind solche, bei denen der Einredetatbestand vor der Abtretung der Grundschuld erfüllt war (zB Einrede der Nichtvalutierung, Erlöschen der Sicherungsforderung vor Abtretung).[3] Einreden, die sich aus dem Sicherungsvertrag *ergeben*, sind solche, deren Rechtsgrundlage bei Erwerb der Grundschuld bereits angelegt war, die aber danach erst entstehen (zB Erlöschen der Sicherungsforderung nach der Abtretung).[4] **§ 1157 S. 2 findet insoweit keine Anwendung, § 1192 Abs. 1 a S. 1, 2. Hs.** Ein gutgläubiger einredefreier Erwerb hinsichtlich der Einreden aus dem Sicherungsvertrag ist also **nicht möglich**. Keine Einrede aus dem Sicherungsvertrag iSv § 1192 Abs. 1a S. 1ergibt sich aus dem **bloßen Auseinanderfallen von Forderungs- und Grundschuldinhaber**, wenn der Zessionar beispielsweise nur die Grundschuld ohne die zugrundeliegende Sicherungsforderung erwirbt, die beim Zedenten verbleibt.[5]

---

2 Beispiel dazu in *Wellenhofer*, SachenR, § 27 Rn. 39.
3 Palandt/*Herrler*, § 1192 Rn. 3.
4 Palandt/*Herrler*, § 1192 Rn. 3.
5 BGH NJW 2018, 3441.

Exkurs: Einwendungen und Einreden gegen den Anspruch aus § 1147 (iVm § 1192 Abs. 1)

Zur Vertiefung empfehlenswert: BGH, NJW 2014, 550 – Die Entscheidung befasst sich mit der Frage, ob eine nach altem Recht im Wege des gutgläubigen einredefreien Erwerbs erloschene Einrede aus dem Sicherungsvertrag im Falle einer erneuten Abtretung unter der Geltung des § 1192 Abs. 1a S. 1 wieder auflebt.

3. **Schuldrechtliche Einreden**, die der persönliche Schuldner **gegen die Sicherungsforderung** geltend machen kann, sowie **Einreden, die nach § 770 einem Bürgen zustehen** (Anfechtbarkeit des schuldrechtlichen Rechtsgeschäfts, Aufrechnungsmöglichkeit für den Gläubiger gegen eine Forderung des persönlichen Schuldners), stehen nach § 1137 auch dem jeweiligen Eigentümer zu, auch wenn er nicht der persönliche Schuldner ist. Gemäß §§ 1138, 2. Var., 892 kann sich der Erwerber jedoch in Ansehung der Hypothek gegebenenfalls auf einen **gutgläubigen einredefreien Erwerb** berufen. In diesem Fall wird das Bestehen einer einredefreien Forderung *nur* für die Hypothek vermutet. Die Forderung an sich bleibt jedoch gemäß § 404 mit der Einrede belastet, so dass nur der Anspruch aus § 1147 begründet ist.

§§ 1137, 1138 sind Folge der Akzessorietät der Hypothek und können **nicht entsprechend auf die Grundschuld angewandt** werden, § 1192 Abs. 1.

4. **Schuldrechtliche Einwendungen und Einreden**, die dem persönlichen Schuldner nach Übertragung der hypothekarisch gesicherten Forderung **durch Anwendung der §§ 406–408 gegen die schuldrechtliche Forderung** erwachsen (zB eine gemäß § 407 Abs. 1 wirksame Leistung an den bisherigen Gläubiger nach der Abtretung), werden **dem Eigentümer gegenüber dem neuen Gläubiger gemäß § 1156 S. 1** versagt. Das heißt, der neue Gläubiger kann gegen den Eigentümer aus der Hypothek vorgehen, obgleich die schuldrechtliche Forderung gegebenenfalls gemäß §§ 362 Abs. 1, 407 erloschen ist. § 1163 Abs. 1 S. 2 gilt insoweit nicht. § 1156 schränkt die Akzessorietät der Hypothek also ein.

Daher gilt § 1156 gemäß § 1192 Abs. 1 auch für die Grundschuld,[6] so dass **bei der Übertragung der Grundschuld** die §§ 406–408 **nicht anwendbar** sind. Der Eigentümer kann mit befreiender Wirkung nur an den wahren Grundschuldgläubiger oder den nach § 1155 legitimierten Scheingläubiger leisten. Hier steht der Vertrauensschutz für den Erwerber der Grundschuld im Vordergrund im Gegensatz zu dem in den §§ 406 bis 408 BGB gewährleisteten Vertrauensschutz für den Schuldner.

Einen interessanten Fall hierzu aus der aktuellen Rechtsprechung enthält BGH NJW 2018, 2261: Dem Grundstückseigentümer (Kläger) standen gegen die Inhaberin einer Grundschuld Zahlungsansprüche zu. Nach Abtretung der Grundschuld an den Beklagten forderte dieser die Zahlung des Nominalbetrags der Grundschuld und drohte andernfalls mit der Zwangsversteigerung (§ 1192 Abs. 1 iVm § 1147). Gegen den Anspruch aus § 1147 erklärte der Kläger die Aufrechnung, was trotz der Dinglichkeit des Anspruchs aus § 1192 Abs. 1 iVm § 1142 Abs. 2 grundsätzlich möglich ist, unter Berufung auf seine Forderung gegen die ursprüngliche Inhaberin der Grundschuld iVm § 406. Der BGH lehnte die Anwendbarkeit des § 406 nach § 1192 Abs. 1 iVm § 1156 S. 1 ab, und zwar unabhängig davon, ob die Abtretung der Grundschuld möglicherweise unentgeltlich oder rechtsgrundlos erfolgte. Der Rechtsgedanke des § 816 Abs. 1 S. 2, nach dem der Vertrauensschutz eines unentgeltlichen Erwerbers ding-

---

6 BGH NJW 1983, 752 (753); NJW 2018, 2261.

> **Exkurs: Einwendungen und Einreden gegen den Anspruch aus § 1147 (iVm § 1192 Abs. 1)**
>
> licher Rechte möglicherweise geringeres Gewicht hat, sei hier nicht anwendbar, weil der Grundstückseigentümer durch § 1156 S. 1, anders als im Fall des § 816 Abs. 1 S. 2, keinen vollständigen Rechtsverlust erleide. Er kann seine Forderung trotz § 1156 S. 1 weiterhin gegen die ursprüngliche Inhaberin der Grundschuld durchsetzen, nur nicht gegen den Zessionar.

22 Fraglich ist, ob S dem Anspruch des B aus § 1147 Einwendungen oder Einreden entgegenhalten kann.

a) Rücktrittsrecht bzgl. der Mischmaschine

23 Wie oben ausgeführt, war die hypothekarisch gesicherte Kaufpreisforderung iHv 3.000 EUR für die Betonmischmaschine im Zeitpunkt der Abtretung mit dem **Rücktrittsrecht** des S gemäß **§§ 437 Nr. 2, 434, 323 Abs. 1** belastet. Eine solche Belastung mit einem Rücktrittsrecht ist eine **Einrede iSd § 1137 Abs. 1 S. 1**, die der Eigentümer grundsätzlich gegen die Hypothek geltend machen kann. Dies ergibt sich aus dem Verweis auf **§ 770 Abs. 1**, der unmittelbar zwar nur die Anfechtbarkeit des Sicherungsgeschäftes regelt, aber nach hM **entsprechend auf andere Gestaltungsrechte anwendbar ist**.[7]

24 Allerdings konnte B die Forderung in Ansehung der Hypothek gemäß **§§ 1138, 892 Abs. 1 S. 1 gutgläubig einredefrei erwerben**. B wusste bei Erwerb der Hypothek im Frühjahr 2012 nichts von dem Rücktrittsrecht des S und dies ging auch nicht aus dem Grundbuchinhalt hervor. Somit kann S dem Anspruch des B aus § 1147 nicht entgegenhalten, dass er wirksam von dem Kaufvertrag über die Mischmaschine zurückgetreten ist.

b) Nichtleistung der Motorhandsäge

25 Die Verpflichtung zur Lieferung der Motorhandsäge statt der elektrischen Kreissäge i.R.eines Tauschgeschäfts oder einer Novation wurde, wie oben ausgeführt, nach der Abtretung neu begründet. Aus der Nichterfüllung dieser Verpflichtung lässt sich demnach allenfalls unter den Voraussetzungen des **§ 407 Abs. 1** eine Einrede gegen die schuldrechtliche Forderung des neuen Gläubigers herleiten.

26 Einreden aus § 407 **stehen dem Eigentümer** gegenüber dem neuen Gläubiger jedoch in Ansehung des Anspruchs aus § 1147 **gemäß § 1156 S. 1 nicht zu**. Ungeachtet dessen liegen die Voraussetzungen von § 407 Abs. 1 nicht vor, denn S hatte bei Abschluss des neuen Schuldverhältnisses Kenntnis von der Abtretung.

Ergebnis

27 Der Duldungsanspruch aus § 1147 besteht in Höhe von 6.000 EUR.

28 *Hier zeigt sich, dass der* **Zahlungsanspruch und der Duldungsanspruch ein unterschiedliches Schicksal** *haben können.*

---

[7] BeckOK BGB/*Rohe*, § 770 Rn. 5; MüKo BGB/*Habersack*, § 770 Rn. 6; Staudinger BGB/*Horn*, § 770 Rn. 20 ff.

Dritter Teil:
Wiederholung und Vertiefung

§ 25 Wiederholungsfragen

I. Mobiliarsachenrecht

1. Was ist der Unterschied zwischen einem possessorischen und einem petitorischen Herausgabeanspruch? Welche gesetzlichen Tatbestände gibt es?
2. Was ist verbotene Eigenmacht?
3. Wann ist eine Sache iSv § 935 abhanden gekommen?
4. Wodurch unterscheiden sich Besitzdiener und Besitzmittler und welche Auswirkung hat diese Unterscheidung auf ein etwaiges Abhandenkommen iSv § 935?
5. Welche Voraussetzungen hat die Dereliktion?
6. Ist die Dereliktion der Anfechtung zugänglich?
7. Worin unterscheiden sich das Zurückbehaltungsrecht nach § 1000 und dasjenige nach § 273 Abs. 2?
8. Wer ist Hersteller einer Sache iSd § 950?
9. Was bedeutet die sog. Verarbeitungsklausel?
10. Was sind wesentliche Bestandteile eines Grundstücks und einer beweglichen Sache? Wie sind deren Eigentumsverhältnisse geregelt?
11. Was muss man sich zur Anwendbarkeit des Ausgleichsanspruchs nach § 951 merken?
12. Kann ein gesetzliches Pfandrecht gutgläubig erworben werden?
13. Wovon hängt das Bestehen eines Anwartschaftsrechts ab?
14. Welche Anwendungsfälle eines Anwartschaftsrechts kennen Sie?
15. Wie weit geht der Umfang des gutgläubigen Erwerbs eines Anwartschaftsrechts?
16. Welche Möglichkeiten der Übergabe im Rahmen einer Übereignung gibt es?
17. Welche Übergabesurrogate kennen Sie?
18. Skizzieren Sie die rechtliche Konstruktion einer antizipierten Sicherungsübereignung!
19. Welche Tatbestände des gutgläubigen Erwerbs beweglicher Sachen gibt es?
20. Was setzt der gutgläubige Erwerb besitzrechtlich ausnahmslos voraus?
21. A leiht dem 16-Jährigen B sein Buch. B übergibt und übereignet das Buch an den gutgläubigen C. Welche Probleme stellen sich i.R.d. gutgläubigen Erwerbs aufgrund der Minderjährigkeit des B?
22. Welche Bedeutung hat § 952 für die Fallbearbeitung?
23. Welche Bedeutung hat der Erbenbesitz für ein Abhandenkommen iSv § 935?
24. Welche Voraussetzungen hat ein gutgläubiger lastenfreier Erwerb?
25. Erläutern Sie das Problem des Nebenbesitzes i.R. eines gutgläubigen Erwerbs nach § 934, 1. Var.

26. Wie ist der Vorbehaltskäufer vor Zwischenverfügungen geschützt, die der Vorbehaltsverkäufer während der Schwebezeit bis zur vollständigen Zahlung des Kaufpreises vornimmt?
27. Welche rechtliche Konstruktion liegt dem verlängerten Eigentumsvorbehalt zugrunde?
28. Welche Voraussetzungen hat der Ausschlussgrund des § 861 Abs. 2 bzw. des § 862 Abs. 2 gegenüber den possessorischen Ansprüchen aus §§ 861, 862?
29. Ist ein Zurückbehaltungsrecht ein Recht zum Besitz iSv § 986?
30. Wie lässt sich der Nutzungsherausgabeanspruch der §§ 987 ff. systematisieren?
31. Wer ist der nicht-so-berechtigte Besitzer und wer ist der nicht-mehr-berechtigte Besitzer?
32. In welchen Konstellationen wird die Anwendung von § 823 nicht durch §§ 990, 989 gesperrt?
33. Inwiefern wird das Bereicherungsrecht durch §§ 987 ff. verdrängt?
34. Ist das allgemeine Leistungsstörungsrecht (§§ 280 ff.) auf den Herausgabeanspruch aus § 985 ergänzend anwendbar, obgleich das Eigentümer-Besitzerverhältnis dazu keine entsprechende Regelung enthält?
35. Sind §§ 1004, 906 nur auf Beeinträchtigungen des Eigentums anwendbar?

II. Immobiliarsachenrecht

36. Ist die Auflassungserklärung bindend?
37. Welcher Zeitpunkt ist für die Gutgläubigkeit beim gutgläubigen Erwerb von Grundstücksrechten maßgebend?
38. Schaden Verfügungsbeschränkungen i.R.d. Erwerbs von Grundstücksrechten, die nach Abgabe der Willenserklärung eintreten?
39. Was ist Sinn und Zweck eines Widerspruchs im Grundbuch?
40. Worin liegt die Relevanz der Vormerkung?
41. Wie wird eine Vormerkung bestellt und übertragen?
42. Gibt es einen gutgläubigen Erwerb der Vormerkung?
43. Wie ist die Rechtslage, wenn einer Vormerkung vor Eigentumsübertragung ein Widerspruch folgt?
44. Welche Unterschiede gibt es bei der Übertragung einer Hypothek und einer entsprechenden Grundschuld?
45. Was unterfällt dem Haftungsverband der Hypothek/Grundschuld?
46. Welche Rechtsfolgen hat die Zahlung auf die Forderung bei einer Hypothek und einer Grundschuld?
47. Welche Rechtsfolgen hat die Zahlung auf die Grundschuld?
48. Gibt es einen gutgläubigen Erwerb einer Hypothek, ohne dass eine Forderung besteht?
49. Wie ist die Rechtslage, wenn der Hypothek zwar eine Forderung zugrunde liegt, beide Rechte jedoch unterschiedlichen Gläubigern zustehen?
50. Genießt der Hypotheken-/Grundschuldbrief öffentlichen Glauben?

§ 25 Wiederholungsfragen

51. Welche Bedeutung hat § 1157 für die Einreden des Eigentümers gegen die Sicherungsgrundschuld in den Fällen des fehlenden Sicherungsfalles?

§ 26 Antworten und Hinweise zum Nachschlagen

I. Mobiliarsachenrecht

1. 1. Possessorische Herausgabeansprüche erwachsen aus dem Besitz selbst und stellen deshalb in ihren Anspruchsvoraussetzungen ausschließlich auf die tatsächliche Besitzlage ab. Deshalb kann dem Anspruch aus § 861 Abs. 1 kein Recht zum Besitz entgegengehalten werden, vgl. § 863. Bei petitorischen Herausgabeansprüchen leitet sich das Herausgabeverlangen aus einem Recht zum Besitz ab. Aus diesem Grund entfällt ein Anspruch aus § 985, wenn der Besitzer ein Recht zum Besitz hat, § 986, und die Ansprüche aus § 1007 Abs. 1 und 2 richten sich nach dem „besseren" Recht zum Besitz. *Vgl. § 1 Rn. 4, 37.*
2. Verbotene Eigenmacht ist jede gesetzlich nicht besonders gestattete (damit rechtswidrige, nicht notwendig schuldhafte) Beeinträchtigung des unmittelbaren Besitzes ohne Einverständnis des Besitzers. Dabei kommt es nicht darauf an, ob der eigenmächtig Handelnde ein Recht zum Besitz hat. *Vgl. § 1 Rn. 6.*
3. Abhandenkommen iSv § 935 liegt vor, wenn der unmittelbare Besitzer seinen Besitz unfreiwillig verliert. Dies kann entweder der Eigentümer sein, § 935 Abs. 1 S. 1, oder dessen Besitzmittler, § 935 Abs. 1 S. 2. Der unfreiwillige Verlust des mittelbaren Besitzes beim Eigentümer genügt nicht, wenn der unmittelbare Besitzer diesbezüglich freiwillig handelt, § 935 Abs. 1 S. 2. *Vgl. § 1 Rn. 20; § 7 Rn. 49.*
4. Besitzdiener stehen zu dem sogenannten Besitzherrn in einem sozialen Abhängigkeitsverhältnis und sind dessen Weisungen unterworfen. Die tatsächliche Sachherrschaft des Besitzdieners über eine Sache wird dem Besitzherrn als unmittelbarer Besitz zugerechnet, § 855. Besitzmittler (§ 868) üben dagegen selbst den unmittelbaren Besitz aufgrund eines Besitzmittlungsverhältnisses aus. *Vgl. § 1 Rn. 30.*
Wenn der Besitzmittler die Sache gegen den Willen des Eigentümers veräußert, liegt daher kein Abhandenkommen vor, § 935 Abs. 1 S. 2, denn der unmittelbare Besitz geht freiwillig verloren. Verfährt dagegen der Besitzdiener wie ein Eigentümer, zB durch Unterschlagung oder Veräußerung der Sache, ist die Sache dem Eigentümer gemäß § 935 Abs. 1 S. 1 abhanden gekommen. Denn nicht der Besitzdiener ist unmittelbarer Besitzer der Sache, sondern nur sein Besitzherr. *Vgl. § 1 Rn. 27 f.; § 7 Rn. 49.*
5. Die Dereliktion ist in § 959 geregelt und gilt nur für bewegliche Sachen. Sie setzt voraus, dass der Eigentümer seinen Besitz iSv § 856 Abs. 1 willentlich aufgibt und dabei die Absicht hat, auf sein Eigentum zu verzichten. Aufgrund der Rechtsnatur als Verfügungsgeschäft setzt die Dereliktion die Geschäftsfähigkeit und die Verfügungsberechtigung des Eigentümers voraus. Schließlich dürfen keine Dereliktionsverbote vorliegen. In der Fallbearbeitung ist die Dereliktion häufig von Übereignungsangeboten an etwaige Abholpersonen der Sache abzugrenzen. Die Abgrenzung erfolgt im Wege der natürlichen Auslegung nach § 133. *Vgl. § 2 Rn. 22.*
6. Als Rechtsgeschäft ist die Dereliktion grundsätzlich der Anfechtung zugänglich. Dies gilt allerdings mit der Einschränkung, dass § 119 Abs. 1 auf einseitige, nicht empfangsbedürftige Willenserklärungen, die nach § 133 ausgelegt werden, nicht angewandt werden kann. *Vgl. § 2 Rn. 31 f.*
7. § 273 setzt für das Zurückbehaltungsrecht wegen Verwendungen auf die herauszugebende Sache die Fälligkeit des Verwendungsersatzanspruchs voraus. Dieser ist

i.R.v. §§ 985 ff. gemäß § 1001 jedoch erst nach Rückgabe der Sache fällig. Deshalb macht § 1000 das Zurückbehaltungsrecht nicht von der Fälligkeit abhängig. *Vgl. § 2 Rn. 42.*

8. Hersteller, und damit Eigentumserwerber einer neu hergestellten Sache iSv § 950, ist derjenige, in dessen Namen und wirtschaftlichem Interesse die Herstellung erfolgt und der dementsprechend das wirtschaftliche Risiko trägt. Das heißt, die Herstellereigenschaft liegt nicht zwingend bei demjenigen, der die Sache eigenhändig erarbeitet hat, sondern bei demjenigen, der den Herstellungsprozess leitet. *Vgl. § 3 Rn. 7.*

9. Die Verarbeitungsklausel ist ein vom BGH gebilligter Weg, die Regelung des § 950 vertraglich zu umgehen. Der Produzent der neuen Sache, der eigentlich Hersteller iSv § 950 wäre, verarbeitet die Sache nach der vertraglichen Vereinbarung *für* seinen Lieferanten. Damit wird der Lieferant zum Hersteller und erlangt gemäß § 950 das Eigentum an dem Produkt. Auf diese Weise sichert sich der Lieferant dagegen ab, dass ein an den gelieferten Sachen bestehender Eigentumsvorbehalt ins Leere läuft. *Vgl. § 3 Rn. 9.*

10. Was wesentliche Bestandteile einer Sache sind, ist in §§ 93–96 geregelt, wobei § 93 für alle Sachen gilt und §§ 94, 95 speziell auf Grundstücke Anwendung finden. Allerdings sagen §§ 93 ff. nichts über die Eigentumsverhältnisse an den Sachen aus. Diese sind in §§ 946, 947 geregelt.
Nach § 946 erwirbt der Grundstückseigentümer eine bewegliche Sache, die mit dem Grundstück als wesentlicher Bestandteil verbunden wird. Dies sind nach § 94 Abs. 1 alle Sachen, die mit dem Grund und Boden fest verbunden werden, insbesondere die auf dem Grundstück stehenden Gebäude. Nach § 94 Abs. 2 sind wiederum alle Sachen, die zur Herstellung des Gebäudes in dieses eingefügt werden, wesentliche Bestandteile des Gebäudes und damit zugleich wesentliche Bestandteile des Grundstücks. Durch eine nur vorübergehende Verbindung oder Einfügung wird allerdings auch die fest verbundene Sache nicht zum wesentlichen Bestandteil, § 95 Abs. 1, 2 (sog. Scheinbestandteile). *Vgl. § 3 Rn. 12.*
§ 947 differenziert dagegen: Werden mehrere bewegliche Sachen derart miteinander verbunden werden, dass sie wesentliche Bestandteile einer einheitlichen beweglichen Sache werden, so werden die bisherigen Eigentümer Miteigentümer dieser Sache, § 947 Abs. 1. Ist jedoch eine Sache als Hauptsache anzusehen, erwirbt der Eigentümer der Hauptsache Alleineigentum an den mit ihr verbundenen wesentlichen Bestandteilen, § 947 Abs. 2. Wesentliche Bestandteile einer beweglichen Sache sind nach § 93 solche, die nur derart voneinander getrennt werden können, dass ein Bestandteil oder die Restsache zerstört oder im Wesen verändert wird. Ob die bisherige Gesamtsache in ihrem Wesen oder ihrem wirtschaftlichen Zweck zerstört oder verändert wird, ist unerheblich. *Vgl. § 3 Rn. 14 ff.*

11. § 951 ist eine Rechtsgrundverweisung auf § 812 Abs. 1 S. 1, 2. Var. Es handelt sich also um einen Fall der Eingriffskondiktion, der nur zur Anwendung kommt, wenn keine vorrangige Leistungsbeziehung besteht. Entscheidendes Kriterium der Anwendbarkeit von § 951 ist also das Fehlen einer durchgängigen Leistungskette von demjenigen, der i.R.v. §§ 946 ff. sein Recht verliert (Rechtsverlierer), zum Rechtserwerber. *Vgl. § 3 Rn. 24 f.*

12. Zur Beantwortung der Frage, ob ein gesetzliches Pfandrecht gutgläubig erworben werden kann, ist zunächst zwischen Besitzpfandrechten und besitzlosen gesetzlichen Pfandrechten zu differenzieren.
Bei besitzlosen Pfandrechten (insbesondere § 562) mangelt es an einer Rechtsscheinbasis, auf die sich ein etwaiger Erwerber berufen könnte. Demgemäß ist ein gutgläubiger Erwerb besitzloser Pfandrechte nach allgemeiner Auffassung ausgeschlossen.
Umstritten ist dagegen die Beurteilung von Besitzpfandrechten (insbesondere § 647). Teilweise wird hier unter Berufung auf § 366 Abs. 3 HGB die Möglichkeit eines gutgläubigen Erwerbs über §§ 1257, 1207, 932 bejaht. Diese Auffassung übersieht aber, dass § 1257 für die Anwendung von §§ 1204 ff. ein „entstandenes" Pfandrecht voraussetzt, so dass darin kein Verweis auf eine Entstehung nach §§ 1207, 932 gesehen werden kann. Das BGB setzt für einen gutgläubigen Erwerbstatbestand immer einen rechtsgeschäftlichen Erwerb voraus. *Vgl. § 5 Rn. 26 f.*

13. Ein Anwartschaftsrecht entsteht, wenn von einem mehraktigen Erwerbstatbestand so viele Schritte erfüllt sind, dass dem Erwerber eine gesicherte Rechtsposition zusteht, die der andere Beteiligte nicht mehr einseitig zerstören kann. Aus dieser Definition geht aber auch hervor, dass ein Anwartschaftsrecht zwingend erlischt, wenn der Erwerb nicht mehr möglich ist. Das Bestehen eines Anwartschaftsrechts hängt also davon ab, ob eine Erstarkung zum Vollrecht noch möglich ist. Dies ist insbesondere dann nicht der Fall, wenn der Vorbehaltsverkäufer wirksam von dem Kaufvertrag mit dem Vorbehaltskäufer zurückgetreten ist. *Vgl. § 5 Rn. 29, 32 f.*

14. Es gibt drei klassische Anwendungsbereiche eines Anwartschaftsrechts. Ein solches entsteht erstens im Rahmen von bedingten Eigentumserwerben (vgl. § 161). Unter diese Fallgruppe fällt insbesondere der Kauf unter Eigentumsvorbehalt, aber auch die Sicherungsübereignung/-zession, soweit die Rückübertragung auflösend bedingt ausgestaltet ist für den Fall der vollständigen Tilgung der Sicherungsforderung. Zweitens kann der Auflassungsempfänger einer Grundstücksübertragung vor Eigentumserwerb ein Anwartschaftsrecht erwerben, entweder durch die Eintragung einer Auflassungsvormerkung oder wenn die Einigungserklärung nach § 873 Abs. 2 bindend und der Eintragungsantrag gestellt ist. Letztlich erwirbt der Hypothekengläubiger vor Valutierung der Hypothek ein Anwartschaftsrecht. *Vgl. § 5 Rn. 29.*

15. Bezüglich des gutgläubigen Erwerbs eines Anwartschaftsrechts ist zwischen dessen schuldrechtlichem und dem sachenrechtlichen Element zu differenzieren.
Bezüglich der dem Anwartschaftsrecht zugrundeliegenden schuldrechtlichen Vereinbarung ist ein gutgläubiger Erwerb nicht möglich. Das heißt, dass der Käufer einer Sache, die unter Eigentumsvorbehalt steht, für die Erstarkung des Anwartschaftsrechts zu Volleigentum immer die tatsächlich noch offenen Kaufpreisraten zahlen muss, unabhängig davon, ob er gutgläubig davon ausgegangen ist, es stünde ein nur noch geringerer Kaufpreis offen.
Bezüglich des sachenrechtlichen Elements kann das Anwartschaftsrecht als dingliches Recht allerdings nach herrschender Meinung gemäß §§ 932 ff. analog gutgläubig erworben werden, auch wenn es tatsächlich nicht (mehr) besteht. *Vgl. § 8 Rn. 12.*

16. Entscheidend für das Vorliegen einer iSv § 929 S. 1 ausreichenden Übergabe ist, dass der Veräußerer seinen unmittelbaren oder mittelbaren Besitz vollständig ver-

liert und der Erwerber diesen erwirbt. Somit ist eine Übergabe nicht nur unmittelbar vom Veräußerer an den Erwerber möglich, sondern auch vom Veräußerer an einen Besitzdiener, Besitzmittler oder eine Geheißperson des Erwerbers oder andersherum von einem Besitzdiener, Besitzmittler oder einer Geheißperson des Veräußerers an den Erwerber. Die Einschaltung dritter Personen in die Übergabe kann sogar beiderseitig erfolgen, also zB von einem Besitzmittler des Veräußerers an einen Besitzmittler des Erwerbers. *Vgl. § 6 Rn. 5 f., 8 ff.*

17. Das Gesetz normiert in § 930 und § 931 zwei Möglichkeiten, die Übergabe i.R.v. § 929 S. 1 zu ersetzen (Übergabesurrogate). Nach § 930 tritt an Stelle der Übergabe die Vereinbarung eines Besitzmittlungsverhältnisses iSv § 868 zwischen Veräußerer und Erwerber. Dies ermöglicht es dem Veräußerer, im unmittelbaren Besitz der Sache zu verbleiben. Wichtigster Anwendungsfall des § 930 ist die Sicherungsübereignung. § 931 ersetzt die Übergabe dagegen durch die Abtretung eines Herausgabeanspruchs des Veräußerers gegen einen Dritten an den Erwerber. Hier wird im Ergebnis der mittelbare Besitz nach § 870 übertragen. *Vgl. § 6 Rn. 17 ff., 28.*

18. Die antizipierte Sicherungsübereignung ermöglicht dem Sicherungsgeber, über die Sachen im Eigentum des Sicherungsnehmers zu verfügen, den Verlust der Sicherung aber sogleich durch erneute Sicherungsübereignungen auszugleichen. Der Sicherungsnehmer ermächtigt den Sicherungsgeber nach § 185 Abs. 1 zur Verfügung. Im Gegenzug übereignet der Sicherungsgeber Sachen, die er künftig neu erwirbt, bereits im Voraus nach §§ 929 S. 1, 930 an den Sicherungsnehmer. Die Wirksamkeit einer solchen vorweggenommen Verfügung ergibt sich aus § 185 Abs. 2 S. 1, 1. Var. Allerdings muss die antizipierte Übereignung immer dem Bestimmtheitsgrundsatz des Sachenrechts genügen. Es muss im Vorhinein feststehen, welche Sachen von der künftigen Übereignung betroffen sind (zB durch eine konkrete Bezeichnung des betroffenen Warenlagers). *Vgl. § 6 Rn. 23 ff.*

19. Im Gesetz sind passend zu jedem Erwerbstatbestand vom Berechtigten entsprechende Gutglaubensvorschriften für den Erwerb vom Nichtberechtigten normiert. § 932 knüpft an einen Erwerb nach § 929 an, § 933 an einen solchen nach § 930 und § 934 gilt für Erwerbsvorgänge nach § 931. Bei § 934 ist allerdings zu beachten, dass die erste Variante für Fälle gilt, in denen der Veräußerer tatsächlich mittelbarer Besitzer ist, während die zweite Variante den Fall regelt, dass zwischen dem Veräußerer und dem unmittelbar besitzenden Dritten kein Besitzmittlungsverhältnis besteht. *Vgl. § 7 Rn. 4, 33 ff.*

20. Der gutgläubige Erwerb beweglicher Sachen setzt ausnahmslos eine vollständige Besitzverschiebung vom Veräußerer auf den Erwerber voraus. Hintergrund für dieses Erfordernis ist, dass der Besitz das Publizitätsmittel darstellt, an die die Eigentumsvermutung zugunsten des Veräußerers anknüpft, vgl. § 1006 Abs. 1 S. 1. § 933 zeigt das Erfordernis der Besitzverschiebung ganz deutlich: Während der berechtigte Veräußerer trotz einer wirksamen Eigentumsübertragung i.R.v. § 930 im unmittelbaren Besitz der Sache verbleiben darf, muss der nichtberechtigte Veräußerer die Sache i.R.v. § 933 noch tatsächlich an den Erwerber übergeben, damit dieser wirksam Eigentum erwirbt. *Vgl. § 7 Rn. 2 f., 24.*

21. Im Rahmen des nach § 932 Abs. 2 zu prüfenden guten Glaubens des C ergibt sich das Problem, dass C davon ausgeht, dass B, also ein Minderjähriger, Eigentümer des Buches ist. Träfe dies zu, bedürfte es zur Wirksamkeit der Übereignung nach

§§ 107, 108 Abs. 1 der Zustimmung der Eltern des B. §§ 107 ff. wollen jedoch nur den Minderjährigen B schützen und nicht den Eigentümer A. Für B ist das Rechtsgeschäft rechtlich neutral, er verliert kein Eigentum an dem Buch. §§ 107 ff. sind deshalb teleologisch so zu reduzieren, dass die Übereignung hier keiner Zustimmung bedarf. Außerdem ist das Buch auch nicht iSv § 935 Abs. 1 abhanden gekommen. Der unmittelbare Besitzer B, auf den es nach § 935 Abs. 1 S. 2 ankommt, hat es willentlich übergeben. Der Besitzübertragungswille ist rein tatsächlicher Natur, so dass die Minderjährigkeit des B diesem nicht entgegensteht. *Vgl. § 7 Rn. 20, 50.*

22. § 952 Abs. 1 S. 1 (ggfs. iVm Abs. 2) regelt das Eigentum an einem Schuldschein (Abs. 1) bzw. an Urkunden, kraft derer eine Leistung gefordert werden kann (Abs. 2). Darunter fallen insbesondere das Sparbuch (vgl. § 808), der Hypotheken- und Grundschuldbrief und der Fahrzeugbrief in analoger Anwendung von § 952. Für die Fallbearbeitung ist § 952 relevant, wenn nach Herausgabeansprüchen bzgl. solcher Urkunden gefragt wird. Dann müssen innerhalb der Prüfung von § 985 die Vorschrift des § 952 gesehen und das Eigentum an der Urkunde anhand der Forderungsinhaberschaft geprüft werden. *Vgl. § 7 Rn. 16; § 21 Rn. 12 f.*

23. Nach § 857 erlangt der Erbe mit dem Erbfall kraft Gesetzes Besitz in der beim Erblasser zuletzt vorhandenen Besitzform. Auf diese Weise kann der Erbe unmittelbarer Besitzer einer Sache werden, ohne die tatsächliche Sachherrschaft darüber auszuüben. Gibt nun ein Dritter, der die tatsächliche Sachherrschaft über die Erbschaftsgegenstände ausübt, einen solchen Gegenstand weg, so sind die Sachen dem Erben nach § 935 Abs. 1 S. 1 abhanden gekommen. Zu beachten ist allerdings, dass der öffentliche Glaube des Erbscheins die Anwendung des § 935 im Fall des Erwerbs nach § 2366 ausschließt. *Vgl. § 7 Rn. 52.*

24. Gemäß § 936 kann ein dinglich Berechtigter an einer Sache sein Recht an der Sache verlieren, wenn ein Dritter die Sache vom berechtigten oder nichtberechtigten Veräußerer erwirbt, eine vollständige Besitzverschiebung vom Veräußerer auf den Erwerber eintritt (vgl. § 936 Abs. 1 S. 3) und der Erwerber bzgl. des Nichtbestehens eines dinglichen Rechts gutgläubig ist. Zusätzlich darf der Inhaber des Rechts keinerlei Besitz an der Sache mehr haben, vgl. § 936 Abs. 3. Es gilt der Merksatz „Jedes Recht zum Besitz wird durch den Besitz verabsolutiert". *Vgl. § 7 Rn. 55 f.*

25. Teilweise wird i.R.v. § 934, 1. Var. die Möglichkeit eines gutgläubigen Erwerbs abgelehnt, wenn der Besitzmittler nicht nur dem nichtberechtigten Veräußerer, sondern auch dem wahren Eigentümer den Besitz vermittelt (sog. Nebenbesitz). Denn dann stünden der Veräußerer und der Eigentümer der Sache gleich nahe, womit auch der vermeintliche Erwerber dieser nicht näher rücken könne als der Veräußerer. Ein gutgläubiger Erwerb nach § 934 sei also nicht gerechtfertigt. Überzeugender erscheint es allerdings, die Figur des mittelbaren Nebenbesitzes abzulehnen, weil der Besitzmittler nur einem mittelbaren Besitzer den Besitz mitteln kann und durch die Begründung eines neuen Besitzmittlungsverhältnisses den bisherigen Besitzmittlungswillen aufgibt. Dafür spricht insbesondere der numerus clausus des Sachenrechts, welches keinen Nebenbesitz kennt. Dieses Ergebnis steht auch nicht in einem Wertungswiderspruch zu § 933. *Vgl. § 8 Rn. 20 ff.*

26. Der Schutz des anwartschaftsberechtigten Vorbehaltskäufers vor Zwischenverfügungen des Vorbehaltsverkäufers wird durch § 161 realisiert. Nach § 161 Abs. 1 sind Verfügungen, die der Vorbehaltsverkäufer vor Eintritt der vollständigen Kauf-

preiszahlung trifft, *mit dem Zeitpunkt des Bedingungseintritts* gegenüber dem Vorbehaltskäufer relativ unwirksam. Zwar finden über § 161 Abs. 3 die Vorschriften über den gutgläubigen Erwerb Anwendung (§§ 932 ff.). Weil der Vorbehaltskäufer aber im unmittelbarem Besitz der Sache ist, kann die Sache in Bezug auf das Anwartschaftsrecht nicht gutgläubig einredefrei erworben werden, § 936 Abs. 3. Mit Zahlung der letzten Kaufpreisrate fällt ihm also das Eigentum trotz der Zwischenverfügung automatisch zu. *Vgl. § 9 Rn. 27 ff.*

27. Beim verlängerten Eigentumsvorbehalt ermächtigt der Vorbehaltsverkäufer den Vorbehaltskäufer, die Sache, die noch im Eigentum des Vorbehaltsverkäufers steht, an Dritte zu übereignen, §§ 929 S. 1, 185 Abs. 1. Im Gegenzug tritt der Vorbehaltskäufer seine zukünftigen Kaufpreisforderungen gegen diese Dritten an den Vorbehaltsverkäufer ab, §§ 398, 185 Abs. 2 S. 1, 2. Var. In der Regel wird der Vorbehaltskäufer zum Einzug der abgetretenen Forderungen ermächtigt, §§ 362 Abs. 2, 185 Abs. 1. *Vgl. § 10 Rn. 3 f.*

28. Der Anspruch aus § 861 bzw. aus § 862 ist nach § 861 Abs. 2 bzw. § 862 Abs. 2 ausgeschlossen, wenn der Anspruchsteller dem Anspruchsgegner den Besitz seinerseits mittels verbotener Eigenmacht entzogen hatte. Denn dann hätte der Anspruchsgegner seinerseits einen Anspruch aus § 861 gegen den Anspruchsteller. Aufgrund der Ausschlussfrist des § 864 gilt der Ausschluss der §§ 861 Abs. 2, 862 Abs. 2 allerdings nur, wenn die Besitzentziehung durch den Anspruchsteller nicht länger als ein Jahr zurückliegt. *Vgl. § 11 Rn. 12 ff.*

29. Ob ein Zurückbehaltungsrecht ein Besitzrecht darstellt, ist streitig. Die herrschende Literatur verneint dies unter Hinweis auf die Rechtsfolge des § 274. Das Zurückbehaltungsrecht führt lediglich zu einer Zug-um-Zug Verurteilung und nicht wie § 986 zu einem Anspruchsausschluss. Der BGH bejaht ein Recht zum Besitz, kommt aber i.R.v. § 985 gleichwohl zu einer Zug-um-Zug Verurteilung und schließt auch eine Anwendung der §§ 987 ff. nicht aus, obwohl eigentlich nach seiner Auffassung keine Vindikationslage gegeben ist. Im Ergebnis kann dieser Streit also dahinstehen. *Vgl. § 12 Rn. 5.*

30. Der Nutzungsherausgabeanspruch aus §§ 987 ff. setzt immer das Vorliegen eines Eigentümer-Besitzer-Verhältnisses voraus. Darüber hinaus unterscheidet sich die Reichweite des Anspruchs des Eigentümers nach der Art des Besitzers. Der bösgläubige oder der verklagte Besitzer hat alle Nutzungen herauszugeben, §§ 987, 990 Abs. 1. Der gutgläubige und unverklagte Besitzer, der den Besitz unentgeltlich erlangt hat, muss die Nutzungen nach den Vorschriften des Bereicherungsrechts herausgeben, § 988. Insbesondere steht ihm die Einrede der Entreicherung zu, § 818 Abs. 3. Der gutgläubige und unverklagte Besitzer, der den Besitz entgeltlich erlangt hat, haftet nur für sog. Übermaßfrüchte nach den Vorschriften des Bereicherungsrechts, § 993 Abs. 1. *Vgl. § 12 Rn. 31.*

31. Der nicht-so-berechtigte Besitzer hat ein Recht zum Besitz inne (zB aus einem Mietvertrag), überschreitet aber seine Befugnisse i.R.d. Besitzrechts und führt so einen Schaden an den Sachen des Eigentümers herbei. Mangels Vindikationslage scheitern hier Ansprüche aus §§ 989 ff. Die Schadensersatzansprüche des Eigentümers ergeben sich aber aus dem Vertragsrecht und aus §§ 823 ff. Der nicht-mehr-berechtigte Besitzer hatte dagegen mal ein Besitzrecht inne, welches aber inzwischen zB durch Kündigung entfallen ist. Nach herrschender Meinung finden hier §§ 989 ff. Anwendung, allerdings mit der Einschränkung, dass vertragliche Son-

dervorschriften für die Rückabwicklung nicht umgangen werden dürfen. *Vgl. § 12 Rn. 34 f.*

32. Grundsätzlich ist § 823 neben §§ 989 ff. nicht anwendbar, vgl. § 993 Abs. 1 aE Davon macht § 992 eine gesetzlich normierte Ausnahme für den Deliktsbesitzer, der sich den Besitz durch schuldhaft begangene verbotene Eigenmacht oder durch eine strafbare Handlung verschafft hat. Eine weitere ungeschriebene Ausnahme gilt nach herrschender Meinung für den Fall des Exzesses eines unberechtigten, aber gutgläubigen Fremdbesitzers. §§ 990, 989 scheitern hier an der Gutgläubigkeit des Besitzers. Würde es also bei der Sperrwirkung des § 993 Abs. 1 aE verbleiben, würde der unrechtmäßige Besitzer besser gestellt werden als der rechtmäßige nicht-so-berechtigte Besitzer, für den § 823 unproblematisch Anwendung findet. Dieser Wertungswiderspruch wird durch die Ausnahme von der Sperrwirkung beseitigt. *Vgl. § 12 Rn. 26 ff., Rn. 36.*

33. Auch im Verhältnis zu §§ 812 ff. entfalten die §§ 987 ff. gemäß § 993 Abs. 1 aE grundsätzlich eine Sperrwirkung. Davon macht die herrschende Literaturmeinung bei der Leistungskondiktion eine Ausnahme für Nutzungsherausgabeansprüche gegenüber gutgläubigen Besitzern, bei denen im Rahmen des Erwerbsvorgangs sowohl das zugrundeliegende Verpflichtungsgeschäft als auch das Verfügungsgeschäft nichtig waren (sog. rechtsgrundloser Besitzerwerb). Nach dem BGH gilt hier dagegen § 988 analog und es verbleibt bei der Sperrwirkung für §§ 812 ff. Im Bereich der Eingriffskondiktion bleiben §§ 812 Abs. 1 S. 1, 2. Var., 816 Abs. 1 S. 1, 951 neben §§ 987 ff. anwendbar, soweit sich der unrechtmäßige Besitzer die Sachsubstanz zu eigen macht. *Vgl. § 12 Rn. 23 ff.*

34. Ja, soweit das in den §§ 987 ff. zum Ausdruck gebrachte Interessengleichgewicht zwischen Eigentümer und unrechtmäßigem Besitzer erhalten bleibt. Das ist der Fall, wenn der Eigentümer einer Sache gegenüber einem verschärft haftenden, also einem bösgläubigen oder verklagten Besitzer, der seine Herausgabepflicht nach § 985 nicht erfüllt, unter den Voraussetzungen der §§ 280 Abs. 1, 3, 281 Abs. 1, 2 Schadensersatz statt der Leistung verlangt. *Vgl. § 12 Rn. 39a, 39b.*

35. Nach § 1004 kann der Eigentümer einer (beweglichen oder unbeweglichen) Sache gegen bevorstehende, drohende Beeinträchtigungen einen Unterlassungsanspruch und gegen bereits geschehene, noch existente Beeinträchtigungen einen Anspruch auf Beseitigung geltend machen. Darüber hinaus wird § 1004 als Grundtatbestand für den Schutz aller anderen absoluten Rechte iSd § 823 Abs. 1 herangezogen. *Vgl. § 15 Rn. 2 f.* § 906 betrifft den Immissionsschutz für Grundstückseigentümer und normiert unter den dort genannten Voraussetzungen eine Duldungspflicht, die die Rechtswidrigkeit i.R.v. § 1004 ausschließen kann. Der Rechtsgedanke des § 906, dass der Inhaber eines Rechts Beeinträchtigungen dann nicht verhindern kann, wenn sie nur unwesentlich oder üblich sind, lässt sich darüber hinaus auf alle Anwendungsfälle des § 1004 übertragen. *Vgl. § 15 Rn. 13 ff.*

II. Immobiliarsachenrecht

36. Grundsätzlich ist die Einigung i.R.v. § 873 – wie bei § 929 – bis zum Zeitpunkt der Vollendung des Rechtserwerbs frei widerruflich. Etwas anderes gilt nach § 873 Abs. 2, wenn die Erklärungen der Parteien notariell beurkundet, vor dem Grund-

buchamt abgegeben oder bei ihm eingereicht wurden oder wenn der Berechtigte eine Eintragungsbewilligung nach § 19, 29 GBO an den Vertragspartner ausgehändigt hat. Da die Auflassung gemäß § 925 Abs. 1 vor einem Notar erklärt werden muss, ist sie immer bindend. *Vgl. § 16 Rn. 3 f.*

37. Gutgläubigkeit muss nach § 892 Abs. 1 grundsätzlich noch im Zeitpunkt der Vollendung des Rechtserwerbs bestehen. Jedoch ist nach § 892 Abs. 2 die Gutgläubigkeit bei Stellung des vollständigen Eintragungsantrags ausreichend. Kommt die Einigung erst später wirksam zustande, ist dieser Zeitpunkt maßgeblich. *Vgl. § 19 Rn. 25.*

38. Eine nachträgliche Verfügungsbeschränkung führt grundsätzlich zur Unwirksamkeit der Erklärung, wenn noch keine Bindungswirkung eingetreten ist oder ein Eintragungsantrag beim Grundbuchamt noch nicht gestellt ist, arg. ex § 878. Stirbt der Erklärende oder wird er geschäftsunfähig, bevor die Bindungswirkung nach § 873 Abs. 2 eingetreten ist, bleibt die Erklärung zwar nach § 130 Abs. 2 wirksam, ist aber für den Erben oder gegebenenfalls für den Betreuer widerruflich. Ist die Erklärung dagegen schon nach § 873 Abs. 2 bindend geworden und der Eintragungsantrag schon gestellt, müssen sich der Erklärende bzw. seine Erben an der Willenserklärung festhalten lassen, § 878. *Vgl. § 16 Rn. 6 ff.*

39. Der Widerspruch ist ein Sicherungsmittel eigener Art. Ist er im Grundbuch eingetragen, vernichtet dieser den öffentlichen Glauben des Grundbuchs gemäß § 892 Abs. 1 S. 1. Der wahre Berechtigte kann sich mit dem Widerspruch gegen einen gutgläubigen Erwerb schützen. *Vgl. § 16 Rn. 21 f.*

40. Die Vormerkung als quasi dingliches Recht dient nach § 883 Abs. 1 der Sicherung eines schuldrechtlichen Anspruchs auf Einräumung oder Aufhebung eines dinglichen Rechts an einem Grundstück und prophezeit damit den Rechtserwerb. Sie ist streng akzessorisch, so dass ihre Wirksamkeit von dem Bestehen eines schuldrechtlichen Anspruchs abhängig ist. Die Auflassungsvormerkung als Hauptanwendungsfall sichert dem Käufer den Anspruch auf Übereignung eines Grundstücks aus § 433 Abs. 1 S. 1. *Vgl. § 17 Rn. 1 ff.* Vormerkungswidrige Verfügungen sind gegenüber dem aus der Vormerkung Begünstigten relativ unwirksam, § 883 Abs. 2. Der Erwerber einer Vormerkung ist Inhaber eines Anwartschaftsrechts. *Vgl. § 17 Rn. 12.*

41. Zur Erstbestellung einer Vormerkung nach § 883 Abs. 1 sind ein zu sichernder Anspruch sowie die Bewilligung durch den Betroffenen oder eine einstweilige Verfügung erforderlich, § 885 Abs. 1 S. 1. Außerdem muss die Vormerkung ins Grundbuch eingetragen werden. *Vgl. § 17 Rn. 7.*
Die Übertragung der Vormerkung erfolgt aufgrund ihrer strengen Akzessorietät durch Abtretung des Sicherungsanspruchs nach § 398 iVm § 401 Abs. 1 analog. *Vgl. § 17 Rn. 9.*

42. Nach § 893, 2. Var. iVm § 892 (str.) ist ein gutgläubiger Ersterwerb der Vormerkung möglich. Voraussetzungen dafür sind das Bestehen eines Sicherungsanspruchs, die Unrichtigkeit des Grundbuchs und die Gutgläubigkeit des Erwerbers bzgl. der Berechtigung des Bewilligenden zum Zeitpunkt des Eintragungsantrages, § 892 Abs. 2. *Vgl. § 17 Rn. 17 ff.* Die Möglichkeit eines gutgläubigen Zweiterwerbs einer Vormerkung – bei Bestehen eines Sicherungsanspruchs – ist dagegen streitig. Während die überwiegende Literaturauffassung diese Möglichkeit auf-

grund des gesetzlichen Erwerbs (§ 401 analog) ablehnt, bejaht die Rechtsprechung den gutgläubigen Zweiterwerb nach §§ 893, 2. Var., 892. *Vgl. § 17 Rn. 22 f.*

43. Ein nach dem gutgläubigen Vormerkungserwerb eingetragener Widerspruch schadet einem späteren gutgläubigen Rechtserwerb nach hM nicht, § 883 Abs. 2 analog. Der rechtsrelevante Zeitpunkt für den gutgläubigen Erwerb wird aufgrund der Eintragung der Vormerkung gemäß § 892 Abs. 2 vorverlagert. Die Vormerkung prophezeit den Rechtserwerb. *Vgl. § 17 Rn. 25.*

44. Da die Grundschuld im Gegensatz zur Hypothek nicht akzessorisch ist, bleibt bei der Übertragung einer Grundschuld die Sicherungsforderung unbeachtet. Insbesondere findet § 1153 keine Anwendung, da § 1192 Abs. 1 nicht auf Vorschriften verweist, die eine Akzessorietät voraussetzen. Die Grundschuld wird deshalb eigenständig durch Abtretung nach §§ 398, 413 übertragen, die Hypothek dagegen durch Abtretung der Sicherungsforderung. Für die Form der Abtretung gilt jeweils § 1154 (über § 1192 Abs. 1). *Vgl. § 18 Rn. 21.*

45. Der Haftungsverband der Hypothek/Grundschuld erstreckt sich nach § 1120 auf:
    – die vom Grundstück getrennten Erzeugnisse, soweit der Grundstückseigentümer nach § 953 oder der Eigenbesitzer nach §§ 955 Abs. 1, 872 das Eigentum an ihnen mit der Trennung erwirbt,
    – die wesentlichen Bestandteile des Grundstücks, § 94 Abs. 1 S. 1,
    – die unwesentlichen Bestandteile des Grundstücks, soweit diese im Eigentum des Grundstückseigentümers/Eigenbesitzers stehen,
    – die Scheinbestandteile iSv § 95 allenfalls als Zubehörstücke,
    – das Zubehör des Grundstücks, soweit es dem Eigentümer gehört.
    Allerdings besteht die Möglichkeit einer Enthaftung nach §§ 1121, 1122. *Vgl. § 19 Rn. 8 ff.*

46. Die Zahlung auf die Forderung hat bei der Hypothek zur Folge, dass diese sich forderungsentkleidet zur Eigentümergrundschuld wandelt, § 1177 Abs. 1 S. 1. § 1164 Abs. 1 S. 1 normiert die Ausnahme, dass die Hypothek auf den persönlichen Schuldner, der nicht Eigentümer ist, als Fremdhypothek übergeht, soweit dieser vom Eigentümer Ersatz für seine Zahlung verlangen kann (Forderungsauswechslung). Ist der Grundstückseigentümer nicht zugleich persönlicher Schuldner der Forderung und befriedigt er den Gläubiger der schuldrechtlichen Forderung, geht die Forderung gegen den persönlichen Schuldner nach § 1143 Abs. 1 S. 1 auf ihn über. Die Hypothek folgt der Forderung gemäß § 1153 Abs. 1 als Eigentümerhypothek, die somit forderungsbekleidet bleibt, jedoch wie eine Eigentümergrundschuld nach § 1177 Abs. 2 behandelt wird. *Vgl. § 20 Rn. 3 f., 10.* Bei der Zahlung auf die Forderung wird eine Grundschuld dagegen nicht berührt, da diese nicht akzessorisch ist. Jedoch hat der Eigentümer im Regelfall einen schuldrechtlichen Rückgewähranspruch aus dem der Sicherungsgrundschuld zugrundeliegenden Sicherungsvertrag. *Vgl. § 20 Rn. 13.*

47. Bei der Zahlung durch den Nur-Eigentümer wird die Grundschuld zur Eigentümergrundschuld, §§ 1192 Abs. 1, 1143 analog, und die Forderung bleibt bestehen. Der Eigentümer hat jedoch in der Regel einen Anspruch auf Abtretung der Forderung gegen den persönlichen Schuldner. Zahlt der persönlich schuldende Eigentümer, wandelt sich die Grundschuld auch in eine Eigentümergrundschuld, §§ 1192 Abs. 1, 1143 analog bzw. §§ 1192 Abs. 1, 1163 Abs. 1 S. 2 analog, und

die Forderung erlischt. Zahlt der Nichteigentümer oder ein Dritter, wandelt sich die Grundschuld in eine Eigentümergrundschuld, §§ 267, 1192 Abs. 1, 1143 analog, und der Zahlende hat gegebenenfalls einen Anspruch auf Abtretung der Grundschuld. Hat der zahlende Dritte ein Ablösungsrecht, erwirbt er mit der Zahlung die Grundschuld, §§ 1192 Abs. 1, 1150, 268 Abs. 3. *Vgl. § 20 Rn. 14.*

48. Ist die Forderung erloschen, wird die Hypothek zur Eigentümergrundschuld. Soweit diese Umwandlung nicht im Grundbuch eingetragen wird, kann ein gutgläubiger Erwerber die Hypothek jedoch als dingliches Verwertungsrecht erwerben, §§ 1138, 892, wobei die Forderung für die Hypothek fingiert wird. Die erloschene schuldrechtliche Forderung erwirbt er dagegen nicht. Das gleiche gilt für den Fall, dass die Forderung von vornherein nicht besteht. *Vgl. § 22 Rn. 2.*

49. Ein gutgläubiger Erwerb der Hypothek ist auch in diesem Fall nach §§ 892, 1138 möglich. Für den Übergang der Forderung gilt nach hM das Mitlaufgebot des § 1153 Abs. 2. Die Forderung geht somit auch auf den gutgläubigen Erwerber der Hypothek über. Das ergibt sich aus § 1153 Abs. 2. *Vgl. § 22 Rn. 2.*

50. Grundsätzlich gibt es keinen Schutz des guten Glaubens an die Richtigkeit des Briefes. Er vernichtet vielmehr einen Gutglaubensschutz des Grundbuchs dann, wenn eine Divergenz zwischen dem unrichtigen Grundbuchinhalt und dem Brief besteht oder ein Widerspruch im Brief eingetragen ist. Darüber hinaus begründet § 1155 ausnahmsweise einen gewissen Gutglaubensschutz des Briefes. Denn hier wird normiert, dass ein Besitzer des Briefes, der durch eine zusammenhängende, auf einen im Grundbuch eingetragenen Gläubiger zurückreichende Kette von öffentlich beglaubigten Abtretungserklärungen als Hypothekengläubiger ausgewiesen ist, den gleichen Schutz genießt wie wenn er als Gläubiger des Grundpfandrechts im Grundbuch eingetragen wäre. *Vgl. § 22 Rn. 7 ff., 12 ff.*

51. § 1157, der dingliche Einwendungen aus dem Rechtsverhältnis zwischen Hypotheken-/ Grundschuldgläubiger und Eigentümer betrifft und gemäß S. 2 einen gutgläubigen einredefreien Erwerb ermöglicht, erfährt durch die spezielle Regelung des § 1192 Abs. 1 a S. 1 im Falle einer Sicherungsgrundschuld eine erhebliche Modifikation. Danach können Einreden, die dem Eigentümer gegenüber dem bisherigen Gläubiger gegen die Sicherungsgrundschuld aus dem Sicherungsvertrag zustehen oder sich aus dem Sicherungsvertrag ergeben, jedem Grundschulderwerber entgegen gesetzt werden, so dass insoweit ein gutgläubiger einredefreier Erwerb ausgeschlossen ist. Gemeint sind damit die Einreden des fehlenden Sicherungsfalles. Soweit sich Einreden dagegen nicht aus dem Sicherungsvertrag ergeben, bleibt es bei § 1157 (§ 1192 Abs. 1 a S. 2). *Vgl. § 24 Rn. 21.*

Literaturverzeichnis

Bamberger, Heinz Georg/Roth, Herbert: Beck'scher Online-Kommentar, Bürgerliches Gesetzbuch, Ed. 51, München 2019 (zitiert: BeckOK BGB/*Bearbeiter*, § Rn.)
Baur, Jürgen F./Stürner, Rolf: Sachenrecht, 18. Aufl., München 2009 (zitiert: *Baur/Stürner*, SachenR, § Rn.)
Brox, Hans/Walker, Wolf-Dietrich: Allgemeiner Teil des BGB, 43. Aufl., München 2019 (zitiert: *Brox/Walker*, BGB AT, Rn.)
Brox, Hans: Das Anwartschaftsrecht des Vorbehaltskäufers, JuS 1984, S. 657–668 (zitiert: *Brox*, JuS 1984, 657 (S.))
Eckert, Jörn/Hattenhauer, Christian: 75 Klausuren aus dem BGB, 12. Aufl., Köln München 2008 (zitiert: *Eckert/Hattenhauer*, 75 Klausuren aus dem BGB, Fall)
Goertz, Alexander/Roloff, Sebastian: Die Anwendung des Hypothekenrechts auf die Grundschuld, in: JuS 2000, S. 762–768 (zitiert: *Goertz/Roloff*, JuS 2000, 762 (S.))
Groß, Friedrich: Verhindern die Bestimmungen des Bürgerlichen Gesetzbuches den Patentschutz für Erzeugnisse von Pflanzenzüchtungsverfahren?, GRUR 1952, S. 452–453 (zitiert: *Groß*, GRUR 1952, 452 (S.))
Grunewald, Barbara: Bürgerliches Recht, Ein systematisches Repetitorium, 9. Aufl., München 2014 (zitiert: *Grunewald*, BürgerlichesR, § Rn.)
Jacoby, Florian/von Hinden, Michael: Studienkommentar BGB Jacoby/von Hinden, 16. Aufl., München 2018 (zitiert: StudK BGB/*Bearbeiter*, § Rn.)
Jauernig, Othmar: Bürgerliches Gesetzbuch, Kommentar, 17. Aufl., München 2018 (zitiert: Jauernig/*Bearbeiter*, § Rn.)
Kindl, Johann/Meller-Hannich, Caroline/Wolf, Hans-Joachim: Gesamtes Recht der Zwangsvollstreckung, Handkommentar, 3. Aufl., Baden-Baden 2015 (zitiert: Kindl/Meller-Hannich/Wolf/*Bearbeiter*, Gesetz, § Rn.)
Koch, Arnd: Schatzsuche, Archäologie und Strafrecht – Strafrechtliche Aspekte so genannter „Raubgräberei"-, NJW 2006, S. 557–560 (zitiert: *Koch*, NJW 2006, 557 (S.))
Larenz, Karl/Canaris, Claus-Wilhelm: Lehrbuch des Schuldrechts, 2. Bd., Besonderer Teil, 2. HBd., 13. Aufl., München 1994 (zitiert: *Larenz/Canaris*, SchuldR, Kap. Rn.)
Looschelders, Dirk: Schuldrecht Allgemeiner Teil, 17. Aufl., München 2019 (zitiert: *Looschelders*, SchuldR AT, Rn.)
Looschelders, Dirk: Schuldrecht Besonderer Teil, 14. Aufl., München 2019 (zitiert: *Looschelders*, SchuldR BT, Rn.)
Lüke, Wolfgang: Sachenrecht, 4. Aufl., München 2018 (zitiert: *Lüke*, SachenR, § Rn.)
Medicus, Dieter/Petersen, Jens: Bürgerliches Recht, Eine nach Anspruchsgrundlagen geordnete Darstellung zur Examensvorbereitung, 27. Aufl., München 2019 (zitiert: *Medicus/Petersen*, BürgerlichesR, § Rn.)
Müller, Klaus/Gruber, Peter: Sachenrecht, München 2016 (zitiert: *Müller/Gruber*, SachenR, Rn.)
Musielak, Hans-Joachim/Voit, Wolfgang: Grundkurs ZPO, 14. Aufl., München 2018 (zitiert: *Musielak/Voit*, Grundkurs ZPO, Rn.)
Neuner, Jörg: Der Redlichkeitsschutz bei abhanden gekommenen Sachen, in: JuS 2007, S. 401–411 (zitiert: *Neuner*, JuS 2007, 401 ff.)
Neuner, Jörg: Sachenrecht, 5. Aufl., München 2017 (zitiert: *Neuner*, SachenR, Rn.)
Palandt, Otto: Bürgerliches Gesetzbuch, 78. Aufl., München 2019 (zitiert: Palandt/*Bearbeiter*, § Rn.)
Prütting, Hanns: Sachenrecht, 36. Aufl., München 2017 (zitiert: *Prütting*, SachenR, Rn.)
Ring, Gerhard/Grziwotz, Herbert/Keukenschrijver, Alfred: NomosKommentar, BGB, Sachenrecht, Bd. 3, 4. Aufl., Baden-Baden 2016 (zitiert: NK BGB Sachenrecht/*Bearbeiter*, § Rn.)
Säcker, Franz Jürgen/Rixecker, Roland: Münchener Kommentar zum Bürgerlichen Gesetzbuch; Bd. 1, 8. Aufl., München 2018; Bd. 6, 7. Aufl., München 2017; Bd. 7, 7. Aufl., München 2017; Bd. 10, 7. Aufl., München 2017 (zitiert: MüKo BGB/*Bearbeiter*, § Rn.)
Schreiber, Klaus: Sachenrecht, 7. Aufl., Stuttgart u.a. 2018 (zitiert: *Schreiber*, SachenR, Rn.)

Schulze, Reiner u.a.: Bürgerliches Gesetzbuch, Handkommentar, 10. Aufl., Baden-Baden 2019 (zitiert: Schulze u.a./*Bearbeiter*, § Rn.)

Soergel, Theodor: Bürgerliches Gesetzbuch mit Einführungsgesetz und Nebengesetzen, Kohlhammer-Kommentar, 13. Aufl., Stuttgart 2000 ff. (zitiert: Soergel/*Bearbeiter*, § Rn.)

Thomas, Heinz/Putzo, Hans: Zivilprozessordnung, Kommentar, 40. Aufl., München 2019 (zitiert: Thomas/Putzo/*Bearbeiter*, § Rn.)

Vieweg, Klaus/Werner, Almuth: Sachenrecht, 8. Aufl., München 2018 (zitiert: Vieweg/Werner, SachenR, § Rn.)

von Hoffmann, Bernd/Thorn, Karsten: Internationales Privatrecht einschließlich der Grundzüge des Internationalen Zivilverfahrensrechts, 9. Aufl, München 2007 (zitiert: *v. Hoffmann/Thorn*, IPR, § Rn.)

von Staudinger, Julius: Eckpfeiler des Zivilrechts, 6. Aufl., Berlin 2018 (zitiert: Staudinger/*Bearbeiter*, Eckpeiler des Zivilrechts, Kapitel Rn.)

von Staudinger, Julius: Staudinger BGB, Kommentar zum Bürgerlichen Gesetzbuch mit Einführungsgesetzen und Nebengesetzen; §§ 90–124; §§ 130–133, Neubearbeitung 2017–2019; §§ 765–778, Neubearbeitung 2012; §§ 854–882, Neubearbeitung 2018; §§ 883–902, Neubearbeitung 2013; §§ 925–984; Anhang zu §§ 929 ff., Neubearbeitung 2017; §§ 985–1011, Neubearbeitung 2019; §§ 1113–1203, Neubearbeitung 2015 (zitiert: Staudinger/*Bearbeiter*, § Rn.)

Westermann, Harry: Sachenrecht, 5. Aufl., Karlsruhe 1966 (zitiert: *H. Westermann*, SachenR, 5. Aufl., § Rn.)

Wilhelm, Jan: Sachenrecht, 5. Aufl., Berlin/New York 2016 (zitiert: *Wilhelm*, SachenR, Rn.)

Wellenhofer, Marina: Sachenrecht, 34. Aufl., München 2019 (zitiert: *Wellenhofer*, SachenR, § Rn.)

Wolff, Martin/Raiser, Ludwig: Sachenrecht, 10. Aufl., Tübingen 1957 (zitiert: *Wolff/Raiser*, SachenR, § Rn.)

Zöller, Richard: Zivilprozessordnung, Kommentar, 33. Aufl., Köln 2020 (zitiert: Zöller/*Bearbeiter*, § Rn.)

Stichwortverzeichnis

Die Angaben verweisen auf die Paragrafen des Buches (**fette Zahlen**) sowie die Randnummern innerhalb der einzelnen Paragrafen (magere Zahlen).
Beispiel: § 9 Rn. 10 = **9** 10

Abhandenkommen **1** 20, 26, **2** 46, **7** 48 ff.
– bei Besitzdienern **1** 28
– bei Besitzmittlern **1** 27
– Besitzdiener **7** 49
– Besitzmittler **7** 49
– Erbenbesitz **7** 52
– Geld und Inhaberpapiere **7** 53
Actus contrarius **15** 26
Aneignung herrenloser Sachen **4** 6 ff.
Antizipierte Übereignung **3** 10
Anwartschaftsrecht
– Akzessorietät **8** 12
– Auflassungsempfänger **16** 5
– Begriff **5** 29, **8** 12
– Erlöschen **5** 32 f.
– Erstarken zum Vollrecht **8** 12, **9** 30
– Fallgruppen **5** 29
– gutgläubig lastenfreier Erwerb **7** 61
– Pfändung **8** 12
– Recht zum Besitz **8** 12, **9** 18
– Schutz **8** 12
– Übergang trotz unwirksamer Übereignung **8** 11
– Übertragung **8** 12
– Vormerkungsberechtigte **17** 12
Auflassung **16** 2
Auflassungsvormerkung **17** 2 ff.
Beendigung des Besitzes **2** 9
Berechtigung
– Zustimmung des Berechtigten **1** 18
Berichtigungsanspruch aus § 894 **16** 20 ff.
Beseitigungsanspruch bei Eigentumsstörung **15** 1 ff.
– Duldungspflichten **15** 12
– Prüfungsaufbau **15** 4
– Reichweite der Beseitigung **15** 25 ff.
Besitz
– Besitzarten **6** 7
– Besitzdiener **6** 7
– Besitzherr/Oberbesitzer **6** 7
– Besitzmittlungsverhältnis **6** 7
– Besitzschutz **11** 1 ff.
– Eigenbesitz **6** 7
– Erbenbesitz **6** 7

– fehlerhafter Besitz **11** 9
– Fremdbesitz **6** 7
– mittelbarer Besitz **6** 7
– Organbesitz **6** 7
– unmittelbarer Besitz **6** 7
Besitzaufgabe **2** 9
Besitzdiener
– Abgrenzung Besitzmittler **1** 30
– Abhandenkommen **7** 49
– Probefahrten **6** 7
– Voraussetzungen **1** 30, **14** 9
Besitzkonstitut
– antizipiert **3** 10
Besitzmittler
– Abgrenzung Besitzdiener **1** 30
– Abhandenkommen **7** 49
– Voraussetzungen **1** 30
Besitzmittlungsverhältnis
– antizipiert **3** 10
Besitzrechtskette **12** 12 ff.
Besitzschutz
– Hausbesetzer **11** 17
– Prüfung possessorischer Ansprüche **11** 16
Bestandteil, wesentlicher
– bewegliche Sachen **3** 17
– Grundstücke **3** 12, **5** 10
Bestimmtheitsgrundsatz **6** 27
Beweisurkunden **7** 16
Bewilligung zur Eintragung **16** 12
Bösgläubigkeit
– Zurechnung bei Hilfspersonen **14** 15 ff.
Dereliktion **13** 9
– Abgrenzung Übereignungsofferte **2** 25 ff.
– Anfechtung **2** 31 ff.
– Prüfungsaufbau **2** 22
– Verbote **2** 29
Doppelt gutgläubiger Erwerb **23** 11 ff.
Durchgangserwerb **3** 10
Eigentümer-Besitzer-Verhältnis **12** 1 ff.
– Deliktsbesitzer **13** 25 ff.
– Fremdbesitzerexzess **12** 36
– Konkurrenzen **12** 20 ff., 43, **13** 22 ff., **14** 21

179

Stichwortverzeichnis

- Konkurrenzen, Deliktsrecht **1** 64
- Nebenansprüche des Eigentümers **12** 19 ff.
- nicht mehr berechtigte Besitzer **12** 35, 42
- nicht so berechtigte Besitzer **12** 34
- Nutzungsherausgabe **12** 30 ff.
- Rechtsgrundloser Besitzer **12** 24
- Schadensersatz **12** 32 ff.
- Schadensersatz, Prüfungsaufbau **1** 54
- Schadensersatzanspruch **13** 4 ff.
- Schadensersatz bei Verantwortlichkeit ggb. mittelbaren Besitzer **12** 38
- Sperrwirkung **12** 20 ff., 43, **14** 21
- Sperrwirkung, Deliktsrecht **1** 64
- Verhältnis zum allg. Leistungsstörungsrecht **12** 39b ff.
- Verwendungsersatzanspruch **12** 40 ff.

Eigentumsbeeinträchtigung
- ideelle Einwirkungen **15** 8
- negative Einwirkungen **15** 7
- positive Einwirkungen **15** 6

Eigentumsvermutung zugunsten Eigenbesitzer **6** 7

Eigentumsvorbehalt **5** 8
- Anwartschaftsrecht **5** 29 f.
- Begriff **8** 12
- erweitert **10** 9 ff.
- Schutz vor Zwischenverfügungen **9** 12, 27 ff.
- Sicherung des Vorbehaltskäufers **8** 12
- verlängert **10** 1 ff.

Einigung
- antizipiert **3** 10
- Bindungswirkung **16** 3
- Eigentumsvorbehalt **5** 8
- Geschäft für den, den es angeht **6** 4
- Rechtsnatur **6** 4

Eintragung im Grundbuch **16** 11 ff.

Erbenbesitz
- Abhandenkommen **7** 52

Erbschein
- Kombination mit anderen Trägern öffentlichen Glaubens **23** 12
- öffentlicher Glaube **23** 12 ff.

Ersitzung **4** 5
- Voraussetzungen **1** 34

Erweiterter Eigentumsvorbehalt **10** 9 ff.
- Übersicherung **10** 10 f.

Fehlerhafter Besitz **11** 9
- Zurechnung **1** 6 ff.

Fund **13** 15 f.

Fundunterschlagung **13** 29

Geschäft für den, den es angeht **6** 4

Gesellschaft bürgerlichen Rechts
- Grundbuch **16** 28

Gesetzliche Pfandrechte
- gutgläubiger Erwerb **5** 26 f.
- Vermieterpfandrecht **5** 17
- Werkunternehmerpfandrecht **5** 17

Gesetzlicher Eigentumserwerb
- Aneignung herrenloser Sachen **4** 6 ff.
- an Erzeugnissen **4** 1 ff.
- Ersitzung **4** 5
- Rechtsfortwirkungsanspruch aus § 951 **3** 23 ff.
- Verarbeitung, Verbindung, Vermischung **3** 1 ff.
- Verbindung mit Grundstücken **5** 9 ff.

Grobe Fahrlässigkeit **7** 12
- Gebrauchtwagenkauf **7** 13

Grundbuch
- öffentlicher Glaube **16** 13 ff.
- Richtigkeitsvermutung **16** 15

Grundbuchberichtigung **16** 20 ff.

Grundbuchrecht **16** 12

Grundschuld **18** 1 ff.
- Anspruch auf Duldung der Vollstreckung **18** 4, **19** 1 ff.
- Bestellung **18** 6 ff.
- Bestellung Briefgrundschuld, Prüfungsaufbau **18** 18 f.
- Bestellung Buchgrundschuld, Prüfungsaufbau **18** 20
- Bestimmung des Zahlungsgegenstands **20** 14
- Brief- und Buchgrundschuld **18** 6
- Einreden aus dem Sicherungsvertrag **20** 12, **24** 21
- Einwendungen und Einreden **24** 21
- Enthaftung aus Haftungsverband **19** 16 ff.
- Grundschuldbrief **18** 7
- gutgläubiger Ersterwerb **22** 2
- gutgläubiger Erwerb des Briefrechts nach § 1155 **22** 12 ff.
- gutgläubiger Zweiterwerb **22** 2
- Haftungsverband **19** 4 ff.
- Haftungsverband, Kollision mit Sicherungsübereignung **21** 43 ff.
- Nichtakzessorietät **18** 3
- Rechtsfolgen von Erfüllungshandlungen **20** 1 ff.

Stichwortverzeichnis

- Schutz des öffentlichen Glaubens **22** 1 ff.
- Sicherungsgrundschuld **18** 3
- Übertragung Briefgrundschuld, Prüfungsaufbau **18** 21 f.
- Übertragung Buchgrundschuld, Prüfungsaufbau **18** 23
- Zahlung auf schuldrechtliche Forderung **20** 12 ff.
- Zahlungen auf Grundschuld **20** 13, **21** 13 ff.
- Zahlungen durch den Eigentümer **19** 3

Grundschuldbrief **7** 16
- guter Glaube **22** 3 ff.
- Herausgabeanspruch **21** 12

Grundstücksrecht **16** 1 ff.

Gutgläubiger Erwerb beweglicher Sachen **7** 1 ff.
- Abhandenkommen **7** 48 ff.
- Bezugspunkt des guten Glaubens **1** 20 ff., **7** 7
- guter Glaube **7** 6
- Handelsgeschäfte **1** 23 ff., **7** 8
- minderjähriger Veräußerer **7** 20
- Person des Gutgläubigen **7** 9
- Scheingeheißperson **7** 17 f.
- schuldrechtlicher Ausgleich **7** 54
- Systematik **7** 4
- Verkehrsgeschäft **7** 5
- Zeitpunkt des guten Glaubens **7** 10 f.

Gutgläubiger Erwerb unbeweglicher Sachen
- Prüfungsaufbau **16** 15

Gutgläubiger lastenfreier Erwerb
- Anwartschaftsrecht **9** 19 f.

Gutgläubigkeit
- maßgeblicher Zeitpunkt **16** 18

Gutgläubig lastenfreier Erwerb beweglicher Sachen **7** 55 ff.
- Anwartschaftsrecht **7** 61

Hausbesetzer **11** 17

Herausgabeanspruch, possessorisch
- petitorische Widerklage **11** 3
- Prüfungsaufbau **1** 6, **11** 16

Herausgabeanspruch, vindikatorisch **12** 2 ff.
- Prüfungsaufbau **1** 13
- Rechtsfolge **12** 7 ff.
- stellvertretendes commodum **12** 9

Herausgabeanspruch des früheren Besitzers **1** 37 ff.
- Prüfungsaufbau **1** 39

Herausgabeansprüche
- Konkurrenz **1** 4

Hersteller **3** 7

Hypothek **18** 1 ff.
- Akzessorietät **18** 2
- Anspruch auf Duldung der Vollstreckung **18** 4, **19** 1 ff.
- Bestellung **18** 6 ff.
- Bestellung Briefhypothek, Prüfungsaufbau **18** 9
- Bestellung Buchhypothek, Prüfungsaufbau **18** 10
- Brief- und Buchhypothek **18** 6
- Einwendungen und Einreden **24** 21
- Enthaftung aus Haftungsverband **19** 16 ff.
- Entstehen einer Eigentümerhypothek **20** 9
- Entstehung einer Eigentümergrundschuld **20** 3 ff.
- Erfüllungshandlungen d. Eigentümers **20** 8 ff.
- Erfüllungshandlungen d. persönlichen Schuldners **20** 2 ff.
- gutgläubiger Ersterwerb **22** 2
- gutgläubiger Erwerb des Briefrechts nach § 1155 **22** 12 ff.
- gutgläubiger Erwerb in Ansehung der Forderung **22** 2
- gutgläubiger Zweiterwerb **22** 2
- Haftungsverband **19** 4 ff.
- Hypothekenbrief **18** 7
- Mitlaufgebot **22** 2
- Rechtsfolgen von Erfüllungshandlungen **20** 1 ff.
- Schutz des öffentlichen Glaubens **22** 1 ff.
- Übertragung Briefhypothek, Prüfungsaufbau **18** 11 f.
- Übertragung Buchhypothek, Prüfungsaufbau **18** 13 f.
- Zahlungen durch den Eigentümer **19** 3

Hypothekenbrief **7** 16
- guter Glaube **22** 3 ff.
- Herausgabeanspruch **21** 12

Immissionsschutz **15** 13 ff.

Internationales Privatrecht
- Sachstatut **13** 8

Mittelbarer Besitz
- Übertragung **6** 28
- Voraussetzungen **1** 30

181

Stichwortverzeichnis

Mittelbarer Besitzer
- Herausgabeverpflichtung **1** 13

Nachbarschutz **15** 13 ff.

Nebenbesitz **8** 20 ff.
- mögliche Anwendungsfälle **8** 24

Negatorischer Eigentumsschutz **15** 1 ff.
- Duldungspflichten **15** 12
- Prüfungsaufbau **15** 4
- Reichweite der Beseitigung **15** 25 ff.
- Wiederholungsgefahr **15** 23

Notweg **15** 20

Numerus clausus des Sachenrechts **8** 22

Nutzungen
- Begriff **12** 30
- Gebrauchsvorteile **12** 30, **14** 5

Öffentlicher Glaube des Grundbuchs **16** 13 ff.

Organimplantation **3** 15

Petitorische Ansprüche **1** 4

Petitorische Widerklage **11** 3

Pfandrecht an beweglichen Sachen
- Prüfungsaufbau Bestellung durch Rechtsgeschäft **5** 17
- Verwertung **5** 17

Pfändungspfandrecht **5** 17

Possessorische Ansprüche
- Prüfungsaufbau **11** 16

Possessorischer Anspruch **1** 4

Publizitätsgrundsatz **7** 2

Publizitätsprinzip **16** 15

Quasi-negatorischer Rechtsschutz **15** 3

Rechtsfortwirkungsanspruch aus § 951 **3** 23 ff.
- Prüfungsaufbau **3** 36
- Vorrang der Leistungsbeziehungen **3** 25 ff.

Recht zum Besitz **12** 5
- Anwartschaftsrecht **9** 18
- Besitzrechtskette **12** 12 ff.
- Einwendungsschutz nach § 986 Abs. 2 **6** 29, **12** 17 f.
- Vermieterpfandrecht **5** 15 ff.
- Zurückbehaltungsrecht **1** 13, **2** 43, **12** 5, **21** 27 ff.

Sachstatut **13** 8

Sachwertvindikation **12** 8

Schatzfund **4** 8

Scheinbestandteil **3** 12, **5** 11 ff.

Scheingeheißperson **7** 17 f.

Sicherungsübereignung **6** 19 ff.
- antizipiert **6** 23 ff.
- Kollision mit Grundschuldhaftungsverband **21** 43 ff.
- Sicherungsvertrag/Sicherungsabrede **6** 21
- Zwangsvollstreckung **6** 22

Stellvertretendes commodum **12** 9

Störer **15** 9 ff.
- Handlungsstörer **15** 10
- Zustandsstörer **15** 11

Störquellentheorie **15** 26

Tatsächliche Sachherrschaft
- Reichweite **2** 9 ff.

Überbau **15** 19

Übereignung beweglicher Sachen
- durch Einigung und Abtretung des Herausgabeanspruchs **6** 28 ff.
- durch Einigung und Besitzmittlungsverhältnis **6** 16 ff.
- durch Einigung und bestehenden Besitz d. Erwerbers **6** 14 f.
- durch Einigung und Übergabe **1** 17, **6** 3 ff.
- Übersicht Erwerbstatbestände **6** 2

Übereignung unbeweglicher Sachen **16** 1

Übergabe **6** 5
- Einschaltung Besitzdiener **6** 6
- Einschaltung Besitzmittler **6** 8 ff.
- Einschaltung Geheißperson **6** 6
- Übergabemöglichkeiten **6** 13

Unrichtigkeit des Grundbuchs
- Begriff **16** 15
- Folgen **16** 15
- Widerspruch **16** 21 ff.

Unterlassungsanspruch bei Eigentumsstörung **15** 1 ff.
- Duldungspflichten **15** 12
- Prüfungsaufbau **15** 4
- Wiederholungsgefahr **15** 23

Verarbeitung **3** 4 ff.
- Hersteller **3** 7
- neue Sache **3** 7
- Prüfungsaufbau **3** 7
- Verarbeitungsklausel **3** 8 ff.

Verarbeitungsklausel **3** 8 ff.

Stichwortverzeichnis

Verbindung
- beweglicher Sachen 3 14 ff.
- mit Grundstücken 3 11 ff.
- Organimplantation 3 15

Verbotene Eigenmacht 1 6
- Definition 11 6
- Folgeansprüche 11 10 ff.
- gegen Erbenbesitz 11 7
- Rechtfertigungsgründe 11 8

Verfügung eines Nichtberechtigten
- Ersatzansprüche des Berechtigten 1 53 ff.

Verfügungsberechtigung
- Zustimmung des Berechtigten 1 18

Verfügungsbeschränkungen
- Fallgruppen 16 9
- nachträglich 16 6 ff.

Verkehrsgeschäft 7 5

Verlängerter Eigentumsvorbehalt 10 1 ff.
- Elemente 10 4
- Kollision mit Abtretungsverbot 10 5

Vermieterpfandrecht 5 17
- als Recht zum Besitz 5 15 ff.
- gutgläubiger Erwerb 5 26 f.

Vermischung 3 19 ff.

Verwendung
- Begriff 12 44
- enger und weiter Verwendungsbegriff 12 45 f.
- notwendig 12 47
- nützlich 12 47 f.

Vindikationslage 1 13, 12 3

Vormerkung 17 1 ff.
- Akzessorietät 17 5 ff.
- analoge Anwendung des EBV 17 15
- Erstbestellung, Prüfungsaufbau 17 7 f.
- gutgläubiger Ersterwerb 17 16 ff.
- gutgläubiger Zweiterwerb 17 20 ff.
- künftiger/bedingter Sicherungsansprüche 17 1
- Schuldverhältnis durch Zustimmungsanspruch 17 14
- Schutz vor Zwischenwiderspruch 17 24 f.
- Sicherungswirkungen 17 4, 12 ff.
- Unwirksamkeit von Zwischenverfügungen 17 4
- Zustimmungsanspruch 17 4, 14
- Zweiterwerb 17 9 ff.

Werkunternehmerpfandrecht 5 17
- gutgläubiger Erwerb 5 26 f.

Wertpapiere
- Inhaberpapiere 7 16
- Namens-/Rektapapiere 7 16
- Orderpapiere 7 16

Wesentlicher Bestandteil
- bewegliche Sachen 3 17
- Grundstücke 3 12, 5 10

Widerspruch gegen Richtigkeit des Grundbuchs 16 21 ff.

Wiederbenutzbarkeitstheorie 15 27

Zurückbehaltungsrecht
- Abgrenzung § 1000 und § 273 2 42
- Recht zum Besitz 1 13, 2 43, 12 5, 21 27 ff.

Zwangsverwaltung 19 21